두려움 없는 마음

두려움 없는 마음

툽텐 진파 지음
임혜정 옮김

A FEARLESS
HEART
How the Courage
to Be Compassionate
Can Transform
Our Lives

하루헌

내 부모님은 나라를 잃은 난민으로 낯선 인도 땅에서 사셨다.
역경과 고난 속에서도 참된 인간애를 가르쳐 주신
그분들께 이 책을 바친다.

한국 독자들에게

한국 독자 여러분을 만나게 되어 참으로 기쁩니다. 전통적인 아시아 문화 속에서 나고 자랐고 서구 사회에 30년 가까이 산 사람으로서 어릴 때 익힌 티베트 문화의 정수를 내 삶 속에서 어떻게 녹여 낼 것인지에 대하여 늘 고민해 왔습니다. 이 책은 그 고민의 결실이라 할 수 있습니다. 행복과 고통은 모두 우리 마음 작용이라는 기본적인 불교 철학에서 큰 힌트를 얻었습니다. 나를 둘러싼 세상에 대한 나의 인식과 태도 그리고 감정이 나의 행복과 고통을 결정하는 것입니다.

서구 사회를 중심으로 크게 일어나고 있는 '알아차림mindfulness' 운동에서는 의식적인 자각을 바탕으로 한 삶의 태도를 강조합니다. 삶을 있는 그대로 바라보면 스트레스가 줄어들고 자신이 안고 있는 문제들을 객관적으로 또 대범하게 대할 수 있습니다. 삶에서 마주치는 사람들과도 보다 깊고 의미 있는 관계를 맺을 수 있습니다. 달라이 라마의 전담 영어 통역사이자 마음과 생명 연구소Mind and Life Institute의 일원(상임 이사회 의장_옮긴이)으로 일하면서 서구에서 일어난 놀라운 문화적 전환을 관찰할 수 있었습니다. '알아차림 2.0'으로 불리는 알아차림 운동의 두 번째 장에서는 자비심이 그 중심에 서게 될 것이라고 확신합니다. 여기에는 공감과 자비심이 우리의 본성이며, 의식적인 노력을 통해 우리 삶의 기본 원리로 삼을 수 있다는 깊은 통찰도 함께할 것입니다.

　누군가는 이렇게 말할지도 모르겠습니다. "하지만 실제 세상을 보라. 무한 경쟁에서 살아남기 위해 발버둥치는 사람들에게 자비심을 생각할 여유가 어디 있는가? 경쟁에서 밀려나면 패배자가 될 수도 있지 않은가?" 맞습니다. 이것이 사람들이 갖는 가장 큰 두려움입니다. 하지만 한 가지는 확실합니다. 세상은 앞으로도 경쟁으로 가득할 것이고, 현대 사회의 복잡성과 불확실성은 점점 커질 것입니다. 나날이 늘어가는 스트레스를 다스리는 것이 우리들에게 제일 심각한 숙제가 될 것입니다. 자비심에 주목하는 이유가 여기에 있습니다. 그동안 우리 본성 가운데 하나인, 우리 내면의 한 측면인 자비심을 애써 무시해 왔습니다. 행복의 역설 가운데 하나는 자기중심성이 줄어들수록 행복은 더 커진다는 점입니다. 우리 마음을 근본적으로 바꾸는 데 자비심만큼 강력한 것은 없습니다. 최근 발표된 다양한 과학적 연구 결과들이 이 사실을 뒷받침합니다.

　자신을 자비롭게 대하고 주변을 자비롭게 대하는 사람이라면 진정 행복하게 그리고 즐겁게 살고 있을 것입니다. 자비롭게 산다는 것이 자신의 욕망이나 바람마저 무시하는 것은 아닙니다. 사실 전통적인 가르침에서는 자기 자신을 먼저 잘 돌볼 것을 강조합니다. 스스로의 삶이 만족스러워야 다른 이도 도울 수 있기 때문입니다. 건강한 경쟁을 통해 성공을 하는 것은 자비심과 배치되는 행동이 아닙니다. 하지만 자신만을 생각하는 이기적인 경쟁심은 고립을 초래합니다. 이기적인 사람에게 이 세상은 스트레스, 두려움, 불안감이 가득한 곳일 겁니다. 행복하고 즐거운 삶과 고통스러운 삶 가운데 어느 쪽을 택할 것인가? 그것은 자신의 선택에 달려 있습니다.

　자비심은 우리의 삶을 근본적으로 변화시킬 수 있습니다. 자비롭게 살고자 결심하고 노력한다면 보다 행복하고 건강한 삶을 살 수 있습니다. 책이 안내하는 대로 마음의 길을 따라가다 보면 어느 순간부터 마음속에서 일어나는 놀라운 변화들을 경험하게 될 것입니다. 그리고 그 여정이 끝날 무렵, 내 안에 보석처럼 반짝이고 있는 자비로운 마음이 나의 삶을 얼마나 바꾸어 놓았는지도 깨닫게 될 것입니다.

툽텐 진파
캐나다 몬트리올에서

목 차

II 마음과 정신 수련

III 새로운 삶의 방식

서문

시대적 요청에 부응하는 사상보다 더 강력한 것은 없다.
빅토르 위고

아직도 선명하게 떠오르는 순간이 있다. 달라이 라마의 손을 잡고 그의 발걸음을 따라잡기 위해 신나게 걷던 바로 그 시간이다. 그때 나는 여섯 살이었고 북인도 심라에 있는 스털링 캐슬 티베트 어린이 마을에서 살고 있었다. 달라이 라마가 그곳을 방문한 것이다. 작은 언덕에 자리한 우리 학교에는 나와 같은 어린 난민 이백여 명이 살고 있었다. 1962년 영국 자선 단체인 세이브 더 칠드런Save the Children 이 식민지 시절에 지어진 주택 두 채를 개조해서 만든 학교였다.

모두가 달라이 라마를 맞이할 준비를 하느라 분주했다. 아이들은 환영의 노래를 연습하고, 어른들은 길을 깨끗이 청소했다. 길에는 티베트를 상징하는 전통 문양인 연꽃, 영원한 매듭, 두 마리의 황금 물고기와 하얀 뿔 소라, 승리의 깃발 등이 그려졌다. 달라이 라마가 도착하는 날, 인도 경찰들은 학교 주변을 바쁘게 순찰하고 있었고 어른들은 부산하게 움직였다. 그런 소란함 속에서도 나는 친구들과 구슬치기를 하며 놀고 있었다. 향로에서 짙은 연기가 피어올랐다. 드디어 기적 같은 순간이 온 것이다. 달라이 라마가 도착했다는 신호였다. 우리는 알록달록한 티베트 전통 의상인 춥파를 차려입고 손에는 하얀 카타(티베트 사람들이 환영 인사를 할 때 사용하는 화환 대용의 긴 천_옮긴이)를 들고서 소리 높여 노래를 불렀다.

나는 영광스럽게도 달라이 라마와 함께 학교를 돌아보는 학생 가운데 한 명으로 뽑혔다. 달라이 라마와 함께 걸으며 내가 물었다. "저도 승려가 될 수 있을까요?" 달라이 라마가 대답했다. "열심히 공부하면 언제든 승려가 될 수 있단다."

지금 생각해 보니 내가 승려가 되고 싶었던 이유는 우리 학교에 계신 승려 선생님 두 분 때문이었던 것 같다. 그분들은 누구보다 친절하고 학식도 높았다. 언제나 평화롭고 행복해 보였으며 심지어 빛이 날 때도 있었다. 무엇보다 두 분은 재미있는 이야기를 자주 들려주셨다.

열한 살이 되던 해, 드디어 때가 되었다. 서양력으로 2월 마지막 날에 해당하는 티베트 새해 첫날, 나는 아버지의 반대를 무릅쓰고 기어이 승려가 되고 말았다. 아버지는 내게 한 집안의 가장이 될 수 있는 기회를 뿌리쳤다며 화를 내셨다. 우리 아버지 세대는 자식들이 좋은 교육을 받고, 편한 직업을 갖기를 바랐다. 그러나 나는 아버지

바람과는 달리 출가를 선택했고, 10년 동안 종칼 최데Zongkar Choede 사원이라는 작은 공동체에서 승가의 일원으로 노동과 명상과 기도를 하는 생활을 했다. 종칼 최데 사원은 북인도 다람살라의 조용하고 푸른 언덕 위에 있었다. 그곳에서 나는 수행에 관심을 갖고 찾아온 히피들에게서 기초 영어 회화를 배울 수 있었다.

나는 존John과 라스Lars와 친구가 되었다. 미국인 존은 히피는 아니었지만 다람살라에서 은둔의 삶을 즐겼다. 그가 살던 깔끔한 단층집은 티베트인들에게 존경을 받는 수행자의 작은 수행처 옆에 있었다. 일주일에 한두 번 만나 이야기도 나누고, 티베트어로 번역된 8세기의 산스크리트어 불교 경전을 내가 읽어 주기도 했다. 존 덕분에 팬케이크와 햄을 처음 맛보았다.

덴마크 출신인 라스는 사원 근처에 살고 있었다. 가끔 그의 집에 들러 대화를 하거나 잼을 바른 토스트를 먹기도 했다.

1972년 봄부터 인도에 거주하던 티베트인을 상대로 재정착 프로그램이 실시되었다. 내가 살던 사원은 서늘한 다람살라를 떠나 무더운 남인도로 옮겨 가야 했다. 아직 열세 살의 어린 나이였지만 어른들과 함께 숲을 개간하고, 도로 옆에 배수로를 파고, 옥수수 농장에서 일을 했다. 재정착 프로그램은 다시 낯선 곳에서 뿌리를 내려야 하는 고달프고 힘든 일이었다. 초기 2년 동안 우리는 노동의 대가로 일당 0.75루피(약 13원)의 푼돈을 받았다.

사원에서는 제대로 된 교육이 이루어지지 않았다. 그럼에도 어린 승려가 일반 학교에 가는 것은 허락되지 않았다. 계율에 어긋나는 일이기 때문이다. 남인도로 옮길 즈음 나는 의식을 집전하는 데 필요한 경전은 이미 다 외우고 있었다. 오후 네 시면 하루 치 노동이 끝나고 자유 시간이 주어진다. 나는 영어 공부를 다시 하기로 결심했다. 회화 연습을 할 수 있는 기회는 없었고 만화책으로 간신히 영어 공부를 했다. 운 좋게도 어느 날 싸구려 트랜지스터라디오 하나를 구했다. 매일 라디오에서 흘러나오는 BBC 월드 서비스BBC World Service와 미국의 소리Voice of America 방송을 들을 수 있었다. 미국의 소리에는 「특별한 영어 방송broadcasting in special English」이라는 독특한 프로그램이 있었는데 진행자가 한 문장을 천천히 말하고, 두 번씩 반복해서 문장을 들려주었다. 그 프로그램은 초보인 내게 큰 도움이 되었다.

영어 실력이 뛰어나지는 않았지만 나는 우리 사원에서 영어로 읽고 말할 수 있는 유일한 학생이었다. 영어를 할 줄 안다는 것은 내 자신감의 원천이자 나를 다른 사람과 구분 짓는 특징이기도 했다. 티베트 난민 사회와 사원 울타리 너머에 있는 바깥 세상과 소통할 수 있는 사람은 오직 나뿐이었다. 영어를 통해 영국, 미국, 러시아 등 강대국 소식은 물론 세상 돌아가는 이야기를 들을 수 있었다. 중국 공산당이 점령한 내 조국 티베트가 처한 상황도 접할 수 있었다.

열여덟 살 무렵인 1976년, 아주 특별한 인연을 만났다. 영어로 내 운명을 바꿀 수 있는 기회를 준 독일 출신의 발렌티나 스타케 로젠 박사 부부다. 로젠 박사는 인도학 전공자로 산스크리트어와 한문에 능통했다. 당시 박사는 남편과 함께 방갈로르에 살고 있었다. 박사의 남편은 막스 뮐러 학회 회장을 맡고 있었다.(막스 뮐러는 독일 출신의 산스크리트 문법 학자로 불교 원전과 힌두교 경전을 서구에 소개한 학자이다. 막스 뮐러 학회는 산스크리트 원전을 연구하는 단체이다._옮긴이) 스타케 로젠 박사 덕분에 내 영어 실력은 비약적으로 향상되었다. 그리고 서구 문학도 접할 수 있었다. 헤르만 헤세와 아가사 크리스티의 작품도, 에드가 스노우가 쓴 마오쩌둥의 전기 『중국의 붉은 별』도 그때 읽었다. 무엇보다 영어 실력 향상에 도움을 준 책은 풍부한 예문과 용례가 실려 있는 영어 사전이었다. 박사 댁에서 처음으로 포크와 나이프를 쓰는 제대로 된 서양 식사법을 배웠다. 박사가 세상을 떠난 1980년까지 우리의 교류는 이어졌다. 스타케 로젠 박사의 따뜻한 보살핌이 없었더라면 지금의 나는 있을 수 없었을 것이다. 내 영어 실력은 초보 수준에서 벗어나지 못했을 테고 아마도 지금과는 꽤 다른 인생을 살고 있을 것이다.

그 무렵에 나는 트레버 링이 쓴 영어판 부처님 전기, 『붓다』를 읽고 있었는데 부처님을 혁명가이자 철학자이며 영혼의 스승으로 묘사하고 있었다. 이 책을 통해 언어로써 영어가 갖는 표현력에 깊은 인상을 받았다. 누군가 바로 옆에서 이야기를 들려주는 것 같은 생생한 느낌이 영어에는 있었다. 영어와 달리 티베트어는 글과 말의 차이가 커서 생생한 느낌을 전달하기가 어렵다. 두 언어 사이에는 미묘한 차이가 존재했다.

제메 린포체Zemey Rinpoche를 만난 것도 그 무렵이었다. 내가 불교를 배우는 데 큰 영향을 미친 분이다. 제메 린포체는 높은 학식은 물론 품위까지 갖춘 분이었다. 당시 내가 아는 사람 가운데 가장 온화한 성품을 지닌 분이기도 했다. 내가 린포체를 만날 무렵엔 이미 반쯤 은퇴를 한 상태여서 현직에서는 물러나 있었다. 내가 살던 사원에서 버스로 한 시간쯤 떨어진 티베트 정착촌에서 거의 종일 명상을 하며 지내고 있었다. 그분의 명성을 접한 것은 스승께서 편집한 여러 권의 교재 덕분이었다. 린포체를 만나고 대화를 나누면서 처음

출가했을 때 느꼈던 감정이 되살아나기 시작했다. 배움에 대한 열망이 되살아나기 시작했다. 스승은 그것을 꿰뚫어 보고 내게 필요한 것들을 세심하게 가르쳐 주었다. 1978년 나는 종칼 최데 사원을 떠나 간덴Ganden 사원으로 갔다. 버스를 열두 시간 가까이 타고서야 갈 수 있는 먼 곳에 간덴이 있었다. 간덴은 티베트의 유명한 대규모 교육 시설인 강원을 인도 땅에서 복원한 곳이다.

달라이 라마의 발걸음을 따라잡기 위해 종종걸음을 치던 작은 소년이 20년이 지나 우연한 기회에 달라이 라마의 법문을 영어로 통역하게 되었다. 1985년의 일이다. 남인도 간덴 사원에서 북인도에 있는 다람살라에 가게 되었는데 영어 통역자가 제시간에 도착하지 못하자 나에게 기회가 주어졌다. 법회가 끝나고 며칠 후, 달라이 라마가 나를 찾는다는 전갈을 받았다.

달라이 라마 관저는 영국 식민 통치 시절의 주택을 연상케 했다. 물결 모양의 양철 지붕에다 돌과 나무로 지어진 건물의 인상은 정갈했다. 관저에 들어서자 보좌관은 나를 접견실로 안내했다. "내가 그대를 알고 있습니다. 간덴 사원에서 토론하는 모습이 아주 인상적이었는데 영어도 잘하는지는 이번에 알았습니다." 달라이 라마가 나를 기억하고 있었다. 법회에 참석한 서양인들이 내 통역이 알아듣기 쉽다고 말했다며 해외 순방 시에도 통역을 부탁하고 싶다고 했다. 순간, 눈물이 고였다. 꿈에서조차 상상하지 못한 일이다, 달라이 라마를 가까이에서 모실 수 있는 영광을 누리게 되리라는 것을. 즉시 그러겠노라고 답했다.

인도에 있는 티베트 난민 사회에서 달라이 라마는 절대적인 존재이다. 그분을 가까이에서 모시는 일은 망명 초기에 고생한 부모들의 희생을 기리는 길이기도 했다.

그런 인연으로 나는 달라이 라마의 해외 순방에 동행하면서 영어권 나라의 대중들을 위해 통역을 하게 되었다. 마음과 생명 대담Mind and Life dialogues[1]과 같은 학술 대회에서는 달라이 라마와 과학자들, 명상 전문가들 사이에서 통역을 했다. 그리고 달라이 라마의 저서를 영어로 옮기는 작업도 도왔다. 30년 넘게 달라이 라마의 영어 통역사로서 놀라운 자비의 이야기를 세상에 전하고 있다.

처음 통역을 맡았을 때, 달라이 라마는 내게 한 가지 사실을 분명하게 말했다. 달라이 라마 오피스 정식 직원으로 채용하지 않을 것이라는 점이다. 직원으로 일하게 되면 승려로서 내 지식과 역량을 낭비하는 셈이니 대신 연구에 집중하고 수행에 전력하는 독립된 삶을 살라고 했다. 그것은 자비심을 바탕으로 한 진심 어린 제안이었다.

시간이 흐르면서 나는 내 사명이 무엇인지 분명하게 깨달았다. 현대 사회에 티베트의 불교 전통을 전하는 일이다. 어린 시절을 사원에서 보냈음에도 영어를 비롯한 서구 문화에 매료되었던 특이한 성장의 이력은 내 사명을 다하기에 좋은 바탕이 되었다. 전통적인 불교 교육을 받은 사람 가운데 영어를 잘 구사할 수 있는 사람은 그리 많지 않았다. 영어 실력이 향상되면서 내 운명의 길이 점점 분명해졌다. 나는 내가 사랑하는 두 문화를 연결하는 가교였다.

내게 맡겨진 역할을 보다 더 잘 수행하기 위해 영국 캠브리지 대학으로 유학을 갔고, 새로운 인생이 시작되었다. 달라이 라마의 가르침을 영어로 통역하고, 중요한 티베트 문헌들을 영어로 옮기는 작업을 통해 두 문화를 연결하는 전문가로서 헌신할 수 있었다. 전통적인 티베트 불교가 과학을 비롯한 현대 사상이나 문화와 만나면 시너지 효과가 발생할 것이라는 나의 예상은 맞았다. 이 책 또한 두 문화를 이어주는 큰 작업의 일환이다.

나는 살아오면서 늘 자비심에 관심을 기울여 왔다. 어린 시절 나는 다른 사람이 베푸는 자비심을 받기만 하며 살았다. 1960년대 초반 우리 부모들이 말도 통하지 않는 망명지에서 살아남기 위해 애쓰는 동안 세이브 더 칠드런을 후원한 평범한 영국 시민들 수천 명 덕분에 나와 천여 명의 티베트 어린이들은 안전하게 보호를 받으며 자랄 수 있었다. 발렌티나 스타케 로젠 박사나 제메 린포체와 같은 분들 덕분에 나는 척박한 환경 속에서도 꿈을 키울 수 있었다. 달라이 라마를 보필하면서 나는 인간의 선한 본성인 자비심에 대해 확고한 신념을 갖고 산다는 것이 어떤 의미인지를 생생하게 목격할 수 있었다.

지금 나는 한 여인의 남편이자 십 대의 두 딸을 둔 아버지이다. 인도에 세워진 티베트 사원과는 환경이 완전히 다른 북미 한 도시에서 살고 있다. 빠르게 흘러가는 현대인의 삶 속에서 나도 남들처럼 일과 가족 그리고 인간관계 속에서 균형을 맞추기 위해 노력하고, 세금을 내고, 그와 동시에 분별심과 균형 감각, 낙관적인 태도를 유지하려고 노력하고 있다. 놀라운 것은 오래된 티베트 불교 전통 속에는 현대인이 일상적으로 마주치는 어려움을 해결할 수 있는 유용한 많은 방법이 있다는 사실이다. 이 책을 통해 나는 유용한 방법 일부를 나누려고 한다.

자비심은 무엇인가? 사람들은 자비심에 상당한 의미를 부여하며 자비심이 개인의 삶뿐만 아니라 사회 전체에 중요하다는 점에 동의한다. 자비심은 우리가 일상적으로 경험하는 것이다. 자식을 사랑하고 돌보고, 고통 받는 사람을 보면 연민을 느낄 때 우리는 자비심을 경험한다. 내가 어려움에 처해 있을 때 누군가가 손을 내밀면 우리는 감동한다. 선한 삶을 일구는 데 자비심이 중요한 역할을 한다는 것은 누구나 동의할 것이다. 대부분의 종교와 문화에서는 시대와 지역을 초월해 공통적으로 자비심을 강조하고 있다. 이는 우연한 일이 아니다. 심지어 어떤 정치적 사안을 두고 대립할 때도 양쪽 모두가 자비심을 운운한다.

다양한 차원에서 우리는 자비심을 경험하고 자비심의 가치를 인정하면서도 막상 자비심을 삶과 사회의 주요한 가치로 삼는 데에는 주저한다. 현대인들은 친절과 자비심을 혼동하는 경향이 있다. 서구 문화에는 자비심이 무엇인지, 자비심이 어떤 기능을 하는지 명확하고도 일관되게 보여 주는 구조가 없다. 어떤 사람에게 자비심이란 종교와 도덕 차원의 문제이며 사회와 무관한 개인의 관점일 뿐이다. 인류에 대한 순수한 이타심이 과연 가능한 것인지 의문을 제기하며 타인의 안위를 최우선으로 살피는 자비심을 의심하는 사람도 있다. 어느 유명한 과학자가 이렇게 말했다. "이타주의자에게 상처를 입히면 위선자가 피를 흘린다."[2] 이와 반대로 자비심을 보통 사람은 도달할 수 없는 너무나 높은 경지로 여기기도 한다. 마더 테레사, 넬슨 만델라, 달라이 라마와 같은 특별한 사람들만이 자비심을 가질 수 있다고 생각한다. 이렇게 되면 자비심은 저 높은 곳에 있을 뿐 우리 일상과는 무관한 것이 되고 만다.

넓은 의미에서 자비심이란 타인의 고통과 마주했을 때 일어나는 것으로 타인의 걱정과 고통이 사라지기를 바라는 마음이다. 자비심을 뜻하는 영어 단어 compassion은 '고통을 나누다'는 뜻의 라틴어에서 유래했다. 종교 역사가 카렌 암스트롱Karen Armstrong은 자비심을 뜻하는 셈 어족 단어 – 히브리어로는 rahamanut, 아랍어로는 rahman – 는 어원적으로 여성의 자궁과 관련이 있다고 주장했다. 자비심이란 원래 자식을 향한 어머니의 사랑과 같은 것이다.[3] 자비심의 핵심은 인간이라면 그 누구도 피할 수 없는 필연적인 고통과 슬픔에 대한 반응이다.

자비심을 지니면 다른 사람의 고통과 마주했을 때 가르치려 들거나 두려워하거나 혐오하는 대신에 이해하고, 인내하고, 친절하게 대할 수 있다. 자비심을 통해 우리는 고통의 실상에 대해 마음을 열고, 그 고통을 줄일 수 있는 방법을 모색할 수 있다. 공감하는 마음이 친절하고 관대한 행동 그리고 이타적인 표현으로 이어지도록 하는 것이 바로 자비심이다.

타인의 어려움이나 고통과 마주할 때 자비심이 일어난다면 다음과 같은 세 가지 반응이 거의 동시에 일어날 것이다. 먼저 알아차리고, 무의식적으로 그 상황이 나아지기를 바라고, 고통당하고 있는 사람을 돕고 싶다는 마음을 행동으로 옮긴다. 오늘날 과학자들 사이에서 자비심의 신경 생리학적 기반을 분석하고, 진화론적 근원을 탐구하려는 움직임이 있다.[4]

사회적으로 우리는 오랫동안 인간 본성과 행동을 결정하는 자비심의 역할을 무시해 왔다. 지금까지 우리는 인간의 모든 행동을 경쟁과 이기심의 관점에서 설명하려고 했다. 인간 본성을 이기적으로 규정하고 스스로의 행동을 합리화해 온 것이다. 우리의 본성이 이기적이고 공격적이라면 모든 사람이 이기적으로 사는 것은 당연하다. 이 논리대로라면 지금처럼 서로 먹고 먹히는 경쟁 사회에서 다른 사람을 경쟁의 대상으로 보고 적대적으로 대하는 것은 정상이다. 그러면 타인을 대할 때 유대감과 공감 대신 걱정과 두려움, 의심을 품게 될 것이다. 이와 반대로 우리가 자신을 자비심과 친절함을 타고난 사회적 존재이자 서로 떨어져 존재할 수 없는 상호 의존적인 존재로 여긴다면 세상을 바라보는 관점과 행동은 완전히 달라질 것이다. 그래서 스스로를 어떻게 규정하는지가 참으로 중요하다.

왜 지금 자비심을 말하는가?

자비심의 시대가 도래했다는 징후는 현재 곳곳에서 포착되고 있다. 천연자원은 한정적인데 인구는 급증하고 있으며, 인류 전체에 영향을 미치는 환경 문제는 곳곳에서 발생하고 있다. 기술의 발전, 민주주의의 발전 그리고 경제 세계화로 인해 각국 국민과 문화, 종교 간의 거리가 좁혀지고 있다. 세계가 점점 가까워지면서 공존과 협력 정신이 절실하게 필요한 상황이 되었다. 이것은 우리 모두의 문제이다. 인류가 하나라는 사실은 자비심이 왜 중요한가를 보여 준다. 만약 전 세계 종교인들이 자기 종교의 근간이 자비라는 것을 확신한다면 수백만 명의 사람들이 공존할 수 있고, 서로를 존중할 수 있는 확고한 토대가 만들어질 것이다.[5] 달라이 라마와 여러 차례 대담을 한 적이 있는 저명한 심리학자 폴 에크먼Paul Ekman은 이 시대가 요구하는 가장 중요한 가치의 근간인 "보편적 자비심"을 달라이 라마에게서 보았다고 했다.[6] 한 사람의 개인으로서, 국제 사회의 일원으로서, 우리 속에 내재한 자비로운 본성을 진지하게 들여다본다면 보다 인간적인 세상을 만들기 위해 필요한 실질적인 변화를 일으킬 수 있다.

영장류 연구, 아동 발달 심리, 신경 과학, 신경제학 같은 여러 분야의 연구에서는 인간이 단지 이기적이고 경쟁적인 생물체가 아니라 다른 사람을 돌보고 협력하는 본성 역시 가지고 있다는 점이 드러나고 있다. 희망적인 사실이다. 새로 개발된 뇌 촬영 기법과 뇌 가소성—주위 환경 및 경험의 변화에 대응한 뇌의 물리적 변화—에 대한 발견을 통해 연구자들은 명상과 같은 의식적인 정신 훈련이 우리 뇌에 어떤 영향을 주는지 이해하기 시작했다. 저명한 심리학자이자 신경학자인 리처드 데이비슨Richard Davison과 팀원들은 명상을 오래한 사람의 뇌 촬영을 통해 명상이 신경에 미치는 효과를 밝혀냈다.[7] 과학 분야의 이런 발전 덕분에 명상 수행이 건강과 인지 발달, 감정 조절 등에 미치는 영향을 연구하는 명상 과학이라는 새로운 영역이 생겼으며 마음 수련이 실제로 우리 뇌를 변화시키고 있음을 보여 주고 있다.

마음과 생명 연구소가 몇 해 전 인도에서 주최한 회의에서 달라이 라마는 참석한 과학자들에게 이렇게 말했다. "과학자 여러분은 정신적 병리 현상의 원인을 파악하는 데 있어 놀라운 업적을 쌓았습니다. 하지만 자비심과 같은 우리 정신의 긍정적인 가치를 기르는 데에는 아직 과학이 기여한 바는 거의 없습니다. 이와 달리 명상은 마음을 닦고 자비심과 같은 긍정적인 가치를 강화하는 데 필요한 여러 기법을 발전시켜 왔습니다. 그렇다면 지금 여러분이 가지고 있는 강력한 과학적 도구를 이용하여 명상 수행 효과를 연구해 보면 어떻겠습니까? 명상 수행의 효과를 과학적으로 밝힌다면 명상이 단지 영적 수행의 방편으로서 뿐만 아니라 우리 정신과 감정을 건강하게 유지하는 기법으로서도 더 많은 사람들이 명상 수행을 접할 것입니다.”

명상의 한 종류인 알아차림mindfulness(팔리어 사티sati에 해당하며 의미는 '(다르마를) 기억하다'이다. 우리말로는 마음챙김 또는 주의 집중을 통한 명상 등으로 번역되고 있다._옮긴이)에 대한 관심이 이토록 높아진 것을 보면 달라이 라마의 발언은 분명 앞을 내다본 것이었다. 서양에서는 알아차림 수련이 불교 명상의 형태로 시작되었다. 특히 20세기 초반 미얀마에서 발달한 재가 수행lay practice 방식이 대표적이다. 동남아시아의 사원에서 몇 년간 머물다가 1970년대에 미국으로 돌아간 잭 콘필드Jack Cornfield와 조셉 골드스타인Joseph Goldstein 같은 선구적인 미국인들이 이 수행법을 서양 세계에 전파했다. 틱 낫 한Thich Nat Hahn 스님 역시 이 같은 흐름에 결정적인 역할을 했다. 존 카밧진John Kabat-Zin 박사는 1979년 메사추세츠 대학교 의과 대학에서 만성질환을 가진 환자들을 상대로 특별히 고안된 알아차림 수련법을 적용하는 클리닉을 열었다.[8] MBSRMindfulness-Based Stress Reduction로 불리는 이 수련법은 알아차림을 통해 스트레스를 완화한다. 이 치료법의 효과를 토대로 카밧진 박사는 명상 안내 CD와 함께 명상법을 소개한 『마음챙김 명상과 자기 치유Full catastrophe living』를 펴냈다. 두 번째 저서인 『당신이 어디를 가든 당신은 그곳에 있다Wherever You Go, There You Are: Mindfulness Meditation for Everyday Life』가 출판될 즈음에는 임상 분야에서 스트레스, 만성 통증, 주의력 결핍 등 여러 질환 치료에 알아차림 수행법을 적용하는 시도가 이루어졌다.

지난 10년 사이에 알아차림 수행에 기반한 중재 요법 연구에 미국 국립 보건원NIH 보조금이 기하급수적으로 증액되어 수백만 달러에 달하고 있다. 불교를 바탕으로 하는 대중적인 마음 수련을 적극적으로 지지해 온 달라이 라마의 확고한 태도 역시 알아차림 수련의 효과를 널리 알리는 데 큰 역할을 했다. 오늘날 알아차림 수련은 치료 분야를 비롯하여 기업 관리 및 리더십 훈련, 학교, 스포츠 분야에도 적용되고 있다. '알아차림 양육mindful parenting', '알아차림 리더십mindful leadership' '알아차림 학교mindful school', '알아차림을 통한 스트레스 관리mindfulness for stress management' 같은 용어가 빈번하게 사용되고 있다. 실제로 인터넷 서점 아마존에서 '알아차림mindfulness'으로 검색되는 책이 5,000권 이상이다.

과학계에서는 인간의 본성과 행동을 이해하는 데 있어 자비심이라는 속성을 다시 정의하려는 시도가 일고 있다. 사회 공포증부터 자기 비하까지, 외상 후 스트레스 장애부터 섭식 장애까지 다양한 정신적 문제를 다루는 데 있어 자비심 수련을 바탕으로 한 치료법의 효과가 입증되고 있다. 교육 관계자들은 우리 아이들의 사회성과 감정 및 도덕적 발달을 위해 친절함과 자비심이라는 가치를 학교 안으로 끌어들일 방법을 모색하고 있다. 내게도 '자비심 함양 수련'으로 알려진 대중적인 자비심 수련 프로그램을 설계하는 데 참여할 기회가 주어졌다.

스탠퍼드 대학의 자비심 함양 프로그램

자비심 함양 프로그램Compassion Cultivation Training(이하 CCT)의 시작은

내가 신경외과 의사인 제임스 도티James Doty를 만난 2007년 겨울로 거슬러 올라간다. 진취적인 성격을 가진 도티는 이타적인 행동과 저변에 깔린 동기, 특히 자비심에 대한 과학적인 탐구를 목적으로 하는 전문가 포럼을 만들고 싶어 했다. 도티는 나에게 포럼 동참 여부를 물어 왔고 나는 기꺼이 수락했다. 그렇게 해서 만들어진 것이 스탠퍼드 대학의 자비심과 이타심 연구 교육 센터Center for Compassion and Altruism Research and Education at Stanford University(이하 CCARE)이다. 이 센터에서는 기존 과학의 틀 안에서 자비심을 연구하고 있다. 스탠퍼드 대학 방문 연구원 자격으로 나는 CCT 개발 과정에 참여했다.

초기 CCT는 8주 과정으로 일주일에 한 번, 두 시간 동안 심리학 개론 수업과 명상 수행을 아우르는 방식으로 구성되었다. 명상 수행은 우리 생각과 감정, 행동을 이끄는 힘이 무엇인지 이해하고 인식을 확장하는 것을 목표로 삼고 강사의 지도 아래 진행되었다. 참가자들에게 숙제도 주어졌는데 미리 녹음된 안내를 따라 집에서 명상 수행을 하는 것이었다. 처음에는 15분으로 시작하여 30분까지 시간을 늘렸다. 또한 그 주에 배운 내용을 일상생활에서 적용하는 연습도 실시했다.

혹시 이런 질문을 할지도 모르겠다. 종교적인 요소를 배제한 불교적 명상 기법이 과연 얼마나 효과적일 수 있는가? 이 질문에 대한 나의 견해는 확고하다. 통역 전문가로서 나는 언어 간의 통역 가능성에 관해 말한 랄프 왈도 에머슨Ralph Waldo Emerson을 존경한다. 그는 대표적인 저서 『사회와 고독Society and Solitude』에서 다음과 같이 말했다. "책의 가장 훌륭한 점은 번역될 수 있다는 것이다."[9] 나는 이것이 단순히 언어 간의 번역을 말하는 것이 아니라 다른 형태의 의사

소통 수단에도 적용할 수 있는 원리라고 생각한다. 전통적인 불교 자비심 수행이 우리의 내면을 갈고 닦는 데 도움이 되는 기본적인 방법을 제시한다면 특정 종교의 틀에서 벗어나 인종과 종교, 문화에 관계없이 보편적으로 받아들일 수 있는 수행 방식으로 '번역'될 수 있을 것이다. 궁극적인 진리는 보편성을 가지기 때문이다.

처음에는 스탠퍼드 대학 학부생과 인근 주민들을 대상으로 CCT를 진행하였으며 발견되는 문제점을 조금씩 보완해 가며 프로그램을 다듬었다. 예를 들어, 첫 번째 버전의 프로그램은 명상 수행에 많은 부분을 할애했다. 그러나 조용한 분위기에서 가부좌를 하고 앉아 고요한 성찰에 드는 것에 익숙하지 않은 사람들에게는 잘 맞지 않았다. 이런 사람들에게는 보다 활동적이고 소통적인 방식이 더 효과적이었다. 그래서 내가 도입한 것이 비명상적 기법이다. 두 사람이 짝을 이루어 이해와 공감에 바탕을 둔 대화법을 연습하는 것과 같은 소통 연습과 토론 수업이 특히 효과적이었다.

CCT를 다듬어가면서 동료들의 도움을 많이 받았다. 스탠퍼드 대학 강사이자 유명 요가 명상 지도자인 켈리 맥고니걸Kelly McGonigal, 결혼 및 가족 상담사이자 명상 지도자인 마가렛 컬렌Margaret Cullen, 감정 연구자이자 명상 지도자인 에리카 로젠버그Erika Rosenberg, 세 사람이 큰 도움을 주었다. 이들은 CCT의 첫 번째 선임 지도자가 되었으며 모니카 한센Monica Hansen과 레아 웨이스Leah Weiss가 이후에 합류했다.(레아는 CCARE에서 자비심 교육 팀장으로도 일했다.) CCT의 종합 지도자 교육 과정을 설계한 것은 켈리와 레아였다. 이 교육 과정을 통해 지금까지 백여 명 이상의 지도자가 배출되었다. 처음에는 스탠퍼드 대학 재학생들을 대상으로 했던 CCT는 점차 대상을 넓혀 팔로 알토 및 샌프란시스코만 지역 주민까지 프로그램에 참여하게 되었다. 암 지원 네트워크부터 외상 후 스트레스 장애PTSD 환자를 위한 VA 지역 치료 센터까지, 샌디에이고 지역에 있는 사설 치료자부터 구글의 엔지니어와 스탠퍼드 경영 대학의 학생들까지 CCT에 참여했다. 이 책에서는 현장에서 얻은 생생한 경험을 소개할 것이다. 관심 있는 사람을 위해 이 책에 언급된 과학 연구를 비롯한 참고 자료 목록을 책 말미에 정리해 놓았다.

달라이 라마는 "몸의 건강을 위해서 적절한 식사와 운동이 필수적이라고 생각하듯이 마음의 건강과 인류의 번영을 위해서는 반드시 마음을 돌봐야 한다는 사실을 사람들이 깨닫는 날이 올 것"이라는 말을 한 적이 있다. 그때가 멀지 않은 것 같다.

이 책에 대해

이 책을 통해 전하고 싶은 내용은 자비심은 인간이 지니고 있는 기본적인 본성이라는 점이다. 우리가 자비로운 본성을 자각하고 성장시켜 자신과 타인, 더 나아가 자신을 둘러싸고 있는 온 세상을 자비롭게 대한다면 개인은 물론 사회 역시 행복해질 것이다. 우리 삶과 이 세상의 핵심적인 실체들 가운데 하나가 자비심이며 우리 모두는 노력을 통해 자비심을 키울 수 있다. 이 책의 2부에서는 자비심을 키우는 단계를 설명하고 있다.

이 책의 목적은 단순하고 명료하다. 자비심을 우리 모두가 다다를 수 있는 가치로 다시 정립하고, 의무감이 아닌 자발적 의지로 일상과 사회 전반에서 자비심을 실천하도록 하는 것이다. 자비심은 하늘에 떠 있는 이상이 아니라 우리 일상 가운데 살아 숨 쉬고 있는 가치다. 이 책은 체계적인 마음과 정신 수련을 통해 자비심을 함양하는 방법을 제시하고 있다. 이를 통해 우리는 보다 행복하고 충만하며 스트레스가 적은 삶을 살 수 있으며 나아가 보다 안정되고 평화로운 세상을 만들 수 있다.

재미있는 사실은 자신이 일으킨 자비심의 가장 큰 수혜자가 바로 자기 자신이라는 사실이다. 책에서 밝히고 있듯이 자비심을 일으키면 더 행복해진다. 행복감을 더 많이 느낀다. 머릿속에 가득한 실망, 후회, 걱정, 욕망에서 벗어날 수 있는 방법은 자비심을 지니는 것이다.

자비심은 낙관적인 태도를 갖게 한다. 자비심이 고통에 초점을 맞추기는 하지만 궁극적으로는 고통이 사라지기를 바라고, 도움을 주고 싶다는 긍정적인 마음 상태이기 때문이다. 자비심은 사소한 집착을 넘어선 목표 의식으로 우리를 이끈다. 자비심을 지니면 마음은 가벼워지고 스트레스는 줄어든다. 인내심은 커지고 자신은 물론 타인을 더 깊이 이해하게 된다. 자비심은 분노와 즉각적인 감정적 반응을 완화하는 데 큰 효과가 있는 것으로 나타났다. 특히 외상 후 스트레스 장애를 오랫동안 앓아 온 환자들에게 효과가 있다. 자비심을 지니면 외로움과 두려움에서 벗어날 수 있다. 또한 타인의 친절을 고맙게 받아들이는 마음이 더 커진다.

CCT 참가자 가운데 바쁜 외래 병동에서 일하는 삼십 대 초반의 의사가 있었다. 그녀는 자신이 느낀 자비심의 효과를 다음과 같이 설명했다.

저는 하루에 환자를 서른다섯 명이나 진료할 때도 있어요. 그럴 때면 환자가 더 이상 사람이 아니라 그저 숫자로 느껴지곤 했죠. 너무 지치고 힘들어서 의사라는 직업을 그만둘 생각도 했어요. 하지만 CCT에 참여하고 자비심 훈련을 시작하면서 조금씩 달라졌지요. 요즘 저는 진료실에 들어가기 전에 깊은 호흡을 세 번합니다. 그리고 조금 전에 진료한 환자를 잊어버립니다. 지금 이 순간 진료실에 마주앉아 있는 환자에게 집중하고 있으면 그 환자가 느끼는 고통이 전해집니다. 환자에게 단순히 처방전만 써 주는 것이 아니라 그 사람을 보살필 수 있다는 사실을 깨달았지요. 여전히 바쁜 하루를 보내고 있고, 해야 할 일도 너무 많지만 전만큼 스트레스를 많이 받지는 않습니다. 다시 일에서 보람을 느끼고 있고 많이 안정된 것 같아요. 저는 의학과 더불어 자비심 훈련도 계속 할 생각입니다.

나는 인간인 우리가 자비로운 마음으로 서로를 보살핀다는 사실에 감사한다. 우리는 태어나는 순간부터 다른 사람의 보살핌을 받는다. 다른 사람의 보살핌이 있었기에 죽지 않고 어른으로 성장할 수 있었다. 다른 사람의 보살핌과 사랑은 어른이 된 후에도 행복과 불행을 결정하는 데에 큰 부분을 차지한다. 사람은 혼자 살 수 없다. 이 당연한 진실을 인정하고 받아들이는 것이 두려움 없는 마음이다.

우리는 연습을 통해 이 세상을 똑바로 바라보고, 더 큰 자비심을 일으킬 수 있다. 마음을 활짝 열고 지구상에서 살고 있는 사람들의 고통과 기쁨을 공감할 수 있다. 사회적이고 윤리적인 존재로서 우리 모두는 자신이 가치 있고 소중히 여겨지기 바란다. 사랑하는 사람들과의 관계에서는 말할 것도 없다. 사람들은 자신이 존재하는 이유가 있다고 믿고 싶어 한다. 우리가 추구하는 의미 있는 삶은 타인과 관계를 맺고, 타인들에게 도움을 줄 때 완성된다. 다른 사람의 삶에 기쁨을 줄 때 내 삶에도 의미가 생긴다. 가치 있는 삶을 일구는 또 하나의 방법, 이것이 바로 자비심의 힘이다.

I

왜 자비심이 중요한가?

1

행복의 문을 여는 훌륭한 열쇠:
자비심

모든 미덕을 아우르는 단 한 가지가 있다면
그것은 바로 자비심이다.
붓다

친절보다 큰 지혜는 없다.
장 자크 루소(1712~1778)

어머니는 내가 아홉 살 때 돌아가셨다. 그때 나는 심라에 있는 티베트 난민 학교에서 지내고 있었다. 내 부모님은 1959년 달라이 라마를 따라 티베트를 떠나 인도로 넘어온 난민이었다. 당시 8만 명 넘는 사람들이 달라이 라마를 따라 티베트를 떠났다. 우리 부모님을 비롯해 많은 티베트 사람들은 북인도 도로 건설 현장에서 일했다. 중화 인민 공화국이 티베트 영토를 점령하면서 인도는 갑자기 수천 킬로미터에 이르는 국경 방위를 강화해야 하는 상황을 맞았다. 이 때문에 새로운 도로 건설이 시급했는데 티베트 고원에서 온 난민들은 해발 고도가 높은 곳에서 도로를 닦는 데 안성맞춤인 일꾼들이 었다. 내 부모님은 해발 2,000미터에 자리잡은 그림 같은 마을 심라에서 티베트 국경이 있는 산악 지역으로 이어지는 도로 건설 현장에서 일을 했다. 육체적으로 고달픈 일이었고 공사가 끝나면 다른 공사 현장으로 몇 달씩 또 옮겨 다녀야 했다. 그래서 우리 형제들은 부모님과 자주 떨어져 지내야 했다. 하지만 내 유년기에는 부모님에 대한 기억이 따뜻하게 남아 있다. 그때를 떠올리면 지금도 즐겁고 행복하다.

나중에 안 사실이지만 어머니의 죽음은 충분히 막을 수 있는 일이었다. 어머니는 건설 현장 막사에서 여동생을 낳았다. 출혈과 길가 흙먼지로 인해 고생을 하면서도 제대로 된 진료조차 받지 못했다. 당시 아버지는 많이 편찮아 다람살라에 있는 티베트 병원에 입원을 하고 있었는데 어머니는 심라에서 버스를 타고 험한 산길을 여섯 시간이나 달려갔다. 그리고 며칠 후, 어머니는 돌아가셨다. 그때 내 남동생은 이미 다람살라에 있는 티베트 어린이 학교에서 살고 있었고, 돌봐 줄 사람이 아무도 없는 갓난아이 여동생도 같은 학교에서 살게 되었다. 나는 아직도 기억한다, 녹색 양철 지붕이 있는 단층 건물 안에 요람 여러 개가 나란히 놓여 있던 아기 방을. 내 여동생은 다른 아기들과 함께 누워 있었다. 아이들 대부분은 고아였다. 동생에게 사탕을 주려고 베란다에서 기다리고 있던 나를 보모가 데리고 동생이 있는 방으로 갔던 순간이 기억난다.

몸이 회복된 아버지는 출가를 하고 사원으로 갔다.

지금도 펜파 외삼촌은 여전히 나에게 고마운 존재다. 외삼촌은 키가 크고 마른 편이며 광대뼈가 약간 불거졌으며 다리를 약간 절었다. 두 갈래로 땋은 머리카락을 머리에 두른 후 붉은 실로 묶는 전통적인 머리 모양을 했던 아버지와 달리 펜파 외삼촌은 현대적인 짧은 머리를 하고 날렵한 콧수염을 기르고 있었다. 원래 승려였던 외삼촌은 글을 읽고 쓸 줄 알며 버스나 기차 행선지를 읽을 정도의 영어도 할 줄 알았다. 내가 고아 아닌 고아가 되어 외로울 때 외삼촌은 나를 자식처럼 돌봐 주었다. 외삼촌에게는 딸이 둘 있었다. 사촌들은 나와 같은 학교에 다니고 있었는데 펜파 외삼촌은 딸들을 보러 오거나 방학 때 딸들을 도로 건설 현장으로 데리고 갈 때 항상 나도 함께 챙겼다. 일주일 동안 외삼촌과 함께 지내다가 학교로 돌아올 때면 외삼촌은 우리들에게 똑같이 용돈으로 2루피(약 34원)씩을 주었다. 나이가 들어 가면서 망명 초기에 외삼촌과 부모님이 얼마나 힘든 시간을 보냈는지 알게 되었다. 그리고 외삼촌이 얼마나 큰 자비심과 친절을 베풀었는지도 절감하게 되었다. 그분들은 낯선 인도 땅에 망명을 온 이방인이었다. 비가 끝도 없이 쏟아지는 인도의 우기를 길가 초라한 막사에서 버텨 내야만 했다. 수입은 보잘것없었고, 그 얼마 안 되는 돈을 외삼촌은 나한테까지 나누어 주었다. 펜파 외삼촌은 나에게 참으로 각별한 사람이다. 내 인생은 여러 차례 변화를 겪었고, 지금 나는 외삼촌이 살던 세상에서 멀어졌지만 외삼촌은 돌아가시는 순간까지 나를 지극히 보살펴 주었다.

본성이다

2013년 보스턴 마라톤 폭탄 테러를 다룬 뉴스에서 앵커 프레드 로저스는 이런 말을 했다. "내가 어렸을 때 뉴스에서 끔찍한 소식이 보도되면 어머니는 항상 이렇게 말했습니다. '도와줄 사람을 찾으면 돼. 누군가는 반드시 도와준단다.'" 보스턴 테러 현장에서도 우리는 목격할 수 있었다. 누가 시킨 것도 아닌데 길가에 있던 구경꾼들은 희생자들을 돕기 위해 너나 할 것 없이 끔찍한 현장으로 뛰어들었다. 우리가 구하려고만 하면 크든 작든 도움의 손길을 내미는 사람은 어디에나 항상 있다. 다른 사람을 돕고자 하는 마음은 인간이 타고난 본성이기 때문이다.

펜파 외삼촌은 성자가 아니었다. 우리 모두가 그러하듯이 다른 사람의 고통에 공감하고, 다른 사람을 돕고 싶어 하는 본성을 타고난 보통 사람일 뿐이다. 마더 테레사나 달라이 라마처럼 대단히 자비로운 사람들은 평범한 우리와는 차원이 다른 존재처럼 보이지만 사실 그들 역시 우리와 같은 인간이다. 우리 인간이 지니고 있는 자비로운 본성은 눈동자 색깔처럼 타고나는 것이 아니라 글자를 배우는 것처럼 노력을 통해 계발될 수 있는 잠재력이다. 모든 사람이 셰익스피어처럼 멋진 문장을 쓸 수 있는 것은 아니지만 노력하고 연습하면 자신의 생각을 언어로 표현할 수 있는 능력은 갖추게 된다. 마더 테레사나 달라이 라마가 커다란 자비심을 가질 수 있었던 것은 그만큼 노력했기 때문이다. 우리 내면에는 자비심의 씨앗이 있다. 자비심을 바탕으로 한 사소한 행동이 예상보다 훨씬 더 큰 영향을 끼칠 수 있다.

역사적으로 보면 서양에서는 인간을 이기적이고 경쟁적인 속성을 가진 존재로 보는 편이었고 특히 다윈의 진화론 이후에는 이러한 경향이 더 심화되었다. 다윈의 진화론을 적극적으로 지지하여 다윈의 불독이라고 불리는 토마스 헉슬리Thomas Huxley는 "이빨과 손톱이 피로 물든 자연nature red in tooth and claw"[1]이라는 테니슨의 시구를 인용했다. 헉슬리는 인간 존재를 "가장 강하고 날래며 교활한 자만이 살아남을 수 있는"[2] 검투사의 운명과 같다고 보았다. 인간은 이기적인 존재라는 가정 하에 과학자와 철학자들은 모든 인간 행위의 동기가 이기심이라고 단정해 버렸다. 특히 과학적인 사고방식을 가진 사람들은 특정한 행위 뒤에 감춰진 이기심이 드러나지 않았다는 것은 그 모습이 여전히 전부가 아니라는 뜻으로 해석한다. 인간이 진정으로 이타적으로 행동할 수 있다는 믿음은 그저 순진한 생각으로 치부되어 왔다. 심지어 이타적인 행위는 이성적이지 않으며 오히려 손해가 될 수 있다고 주장하는 사람도 있고, 이타주의자는 위선자이거나 스스로를 속이고 있다고 매도하기도 한다.

이런 관점들이 나는 너무 무자비하다고 생각한다. 어린 시절, 승려로서 내가 배운 불교적 관점에서 보면 자비심은 우리가 타고나는 것이며, 자비심이 친절한 태도로 표현되는 것은 지극히 자연스러운 일이다. 좋은 성품은 더 성장시키고, 분노, 공격성, 시기심, 탐욕과 같은 파괴적인 성향은 억제하는 것이 중요하다.

아, 그러고 보니 캠브리지 대학에 있을 때 동료 학생들과 이타심에 관한 논쟁을 벌인 적이 있다. 나는 마더 테레사가 캘커타의 빈민가에서 극빈자들을 위해 일한 것을 예로 들었는데 누군가가 "분명 마더 테레사에게도 도움이 되는 부분이 있었을 거야. 그렇지 않고서야 왜 그런 일을 하겠어?"라며 반론을 제기했다. 그래서 나는 인간이 이기적인 존재라는 주장에 반하는 예가 무엇이 있는지 곰곰이 생각해 보았다. 실제로 지금 서양에서는 '인간은 이기적인 존재'라는 패러다임에 반대하는 사람이 늘어나고 있다. 미국 철학자인 토마스 네이글Thomas Nagel은 적어도 개념적으로는 이타심이 불합리한 개념이 아니라고 주장했다.[3] 심리학자 대니얼 뱃슨Daniel Batson은 진정한 이타적 인간 행위가 존재한다는 것을 입증하는 연구를 많이 했다.[4] 어쩌면 우리 인간은 스스로를 제대로 신뢰하지도 못하고 동시에 스스로를 이기심 안에 가두고 있는지도 모른다.

나는 너이다

최근 들어 인간을 이기적인 존재로 보는 것은 편협한 시각이라는 인식이 과학계에서도 확산되고 있다.[5] 이제는 이기심뿐만 아니라 이타심 역시 인간 행위의 강력한 동기가 된다는 것에 대한 과학적인 접근이 필요하다. 모두가 알다시피 인간의 진화 과정에서는 경쟁뿐만 아니라 협력도 중요한 역할을 하고 있다. 새로운 과학적 움직임의 대부분이 공감에 대한 연구이다. 영장류 연구에서 아동 발달 심리학, 신경 과학, 신경 경제학(신경 과학적 기법을 이용하여 경제 행위를 연구하는 경제학의 한 분야)에 이르기까지 다양한 분야에서 우리가 타인에 대한 공감을 바탕으로 행동한다는 새로운 연구 결과들이 나오고 있다.

'공감'이란 무엇인가? 공감은 다른 사람의 기분을 이해하고, 그것을 경험적으로 공유하는 인간의 타고난 능력이다.[6] 공감은 누군가의 기분에 감정적으로 반응하고 그 사람의 상황을 인식적으로 이해하는 두 가지 요소로 구성된다. 우리가 다른 사람과 비슷한 감정을 경험할 때 그 감정적 반응은 마치 공명과 같다. 예를 들어, 불행한 상황을 겪고 있는 누군가를 보면 그 사람과 똑같은 감정을 느끼지는 않지만 감정 이입을 하고 순수한 연민으로 슬픔을 느낀다.

1909년 심리학자 에드워드 브래드퍼드 티치너Edward B. Tichener가 만든 영어 단어 empathy는 19세기 무렵에 만들어진 독일어 단어인 einfühlungsvermögen을 번역한 것이다. "다른 사람의 감정을 느낄 수 있는"으로 직역되는 이 단어는 다른 사람의 감정을 함께 느낄 수 있는 감각적 능력이라는 의미를 함축하고 있다. 영어로 empathy라는 단어가 만들어진 것은 비교적 최근이지만 이 개념은 오래 전부터 우리와 함께 했다. 전통적인 종교의 윤리 체계를 뒷받침하는 황금률은 "남에게 대접 받고 싶은 만큼 남을 대접하라."이다. 이 가르침의 핵심이 바로 공감이라는 개념이다. 불교 전통에서 말하는 "다른 존재도 내가 그러하듯이 고통을 느끼니 해치지 말라."라는 금언은 공감이라는 개념을 더욱 명확하게 드러낸다.[7]

비종교 분야를 예로 들어 보자. 장 자크 루소의 철학적 소설인 『에밀Emil』에 "자신을 버리고 고통 받는 사람과 동일시하며 스스로를 다른 존재와 같다고 느끼는 것 말고 연민의 감정으로 나 자신을 움직이게 하는 것이 또 무엇이 있을까?"[8]라는 구절이 있다. 스코틀랜드 철학자 데이비드 흄은 우리가 다른 사람의 고통이나 기쁨에 공명하여 어떤 감정을 느끼는 것을 바이올린의 현들이 서로 공명하여 소리를 내는 것에 비유했다. 시장 경제 이론의 기초를 세운 아담 스미스는 우리가 다른 사람이 되었다고 상상하는 것은 "고난에 빠진 사람에게 느끼는 동류의식의 원천"[9]이라고 말했다. 찰스 다윈 스스로도 인간의 "잘 타고난 사회적 본능"에 대해 언급하면서 이 같은 본능을 통해 "사회 내에서 동료들과 즐거움을 나누고 공감하며 그들에게 베풀 수 있다."라고 주장했다.[10]

불교에서는 조금 다른 관점으로 설명한다. 앞서 말했듯이 우리의 공감 능력은 다른 사람과의 유대감이나 동질감에서 발현된다. 초기 불교 경전에서는 이러한 동질감을 다른 중생에 대한 "명확한 공감clear appreciation"으로 표현하고 있으며 "다른 존재에 대한 배려 sense of regard for the other"나 "다른 존재에 대한 존중valuing the other"으로 표현하기도 한다. 이러한 관점에서는 우리가 누군가의 감정을 단순히 인식하는 데 그치는 것이 아니라 그 사람을 존중할 것을 강조한다.

우리 뇌에서 공감 능력에 관여하는 가장 중요한 체계[11]는 감정 신호를 처리하는 역할로 잘 알려져 있는 대뇌변연계이다. 또한 공감은 엄마와 아기 사이의 교감에 있어 결정적인 역할을 하는 애착 체계의 일부인 신경 회로망을 활성화한다. 마지막으로 개인적인 고통의 경험에 관여하는 소위 고통의 매트릭스라는 뇌 영역도 공감 능력과 연관된다. 뇌 영상 촬영을 통해 진화 초기부터 존재해 온 뇌 영역뿐만 아니라 우리가 다른 사람의 관점을 평가할 수 있게 하는 대뇌피질과 같이 비교적 늦게 형성된 영역도 우리의 공감 능력에 관여한다는 사실이 입증되었다. 그리고 신경 과학적 연구를 통해 적어도 공감 작용에 있어서는 다른 사람에 대한 우리의 인식 및 태도와 감정 및 동기 사이에 밀접한 관련이 있음이 확인되었다. 만약 우리가 다른 사람에 대한 인식과 태도를 바꾼다면 타인에 대해 느끼는 방식을 실제로 변화시킬 수 있을 것이다.

연구 결과가 시사하는 점

타인을 보살피고 친절을 베푸는 우리의 본성은 과연 몇 살 때부터 나타나는 것일까? 발달 심리학자 펠릭스 바르네켄Felix Warneken과 진화 인류학자 미카엘토 마셀로Michael Tomasello는 실험을 통해 그 해답을 찾고자 했다. 생후 14~18개월 된 아이들이 진정으로 남을 돕는 행위를 하는지 관찰한 이 연구에서는 두 상황을 만들었다.[12] 한 상황에서는 어떤 사람이 빨랫줄에 수건을 널다가 하나를 떨어뜨렸는데 손이 닿지 않는 척했다. 다른 상황에서는 실험자가 한 무더기의 잡지를 캐비닛 안에 넣어야 하는데 두 손으로 잡지를 들고 있어 캐비닛 문을 못 여는 척했다. 이 두 상황에서 대부분의 아이들은 다가와 도움을 주었다. 두 독일 과학자는 몇 차례 더 추가적으로 실험을 했는데 아이들은 놀이에 방해가 되고 힘든 일이라고 해도 다른 사람을 기꺼이 도우려고 한다는 사실을 알게 되었다.

흥미로운 점은 타인을 돕는 행위에 대한 보상이 주어지면 오히려 역효과가 발생한다는 것이다. 다른 사람을 도운 후 보상을 받은 아이들은 보상을 받지 않은 아이들에 비해 다음 실험에서 다른 사람을 돕는 행위를 하는 비율이 낮았다. 생후 6개월밖에 안 된 아기들이 남을 괴롭히는 모습의 인형보다 남을 돕는 모습의 인형을 더 좋아했다는 연구 결과도 있다.[13] 캠브리지에서 동료들과 이타심에 관한 논쟁을 할 때 내가 이런 사례들을 알고 있었다면 좋았을 텐데 아쉽다.

개인적으로 내 아이들에게서도 유사한 현상을 목격한 적이 있다. 큰딸 칸도가 생후 15개월쯤 되었을 때, 장인어른은 고관절 통증으로 수술을 앞두고 있었다. 장인어른은 지팡이 없이는 걷기가 힘들었고 항상 엎드려 누워야 했다. 칸도는 할아버지가 자리에서 일어나 걸으려고 하면 누가 시키지 않아도 할아버지에게 지팡이를 가져다주었다.

이 모든 연구 결과가 시사하는 것은 타인에게 공감하고 자비심을 가지고 친절을 베푸는 능력과 이타적인 행동은 사회 문화적으로 습득되는 것이 아니라 타고난 본성이라는 점이다. 사람들이 사회화되면서 달라지는 점은 자신이 친절을 베풀 가치가 있는 사람과 그렇지 않은 사람을 구별하는 것뿐이다. 그러고 보면 친절을 베푸는 어린아이의 순수한 본성을 망가뜨리는 것은 바로 사회라고 주장한 프랑스 사상가 장 자크 루소의 말이 맞을지도 모른다. 명상 과학자 리처드 데이비슨Richard Davidson이 주장하듯이 자비심이라는 우리의 타고난 능력이 언어를 습득하는 능력과 비슷하다면 인격이 형성되는 시기에 자비심을 접해 보지 않은 사람은 안타깝게도 이 능력이 계발되거나 발현되지 않은 상태로 머물러 있을지도 모른다.[14]

자비심의 혜택

공감이란 다른 사람의 기분을 느끼고 이해하는 것이다. 지금 고통받고 있는 사람과 마주한다면 공감을 하게 되면서 자비심이 일어날 것이다. 이때 그 사람의 고통이 사라지기를 바라는 마음과 그를 위해 무언가를 해 주고 싶다는 마음이 함께 일어난다. 자비심은 단순한 공감을 넘어선 보다 고양된 마음 상태이다. 친절은 이러한 자비심이 이타심의 가장 기본적인 형태인 돕는 행동으로 나타난 것이다.

우리의 공감 반응이 친절한 행동으로 발현되도록 하는 것이 바로 자비심이다.

　사람들은 누구나 살면서 한 번쯤은 친절과 자비를 경험한다. 나에게 펜파 외삼촌이 그랬듯이 우리는 누군가가 베푼 자비로운 마음을 받기도 하고 누군가에게 자비를 베풀기도 한다. 자비심이란 인정받고 싶어하는 사람을 향해 건네는 작은 미소나 긍정의 몸짓일 수도 있고, 내가 좌절감에 빠져 있을 때 가만히 내 이야기를 듣고 있는 친구의 모습일 수도 있다. 아끼는 제자에게 건네는 선생님의 진심 어린 충고가, 또 마음이 울적한 순간에 따뜻하게 안아 주는 배우자의 모습이 바로 자비심일 수도 있다. 우리는 다른 사람이 베푸는 작은 친절에 마음이 편안해지고, 인정을 받고 있으며 가치 있는 사람이라고 느끼기도 한다. 우리는 그렇게 다시 힘을 얻는다. 그런데 우리는 너무 자주 친절의 가치를 잊어버린다. 자식을 기르는 부모와 나이 든 부모를 모시는 사람, 아픈 사람을 보살피는 의료진과 세계 곳곳에서 아이들을 가르치는 교사들에게는 남을 돕는 행위가 일상이다. 이러한 친절함이 너무 흔해서 우리가 그 가치를 미처 인식하지 못할 뿐이다. 남에게 베푸는 친절이 참 좋은 것이기는 하지만 삶에 있어 필수불가결한 요소는 아니라고 생각하는 사람도 있다. 친절을 베풀 만한 충분한 시간과 에너지가 있는 사람에게만 해당되는 호사로운 감정이라고 여기는 것이다. 하지만 온 세상 사람들의 건강과 행복 그리고 삶 자체가 실은 서로가 친절을 주고받는 가운데 유지되고 있다.

　사람들 대부분은 자신이 자비롭다고 말한다. 아마도 이 책을 읽고 있는 사람이라면 자비심이 자기 정체성 가운데 중요한 부분이라고 말할 것이다. 그런데 많은 사람들은 자비심에 대해 생각만 하고 실천은 하지 않는다. 우리가 자비심을 기르기 위해 노력하지 않는다면, 오래된 습관을 고치고 열심히 갈고닦아 실제 삶 속에서 자비심이 일어나도록 노력하지 않는다면, 본능적으로 반응하며 살아갈 것이다. 누군가 화를 돋우면 화를 내고, 기분 나쁘게 하면 짜증내고, 다른 사람이 고통을 겪는 것을 보면 힘겨워 하고, 이렇게 감정에 휘둘려 살아간다면 우리 삶을 바꾸는 자비심의 위대한 힘을 이끌어 낼 수 없을 것이다.

받는 즐거움

당신에게 친절을 베풀었던 사람 가운데 기억에 남는 이가 있는가? 그냥 떠올리는 것만으로도 기쁘고, 고마운 그런 사람 말이다. 학교생활을 잘할 수 있도록 보살펴 주고 당신의 재능을 일찍 발견할 수 있도록 도와준 선생님일 수도 있고, 당신 곁을 든든히 지켜 주던 좋은 친구일 수도 있다. 자라는 동안 정신적 지주가 되어 준 부모님일 수도 있다. 지금 바로 떠오르는 이가 없다면 시간을 두고 더 생각해 보자.

다른 사람이 베푼 친절, 특히 가장 절박한 순간에 받은 친절은 우리 마음에 왜 그토록 오래 남는 걸까? 답은 간단하다. 그러한 행동이 친절과 유대감에 대한 강렬한 욕구를 충족시키고 동시에 인간의 가장 깊은 감성을 건드리기 때문이다.

누군가가 베푸는 친절은 모두에게 이득이 되겠지만 그 친절을 느끼는 정도가 같은 것은 아니다. 다른 사람이 베푸는 친절을 알아차리는 정도는 자신의 자비심과 비례한다. 한 연구 팀이 샌프란시스코만 지역에 거주하는 여성 쉰아홉 명을 대상으로 실험을 했다. 실험 참가자들에게 자비심 정도를 측정하는 질문지를 작성하게 한 후 무작위로 두 그룹으로 나누었다. 일주일 후에 다시 연구실을 찾은 참가자들에게 세 가지 임무를 주는데 먼저 실험자 두 명 앞에서 짧은 발표를 하고 인터뷰를 실시한 다음 수학 문제를 풀게 했다. 발표 준비 시간은 5분이며, 이때 참가자들은 EEG(뇌파 검사)와 같은 특정 신체 기능 측정 장치를 장착하고 있다. 한 실험군은 참가자가 작업을 수행하는 동안 실험자 가운데 한 사람이 "잘하고 있어요." 라고 한다거나 동의를 한다는 의미로 웃으며 고개를 끄덕거리는 긍정적인 반응을 했다. 다른 실험군에서는 실험자가 참자가에게 긍정적인 반응을 하지 않았다.

자비심 점수가 높고 실험자에게서 긍정적인 신호를 받은 참가자는 다른 참가자들에 비해 눈에 띄게 혈압과 코티솔(부신 피질 호르몬) 반응도가 낮고 심박 변이도가 높게 나타났다. 이 생체 지표들은 모두 신체 및 사회적 건강과 관련이 있었다. 특히 스트레스 강도가 가장 높은 과제인 발표를 할 때 지표들의 변화가 두드러지게 나타났다. 또한 긍정적인 신호를 받은 참가자들은 그렇지 않은 참가자에 비해 긍정적인 신호를 보내 준 실험자에게 더 호감을 느낀다고 말했다. 자비심 점수는 높았으나 긍정적 신호를 받지 못한 실험자에게서는 이러한 현상이 관찰되지 않았다. 연구 팀은 "자비심이 많은 사람은 스트레스를 특히 심하게 받는 상황에서 다른 사람이 베푸는 도움을 더 잘 느끼는 것으로 보인다."[15]라는 결론을 내렸다. 다시 말해 다른 사람이 베푸는 친절을 제대로 받으려면 우리 스스로가 친절을 베풀 준비가 되어 있어야 한다는 것이다.

베푸는 즐거움

베풀 때 두 가지의 즐거움을 느낄 수 있다. 순수한 자비심으로 다른 사람에게 친절을 베풀 때 우리는 자신을 좋은 사람이라고 느낀다. 친절이 유대감이라는 인간의 근본적인 욕구를 일깨우기 때문이다. 자비심과 친절을 통해 우리는 '나'라는 좁은 감옥에서 벗어나 보다 큰 존재의 일부가 되는 느낌을 받는다. 보통 사람들은 자신만을 걱정하고, 자신만을 챙기는 이기심의 틀 속에 갇혀 있다. 그 틀을 깨고 세상과 소통하게 만드는 힘이 바로 자비심이다.

　자비심이 우리 뇌에 긍정적인 영향을 끼친다는 사실이 과학적으로 입증되었다. 우리가 진실한 마음으로 다른 사람을 도울 때 우리 뇌에서는 행복감을 주는 엔돌핀의 분비가 늘어나는데 이것을 "헬퍼스 하이helper's high" 현상이라고 부른다. 연구 결과에 따르면 다른 사람에게 의식적으로 자비심을 일으킬 때 자비심과 관련된 뇌 영역의 보상 센터가 활성화된다. 이때 작동되는 뇌 체계는 초콜릿과 같은 맛있는 음식을 떠올릴 때와 동일하다. 그렇다면 캠브리지에서 나와 논쟁을 벌였던 학생들이 어느 정도는 맞을 수도 있겠다. 그들이 주장했듯이 마더 테레사가 이기적이지는 않았더라도 분명히 그녀에게 득이 되는 부분이 있었던 것이다. 하지만 이타적인 헌신을 통해 마더 테레사가 얻은 행복감은 행동의 결과였을 뿐 그 자체가 목적이 아니었다. 마더 테레사를 이끈 가장 큰 동기는 가난한 사람들을 돕고 위로하는 것이었다. 이것이 바로 자비심의 행복한 유혹이다. 자비를 많이 베풀면 베풀수록 스스로가 더 많은 것을 얻기 때문이다.

아이들에게 친절한 행동을 하도록 장려했을 때 아이들이 느끼는 행복 지수는 높아졌으며[16] 친절한 행동이 또래 수용도 증가로 이어졌다는 연구 결과도 있다. 또래와 잘 어울리는 것은 특히 십대에게 중요한 부분이며 집단 따돌림을 줄이는 데 핵심적인 요소이기도 하다.

우리가 스스로의 행복에 관심을 덜 기울일수록 더 행복해진다는 것이 행복의 역설이다. 사랑이 샘솟으면 우리는 자신의 협소한 자아를 벗어나 깊은 행복감을 경험하게 된다. 큰딸이 태어나던 순간이 떠오른다. 사람들은 아주 행복한 순간에 자신의 존재를 잊는 경험을 일상에서 하곤 한다.(이와 반대로 자의식은 행복감을 느끼지 못하게 하는 장벽이 되기도 한다. 그래서 때로 사람들은 자의식에서 벗어나기 위해 술이나 약물처럼 자기 파괴적인 수단을 동원하기도 한다.)

누군가에게 자비심을 느낄 때 온 세상은 긍정적인 빛으로 선명하게 빛난다. 이는 일반적인 예상과는 반대되는 것이다. 자비심은 타인의 고통에 초점을 맞추기 때문에 자비심이 많은 사람에게 세상은 암울하고 비관적으로 느껴질 것이라고 생각할 수 있다. 하지만 내가 참여했던 스탠퍼드 심리학 연구 팀의 연구 결과는 그 반대였다.[17] 우리는 연구에 참여한 대학생들에게 여러 사람의 얼굴 사진을 보여 주고, 의식적으로 그 가운데 몇몇에게 자비심을 일으켜 보라고 했다. 그 다음에는 현대 미술 작품 사진을 보여 주고 순위를 매겨 보라고 하였다. 그리고 미술 작품 사진을 보여 줄 때마다 아까 본 얼굴 사진 가운데 하나가 화면에 아주 잠깐 나타나도록 하였다. 얼굴 사진은 누군지 알아보지 못할 정도로 짧게 나타났다. 연구 결과, 학생들은 자신이 자비심을 일으켰던 얼굴 사진 바로 뒤에 나온

미술 작품을 훨씬 긍정적으로 평가했다. 자비심과 긍정적인 시각의 이러한 연관성은 자비로운 사람이 더 낙천적인 이유를 설명해 준다.

커지는 삶의 의미

자비심과 친절이 주는 가장 큰 혜택은 우리 삶을 의미 있게 한다는 점이다. 쓸모 있는 존재라는 느낌만큼 좋은 것은 없다. 가정이나 직장에서 누군가에게 긍정적인 도움을 주었을 때 우리는 활력과 자신감을 얻는다. 삶의 의미를 발견하는 것은 행복의 중요한 요건 가운데 하나이며 심지어 수명에도 영향을 미친다. 삼 개월간 진행된 자비심 수행의 효과를 분석한 연구에서 참가자의 텔로머라제에 흥미로운 변화가 발생한 것을 확인할 수 있었다. 텔로머라제는 텔로미어를 복구하는 효소이다.[18] 텔로미어는 꼬리 모양의 염색체 말단으로 세포 분열이 진행될수록 길이가 점점 짧아지며 노화와 관련이 있다. 연구 결과, 삶의 목적의식이 뚜렷한 사람은 텔로머라제의 양이 증가하였다. 이는 노화 속도가 느리다는 것을 시사한다. 봉사 활동이 고령자의 노화를 늦추고 있음을 확인한 연구 결과도 있다. 봉사자가 진실한 마음으로 남을 도울 때 이러한 효과가 나타났다는 것에 주목해야 한다.

줄어드는 스트레스

달라이 라마는 자비심을 일으킬수록 스트레스를 덜 받게 된다고 종종 말한다. 자비심은 자신의 불행 그리고 타인의 나약함과 고통을 보면서 느끼는 감정이다. 이런 자비심이 스트레스를 완화시킨다는 것이 선뜻 이해되지 않을 수 있다. 하지만 이것은 과학적으로 이미 입증된 사실이다. 비밀은 여기에 있다. 행복을 느낄 때와 마찬가지로 자비를 느낄 때에도 자신만을 챙기고 걱정하면서 받는 스트레스에서 벗어날 수 있기 때문이다. 자신만을 생각하는 좁은 시각에서 벗어나 타인에게 눈을 돌리면 마음이 한결 가벼워진다. 스트레스를 일으키는 요인은 변함없이 존재하지만 스트레스를 느끼는 정도는 약화된다. 우리가 어떤 것에서 스트레스를 받는다는 것은 압도될 것 같은 두려움 때문이다. 하지만 자비심은 기운을 북돋운다. 어깨에 짊어진 삶의 짐이 조금은 가볍게 느껴지고 더 넓은 안목으로 자신을 바라보게 한다. 그리고 내가 혼자가 아니라는 사실을 깨닫게 한다.

자비심이 스트레스를 완화하는 또 다른 방식은 이해와 관용이다. 다른 사람에 대한 자비심을 일으킬 수 있다면 그들 때문에 화가 나거나 기분이 상하는 일도 줄어들 것이다. 특히 스스로에 대한 자비심이 중요하다. 자신에게 자비로워지면 실패를 한다고 해도 자신을 닦달하지 않고 그 상황을 이겨 낼 수 있다. 스스로를 몰아붙이고 부끄럽게 여기고 자신의 부족한 점을 감추려고 애쓰는 것이야말로 엄청난 스트레스가 아닌가! 자신을 인정하고 받아들이고 스스로에게 자비로워진다면 아무것도 감출 필요가 없다. 그리고 감추는 것이 없으면 두려울 것도 없다.

GRE(대부분의 미국 대학에서 대학원 입학 때 요구하는 시험)를 준비하는 하버드 학부 학생을 대상으로 한 연구가 있다. 이 연구에서는 스트레스와 관련된 증상(심장 박동이 빨라지는 등)을 긍정적인 현상으로 이해하는 '인식의 전환'이 시험과 관련한 스트레스에 학생들이 대처하는 방식을 어떻게 바꿔 놓는지를 보여 주었다.[19] 자신이 처한 상황에 대한 인식을 바꾼 학생들은 스트레스 상황이 지나간 후에 본래 상태로 회복되는 속도가 더 빨랐으며 시험 점수도 더 높았다. 실제로 사람들이 직면하는 가장 큰 스트레스는 현대 사회에 만연한 자기 자비self-compassion의 결여이다. 이에 대해서는 다음 장에서 자세히 다룰 것이다.

자비심을 가지려고 노력하면 다른 사람의 친절을 더 적극적으로 받아들일 수 있으며 스트레스로 인한 지속적인 악영향을 줄이는 데에도 도움이 된다. 자비로운 마음을 지니면 갖게 되는 따뜻한 느낌은 심혈관계의 염증 수치를 낮추고 심장 질환 예방에 중요한 역할을 하는 옥시토신 – 모유 분비를 촉진하는 호르몬 – 분비량을 증가시킨다. 뒤에서 더 자세히 살펴보겠지만 다른 사람의 안위를 염려하는 마음을 키우면 미주 신경이 강화된다는 연구 결과도 있다. 뇌신경 가운데 가장 긴 미주 신경은 맥박 및 체내 염증 수치를 조절하는 역할을 하며 전반적인 건강 상태를 나타내는 지표 가운데 하나이다.

외로움을 치유

자비심은 인간관계에 큰 도움이 된다. 친절한 태도는 사랑하는 사람들과 관계를 돈독히 하고 의견 충돌이나 감정 대립으로 생기는 인간관계의 균열을 복구하는 데 도움이 된다. 사회적 유대감이 우리의 면역계를 튼튼하게 만든다는 연구 결과가 있다. 따라서 사회적 관계를 형성하고 유지하는 데 꼭 필요한 요소인 친절함은 우리의 면역계를 건강하게 유지하는 데에도 도움이 된다. 남녀 관계에서도 친절한 태도는 그 사람의 매력을 한층 배가한다. 지금 생각해 보면 내가 아내에게 반했던 것은 친절한 태도 때문이었던 것 같다. 아내는 관대했고 항상 아름다운 미소를 머금고 있었다.

사람들이 느끼는 큰 고통 가운데 하나인 외로움을 치료하는 것도 자비심이다. 자비심을 통해 다른 사람과 관계를 회복하고 자신을 둘러싼 장벽을 제거할 수 있다. 이러한 효과는 결코 과장된 것이 아니다. 최근 시카고 대학에서 50세 이상 성년 2,000여 명을 육 년간 추적 관찰한 결과, 극도의 외로움을 느끼는 사람은 그렇지 않은 사람에 비해 비만이나 고혈압으로 인한 사망 위험이 두 배 높은 것으로 나타났다. 외로움을 느낀다고 응답한 사람은 그렇지 않은 사람에 비해 사망 위험이 14퍼센트 더 높았다.[20] 심한 외로움이 흡연보다 더 해롭다는 연구 결과도 있다. 과학자들은 외로움을 건강한 삶을 살기 위해 치료해야만 하는 '우리 사회'의 고통 가운데 하나로 본다. 외로운 사람들은 무리의 가장자리에서 늘 포식자들의 공격에 노출되어 있는 물고기와 같다. 살아남기 위해 끊임없이 주위를 살피고 긴장해야 하는 사람은 아침 시간에 코티솔(부신 피질 호르몬) 수치가 다른 사람보다 훨씬 높다. 하루를 시작하기도 전에 '싸울 것인가 아니면 도망칠 것인가'로 고민을 하는 것이다. 외로움이 장기간 지속되면 호르몬 균형과 신경계에도 문제가 발생한다.

안타깝게도 외로움은 이제 일반적인 문제가 되고 있다. 이 문제는 개개인이 느끼는 고통은 물론 공중 보건 비용에도 큰 영향을 미치고 있다. 한 사회학 연구에서 미국인의 약 25퍼센트는 속마음을 털어놓을 수 있는 사람이 없다고 응답했다.[21] 2012년 영국에서 실시된 연구에서는 참가자 20퍼센트 이상이 일상적으로 외로움을 느끼는 것으로 나타났으며 그 가운데 4분의 1은 연구가 진행된 5년 동안 외로움이 점점 커지고 있다고 응답했다.[22]

자율성과 개인주의적 삶의 방식을 강조하는 현대 문화와 오늘날 만연한 외로움이 서로 연관이 있다는 사실은 분명하다. 자율성과 개인주의적 삶이 갖는 긍정적인 측면도 분명히 있지만 두 가지 모두 사회적 유대감을 약화시키는 경향이 있다. 이는 부정할 수 없는 사실이다. 페이스북 같은 사회적 관계망의 발달이 외로움을 가중시키는 지금의 문화적 경향을 뒤집을 수 있을까? 아직 명확한 연구 결과가 나오지 않았지만 나는 그렇게 생각하지 않는다. 직접적인 상호작용이 줄어드는 이상 사람들의 외로움은 점점 더 심해질 것이다.

나는 달라이 라마가 생전 처음 보는 사람을 직접 보듬는 장면을 딱 한 번 본 적이 있다. 그때 달라이 라마는 캘리포니아 뉴포트비치에서 열린 세미나에 참석 중이었고, 주제는 "불교와 정신 치료"였다. 나는 통역을 하고 있었다. 어느 날 오후, 달라이 라마가 묵고 있던 숙소 바깥에서 그를 기다리던 몇몇 사람들 가운데 한눈에도 정신이 온전치 않아 보이는 한 남자가 달라이 라마를 향해 고래고래 소리를 질렀다. 달라이 라마는 삶이 무의미하다며 고함을 질러 대는 남자에게 다가가 그가 하는 말을 가만히 들었다. 그리고 그에게 지금 가장 좋은 것이 무엇인지 생각해 보라고 했다. 당신을 사랑하는 사람들한테 당신이 얼마나 중요한 존재인지, 또 다른 사람들을 위해 할 수 있는 좋은 일이 얼마나 많은지도 말이다. 하지만 전혀 소용이 없었다. 결국 달라이 라마는 말을 멈추고 그 남자를 가만히 안아 주었다. 달라이 라마 품 안에서 흐느껴 울던 남자는 마침내 평정을 되찾고 편안해졌다.

현실 세계에서 맺는 직접적인 관계만이 외로움을 치유할 수 있다고 수많은 연구 결과들은 말하고 있다. 마음을 활짝 열고 다른 사람을 보살피는 것, 다른 사람의 친절에 충분히 감동하는 것, 그리고 우리에게 내재한 자비심을 삶 속에서 실천하는 것으로 우리는 건실한 사회적 유대감을 다질 수 있다. 우리는 혼자 살 수 없는 존재이다. 우리는 같은 인간뿐 아니라 동물과도 교감하고 싶어 한다. 함께 하고 싶은 이 강한 열망은 행복한 삶의 결정적인 요소이다.

친절은 전염된다

외로움의 확산과 관련하여 가장 흥미로운 최신 연구 결과 가운데 하나는 친절이 전염된다는 것이다. 친절을 베푸는 사람을 보면 나도 따라 친절해진다. 누군가가 다른 사람을 돕는 모습을 보면 그저 흐뭇한 것이 아니라 나 역시 다른 사람을 돕고 싶다는 마음이 든다. 어떤 연구자들은 이러한 현상을 관찰한 토머스 제퍼슨Thomas Jefferson의 표현을 빌려 "도덕적 상승 작용moral elevation"이라고 부른다.[23] 그는 우리가 언제 어떻게 자선 행위에 대해 생각하는지, 그리고 이타적이 되는지에 대해 연구한 바 있다. 친절의 파급 효과를 생각해 보자. 친절의 효과는 잔잔한 물 위에 돌멩이를 던졌을 때처럼 점점 더 넓게 퍼져 나간다.

어려움에 처한 사람을 돕거나 다른 사람을 걱정하는 누군가를 관찰할 기회가 생긴다면 그 상황에 대해 자신이 어떻게 반응하는지를 잘 살펴보라. 두 눈이 빛나고 있지는 않는지? 가슴이 뛰지는 않는지? 자신도 모르게 입가에 미소를 머금고 있지는 않는지?

캠브리지 대학, 플리머스 대학, 캘리포니아 대학에 재직하고 있는 과학자 세 명이 자비심의 전염성을 입증하는 기발한 실험을 진행했다.[24] 연구진은 대학생들을 두 그룹으로 무작위 배정을 한 후, 한 그룹은 코미디나 자연 다큐멘터리를 시청하게 하고 다른 그룹은 다른 사람을 돕는 이들의 이야기를 다룬 감동적인 장면(『오프라 윈프리쇼』의 일부)을 보게 했다. 실험자는 학생들에게 이 실험이 기억력을 테스트하는 것이라고 설명하고 학생들이 시청한 내용과 관련된 컴퓨터 작업을 수행하도록 요청했다. 작업을 시작하려는 찰나 실험자가 컴퓨터 파일을 여는 데 문제가 생긴 척했다. 몇 번 시도를 한 다음에 실험자는 참가자들에게 그냥 가도 좋으며 처음 약속한 학점은 받을 것이라고 말했다. 학생들이 떠나려고 할 때, 실험자는 마침 그때 막 생각난 것처럼 학생들에게 자신이 진행하고 있는 다른 연구 프로젝트의 설문지 작성을 부탁했다. 설문지 내용은 아주 지루하고 따분하며 작성에 대한 특별한 보상도 없다.

결과는 흥미로웠다. 돕는 행위를 시청한 그룹은 다른 그룹에 비해 보상도 없는 실험자의 연구를 도와주려는 비율이 더 높았다. 연구를 돕겠다고 한 학생들 가운데 '오프라' 그룹에 속한 학생들은 다른 그룹 학생들에 비해 설문지 작성에 두 배의 시간을 들였다. 누군가의 친절을 마주하면 사람들은 자비심을 느끼며, 자비심은 남을 돕는 행동으로 이어진다.

다행히 일상에서 친절을 베풀 수 있는 기회는 참 많다. 아침에 집을 나서는 가족에게 잘 다녀오라며 입맞춤을 할 수도 있고, 만삭의 임산부에게 버스 좌석을 양보할 수도 있다. 급히 달리는 자동차가 추월할 수 있도록 길을 내주거나 동료가 하는 이야기를 귀담아들을 수도 있다. 자원봉사를 할 수 있고, 수입의 일부를 기부할 수도 있다. 잘 생각해 보면 일상에서 친절을 베풀 기회는 무수히 많다. 친절을 베풀 수 있는 순간을 한번 떠올려 보자. 만약 쉽게 떠오르지 않는다면 2부에서 그 방법들을 설명하겠다.

작은 친절로 세상을 바꾸려는 사람들이 있었다. "페이 잇 포워드 pay it forward"(미국의 한 여성이 자기 커피값을 계산하면서 뒤에 있는 사람 커피값까지 계산했다. 종업원에게 이 사실을 들은 뒷사람은 자기 뒤에 있는 사람을 위해 커피값을 계산했다. 모르는 사람으로부터 기분 좋게 커피 한 잔을 얻어 마신 사람이 다시 모르는 다른 사람에게 그 기쁨을 전하는 것이다. 278명이 동참한 이 일은 11시간 가까이 이어졌다고 한다._옮긴이) 운동에서는 나에게 친절을 베푼 사람에게 친절을 되갚는 것이 아니라 다른 사람에게 베풂으로써 친절한 마음이 널리 퍼지도록 했다. 현재 많은 학교에서 친절을 교육 과정의 일환으로 다루고 있다. 2008년, 영국에서는 BBC가 "무작위적 친절Random Acts of Kindness"이라는 캠페인을 시작했다. 그리고 지금은 이것이 일반적인 말이 되었다. 자비심이 더 이상 행복의 '비밀'이 아니라 일반적인 가치이자 사회를 구성하는 하나의 원리가 된다면 세상은 어떻게 달라질까?

인내가 필요하다

보통 우리가 가장 많은 친절을 베푸는 대상은 사랑하는 사람들이며, 그들은 행복의 원천이자 동시에 불행의 원천이기도 하다. 사랑하는 사람들에게 자연스럽게 일어나는 자비심을 어려운 상황에서도 계속 지니려면 인내와 헌신이 필요하다. 일상에서 생기는 가족 간의 소소한 충돌은 자비심을 일으키는 데 반드시 필요한 평정심을 잃게 한다. 이럴 때 우리는 자신을 용서하고 너그럽게 대할 필요가 있다.(자신을 너그럽게 대하는 것을 '자기 자비'라고 하는데 자기 자비에 대해서는 2장에서 다룰 것이다. 평정심을 유지하는 방법은 2부에서 설명할 것이다.)

더불어 친밀한 관계이기 때문에 일어날 수 있는 문제들을 짚어 보아야 한다. 굳이 자신을 방어할 필요는 없으며, 서로를 아끼기 때문에 듣기 싫은 소리를 한다는 것을 항상 염두에 둔다면 친절을 바탕으로 한 관계를 유지할 수 있을 것이다.

내 개인적으로 가장 어려운 인간관계는 아버지와의 관계였다. 열한 살부터 스무 살까지 나는 아버지와 작은 사원에서 함께 지냈다. 우리 사원은 내가 태어난 서부 티베트에 있는 종칼 마을의 이름을 딴 종칼 최데였다. 아버지는 오랜 역사를 자랑하는 우리 사원에 큰 애착을 갖고 있었다. 내가 경전 암송과 의식 집전을 비롯한 사원 교육을 마친 후 영어 공부나 사원에서 필요하지 않은 책들에 관심을 보이면서 아버지와 갈등이 시작되었다. 지식에 대한 내 열망은 점점 강해졌고 의미도 모른 채 기계적으로 암송하는 염불을 비롯하여 매일 똑같이 이루어지는 예불은 점점 더 지루하기만 했다.

내가 승려가 된 순간부터 아버지의 바람은 단 한 가지, 내가 우리 사원의 주지가 되는 것이었다. 하지만 내 생각은 달랐다. 그 작은 사원에서 승려로 평생을 보내는 것은 내 꿈이 아니었다. 문맹에 가까웠던 아버지는 내 지적 호기심을 전혀 이해하지 못했고 시간이 지나면 저절로 사라질 십 대의 반항심 정도로 생각했다. 아버지는 어머니와 당신이 자식들을 위해 희생을 했는데 그 희생에 보답하지 않는 내가 너무 이기적이고 배은망덕하다고 비난했다. 또 내가 사원 울타리를 벗어나면 사람들에게 손가락질을 당할 것이라고 아버지는 믿고 있었다. 아버지가 나를 비난하니 나 역시 아버지와 거리를 두면서 관계는 점점 더 껄끄러워지고 사이는 멀어져만 갔다.

내가 종칼 최데를 떠나 남인도 다른 지역에 있는 사원 학교로 가면서 인생의 새로운 장이 시작되었다. 아버지와 연락을 주고받기는 했지만 관계는 소원했고, 나에 대한 아버지의 실망감은 점점 커져 갔다. 아버지는 내가 우리 사원과 아버지가 포함된 공동체를 배신했다고 생각했다. 많은 아시아 국가들처럼 티베트 역시 집단에 대한 신의를 중요한 덕목으로 삼는다.

1985년, 내가 달라이 라마의 영어 통역사가 되면서 상황은 완전히 달라졌다. 아버지에게 나는 더 이상 못마땅한 아들이 아니었다. 아버지는 그때까지 나를 제대로 이해하지 못했다는 것을 깨닫게 되었다. 그리고 탈선처럼 보였던 행동들이 실은 나에게 도움이 되는 일인지도 몰랐다는 것을 인정했다.

아버지는 돌아가시기 전 10년 동안 파킨슨 병과 독한 도파민 유도제 때문에 고통스러운 시간을 보냈다. 절망감과 나날이 커져 가는 불안감으로 편집증과 조현증이 심해지고, 죽음에 대한 공포도 점점 커 갔다. 그런 아버지 곁에서 공포감을 있는 그대로 받아들일 수 있도록 내가 도울 수 있어 감사했다. 나는 아버지와 많은 시간을 함께 보내며 불교의 가르침과 명상을 통해 아버지가 안정을 취할 수 있도록 도왔다. 아버지는 죽음을 평화롭게 맞았다. 자신이 충실한 삶을 살았으며 형, 누나 그리고 나까지 자식들 모두 잘 살고 있고 다들 결혼해 가정을 꾸린 것에 기뻐하셨다. 아버지와 관계를 포기하고 싶었던 적도 있고, 될 대로 되라고 생각한 적도 있었다. 하지만 아버지와 나 자신에 대한 자비심이 그런 나의 생각을 내버려 두지 않았다.

무엇 때문에 우리는 타인에게 친절을 베푸는가? 그 행동의 동기가 무엇인가? 친절한 행동에 관심을 기울이고 친절을 베풀려고 노력하는 이유가 무엇인가?

그 이유는 바로 우리 모두에게 내재한 자비로운 본성 때문이다. 우리는 기본적으로 불완전하기 때문에 다른 사람의 친절과 보살핌을 필요로 하며 친절한 행동을 통해 타인들과 유대감을 형성한다. 다른 사람의 고통과 즐거움도 함께 느끼고 나눈다. 가장 원초적인 수준에서 나와 남을 연결하는 것은 바로 이 보살피고자 하는 마음이다. 다른 사람의 고통과 욕망을 공감하고 그들에게 자비심을 느낄 때 인간으로서 정말 살아 있다는 느낌을 받는다. 활력이 생긴다는 것은 단지 느낌이 아니다. 실제로 심장 박동이 빨라지면서 우리 몸은 어떤 행동을 취할 준비를 한다. 자비심 안에서 우리는 타인과 자신을 구별 짓기 위해 만들어 놓은 수많은 기준과 경계에서 벗어나고 동시에 깊숙이 숨어 있던 따뜻한 인간 본성이 드러난다. 지금 바로 내 앞에 있는 사람과 나를 연결하는 것은 바로 우리의 자비로운 본성이다. 이를 깨닫는 순간 우리는 알게 된다, 지금 내 앞에 있는 이 사람 역시 나처럼 행복을 바라고 고통을 피하고 싶어 하는 또 한 명의 인간이라는 사실을. 다른 것은 중요하지 않다. 인종도, 종교도, 문화도, 성별도 상관없다. 그저 도움이 필요한 사람에게 기꺼이 손을 내미는 것, 그것이 중요할 뿐이다.

2

자신 수용의 핵심:
자신을 자비롭게

인간의 가장 큰 욕망은 인정 받는 것이다.
윌리엄 제임스(1842~1910)

지혜의 근원은 자신의 마음을 관찰하는 데 있다.
곤파와(11세기)

다른 사람이 베푸는 친절에 마음이 끌리는 것은 자연스러운 일이다. 그리고 누군가 베푸는 친절에 감화되면 나도 모르게 도움이 필요한 사람에게 반응하게 된다. 자신과 타인의 이와 같은 상호 작용은 인간으로서 타고난 본성이다. 그렇다면 자기 자신을 보살피고 관대하게 대하는 자기 자비self-compassion는 숨을 쉬는 것처럼 자연스러운 것이어야 한다. 따로 배우거나 심지어 생각할 필요도 없이 당연히 할 수 있는 것이어야 한다. 하지만 지금 우리가 살고 있는 고도의 경쟁 사회에서는 문제가 복잡하다.

지금과 같은 문화 구조에서 자신에게 관대해지기란 쉽지 않다. 과학적 연구 결과를 보면 자기 자비의 결핍으로 인해 발생하는 문제는 실로 다양하고 광범위하다. 불안 장애부터 번아웃 증후군burnout syndrom까지, 인간관계의 어려움부터 동기 부여 문제와 무기력증까지, 자기 자비 부족으로 인해 많은 문제가 발생하고 있다. 자기 자비가 부족하면 자신을 있는 그대로 받아들이기(자기 수용self-acceptance)가 어렵다. 자신에게 관대해지기도 어렵고, 친절해지기도 어렵다. 자기 자비가 부족하면 전혀 쓸모없는 방식으로 자신을 괴롭히고 다른 사람들 특히 사랑하는 사람들과 관계에서도 문제가 발생한다. 행복하기 위해서는 타인에 대한 자비심만큼이나 자신에 대한 자비심도 중요하다. 그런데 아직은 자신에게 자비로워야 한다는 자기 자비라는 말이 낯설고 어색할 수 있다. 익숙하지 않다면 지금부터 연습하면 된다.

자기 자비에 대한 오해

이 장에서는 자신을 자비롭게 대하는 자기 자비self-compassion가 무엇이고 왜 필요한지 설명하려고 한다. 먼저 자기 자비에 대한 몇 가지 오해에 대해 짚고 넘어가야겠다.

자기중심적인 태도를 버리고 외부 세계로 관심을 돌릴수록 더 행복해지는 것은 분명한 사실이다. 자기 자비는 자기애를 바탕으로 한 자아도취self-absorption와는 완전히 다른 개념이다. 나는 스스로에게 진정으로 자비로운 사람들을 알고 있다. 그들은 자기 자신을 보살피는 동시에 주위에 있는 타인의 감정이나 욕구에도 관심을 기울인다. 사실 다른 사람을 친절하게 대하려면 스스로를 잘 보살피면서 형성된 정신적, 육체적 건강이 선행되어야 한다. 반면 자기중심적인 사람은 자신만의 세계에 갇혀 있어 다른 사람을 돌아볼 여유가 없다.

자기 자비를 자기 연민self-pity과 혼동해서는 안 된다. 자기 연민을 가진 사람은 자신의 문제에 사로잡혀 스스로를 불쌍히 여긴다. 이들 역시 자신을 둘러싼 외부 세계를 생각하지 못한다. 자기 연민은 사실 자아도취의 한 유형이라고 볼 수 있다. 하지만 자기 자비를 가지면 자신이 겪고 있는 어려움을 보다 큰 틀의 보편적인 맥락에서 바라볼 수 있다. 자기 연민에 빠지면 시각이 협소해 전체를 보지 못하고 자신이 처한 상황을 부풀려 생각하는 경향이 있다. 그래서 사소한 문제도 너무 크게 느껴지고 견딜 수 없게 되는 것이다. 반면 자기 자비는 균형 감각을 키워 자신이 처한 곤경과 고통을 보다 건설적인 방식으로 해결하게 한다.

자기 자비는 자기만족self-gratification과도 다르다. 일반적으로 우리는 내가 원하는 것과 정말 필요로 하는 것을 혼동할 때가 많다. 맛있는 과자를 먹고 싶은 충동을 충족시키는 것처럼 말초적인 욕구를 만족시키는 것이 진정한 자기 자비는 아니다.

마지막으로 자기 자비는 자부심self-esteem과도 다른 개념이다. 자기 자비를 가지면 곤경에 처하거나 실패를 했을 때도 스스로를 이해하고, 자신을 너그럽게 수용할 수 있다. 지금 겪고 있는 고통이나 욕구에 대한 자신의 마음 상태를 옳다, 그르다 판단하지 않고, 따뜻하게 보살피면서도 분명하게 바라보는 것이 자기 자비이다. 반면 자부심은 자기 평가를 바탕으로 한다. 자기 자비가 자부심을 기르는 데 도움이 될 수는 있지만 반드시 자기 자비로 이어지는 것은 아니다.

현대 사회 특히 북미 지역에서는 자부심을 아동 발달과 정신 건강에 있어 가장 중요한 가치로 여긴다. 미국에 있는 여러 학교에는 자부심을 기르기 위한 특별 프로그램이 있으며, 부모들은 자녀의 자부심을 키우는 일은 최대한 일찍 시작하는 것이 좋다고 생각한다. 물론 자부심 그 자체에는 아무 문제가 없다. 하지만 자부심이 성공이라는 기준과 결부되는 경우가 너무 많다는 것이 문제다. 아이들을 포함하여 진취적인 사람들은 자신이 '성공'했을 때에만 존중 받을 가치가 있다고 생각하는 경향이 있다. 지금의 경쟁적 문화에서는 자부심의 개념이 뒤틀려 있다. 많은 사람들이 남과 비교를 통해서만이 자신의 가치를 평가한다.

자녀를 둔 부모로서 나와 아내 역시 아이들이 학교 공부나 운동, 음악 등 여러 분야에서 두각을 나타낼 때 아이들의 자부심을 북돋아 주곤 한다. 하지만 미국과 전혀 다른 문화권에서 자란 나로서는 조건부 자부심이 어떤 영향을 미칠지 염려스럽다. 나는 자라는 동안 내가 무엇을 얼마나 잘하느냐에 따라 내 가치가 결정된다는 생각을 해 본 적이 없다. 어린아이였지만 나는 자신을 완벽한 인격체로 느끼고 있었으며 한 인간으로서 당당한 권리가 있다고 생각했다. 아마도 각각의 사람들은 전생 업으로 지어진 고유한 특성을 가지고 있으며 모든 사람은 서로 연결되어 있다는 불교 가르침의 영향을 받았기 때문일 것이다.

일부 과학자들이 이와 유사한 관점을 제시하고 있다. 성공 여부에 따라 좌우되는 자부심은 일이 뜻대로 되지 않았을 때 좌절감을 더 크게 느끼도록 한다는 연구 결과가 있다. 자부심만 좇다 보면 실수를 통해 뭔가를 배울 수 없다는 연구 결과도 있다. 우리가 어떤 일을 하는 목적이 단지 좋은 결과를 얻는 것이라면 나쁜 결과가 나왔을 때 감당하기가 어렵다. 달리기를 하는 목적은 무조건 일등을 하고, 승리감을 맛보기 위해 하는 것은 아니다. 건강에 좋고 기분이 상쾌해지기 위해 할 수도 있고 그저 날씨가 좋아서 달릴 수도 있다. 누구나 실패와 좌절을 경험한다. 하지만 무조건 좋은 결과를 얻기 위해 무언가를 하는 사람은 실패를 겪었을 때 자신의 존재감이 흔들리는 듯한 위기감을 느끼게 된다. 그럴 때 사람들은 결과를 부정하고 아무 일도 없는 것처럼 행동하거나 또는 정반대로 스스로를 호되게 몰아붙인다.[1]

나와 아내가 궁금했던 것은 자부심으로 인해 파생될 수 있는 여러 가지 부작용들을 예방하면서 자부심의 장점인 자신감과 낙관성을 보전할 수 있는 방법이 없을까 하는 것이었다. 과연 자부심과 자기 자비는 양립할 수 있을까? 나는 가능하다고 생각한다. 자부심 그 자체를 목적으로 추구하는 것이 아니라 어떤 결과로써 자부심을 얻을 수 있다면 말이다. 자부심을 통해 사람들이 진정으로 얻고 싶어 하는 것은 스스로가 완벽하다는 느낌이나 우월감이 아니라 순수하게 자기 자신을 좋아하는 마음인 자기애self-liking이다. 자기애는 스스로를 있는 그대로 편안하게 받아들이는 마음이다. 무엇보다도 자기 자비에서 우러나는 자기애에는 자만심이 들어 있지 않다. 자기 자비가 있으면 자신을 존중하면서도 진정으로 겸손할 수 있다.

티베트에는 완벽주의 성향의 자부심을 경계하는 경구가 하나 있다. "나보다 뛰어나면 시기하고, 나와 비슷하면 경쟁하고, 나보다 못하면 업신여긴다." 사람들이 느끼는 불만과 불행의 뿌리가 바로 여기에 있는지도 모른다.

자기 자비가 있는 사람은 세속적인 성공의 기준으로 자신을 평가하지 않고, 자신과 타인을 비교하지 않는다. 그 대신 이해와 관용을 바탕으로 자신의 단점과 실패 요인을 찬찬히 살펴본다. 그리고 자신의 문제를 보편적 인간 조건이라는 보다 큰 틀에서 바라본다. 그래서 자부심과 달리 자기 자비를 가지면 다른 사람에게 깊은 유대감을 느끼고, 긍정적인 태도로 대할 것이다. 마지막으로, 자기 자비를 가지면 스스로에게 솔직해진다. 자신의 상황을 있는 그대로 받아들이고 이해할 수 있는 힘이 생기는 것이다. 관련 연구 결과에 따르면 자기 자비의 크기는 사람마다 다르며 상황에 따라 달라질 수 있다.

스탠퍼드 대학의 자비심 함양 프로그램에 참여했던 40대 여성이 있었다.[2] 그녀는 뇌졸중으로 몸 왼쪽에 마비가 와서 목욕을 할 때 혼자서는 왼쪽 몸을 닦을 수가 없었다. 그래서 목욕을 할 때마다 다른 사람 도움을 받아야 했다. 그런데 자비심 프로그램에 참여하면서 변화가 일어나기 시작했다. 평소 혐오스럽게 생각했던 마비된 왼쪽 몸을 받아들이고 마음으로 보살피면서 다시 혼자서 목욕을 할 수 있게 되었다. 이러한 변화를 통해 삶의 질이 높아졌으며 이전에 비해 행복하다고 했다.

사실, 동양에서 자란 사람의 눈에 비친 서양인들은 자신감이 넘치고, 보다 효율적이고, 자신을 잘 보살피고, 인생을 즐기는 것처럼 보이기도 한다. 서양처럼 개인주의화된 사회에 사는 사람들은 자기 자신만 보살피면 된다. 많아야 직계 가족 몇 명이 추가될 뿐이다.

가족의 크기는 작고, 나이 든 부모는 따로 산다. 요양원에서 여생을 보내는 경우도 많다. 이러한 문화에서는 여가 활동이 삶에서 중요한 부분을 차지한다. 정기적으로 떠나는 휴가를 통해 해외여행을 하거나 성지를 방문하기도 한다. 서양인들은 스스로를 잘 돌보고 아끼며 삶을 만끽하는 것처럼 보인다. 하지만 겉으로 보이는 것이 전부가 아니다.

자신을 단순히 싫어하는 것부터 자기혐오에 이르기까지 자기 자비의 결여는 일상에서 다양한 형태로 나타나고 있다. 몇 가지 예를 들어보자. 타인과 비정상적인 관계를 맺고 있거나 폭력에 시달리는 사람들 가운데 많은 이들이 자신을 탓한다. 스스로를 더 나은 대우를 받을 가치가 있는 존재라고 여기지 못한다. 자신의 몸을 받아들이지 못하는 사람들도 있다. 그들은 거울에 비친 자기 몸이 싫어서 밥을 굶거나 혹은 미친 듯이 먹거나 자해를 한다. 그들은 자신을 괴롭히는 진짜 고통을 외면하고 싶어 한다. 자신을 보살피지 않고 함부로 대하기도 한다. 왜냐면 자신이 진짜 원하는 것을 떠올리는 순간 자신이 무너질 것을 알기 때문이다. 수면, 영양 섭취, 운동과 같이 건강한 심신을 유지하는 데 꼭 필요한 기본적인 요소들을 외면하고 일에만 파묻혀 사는 사람들도 있다. 그들은 인간으로서 자신의 가치를 발견할 수 있는 다른 방법을 모른다. 비난을 받으면 격렬하게 화를 내거나 입을 다물어 버린다. 그 이유는 부족함이나 단점이 드러나지는 않을까 늘 전전긍긍하기 때문이다. 동시에 자신에 관한 나쁜 평가도 참지 못한다. 내면의 균형을 맞춰 주는 자아 존중이 부족하기 때문이다. 특히 모든 일이 순조롭게 흘러가고 있을 때도 그 상황을 있는 그대로 즐기지 못하고 전전긍긍한다. 언젠가 자신의 나쁜 점이 만천하에 드러날지도 모른다는 두려움에 휩싸인 채로 산다. 왜냐하면 자신이 행복할 자격이 없다고 생각하기 때문이다. 불안감을 느끼고 좌절하고 절망하며 어찌할 바를 모른다. 그리고 이것 때문에 또 다시 자신을 비난하고 책망한다.

자기 자비의 한 형태인 자기 치유는 인간뿐만 아니라 모든 살아 있는 존재의 본성이라고 나는 믿는다. 예를 들어, 전통적인 불교의 자비 명상에서는 우리가 본능적으로 자신에게 자비롭다는 전제에서 출발한다. 그리고 나에게서 출발한 자비의 원을 내가 사랑하는 사람들, 모르는 사람들, 내가 싫어하는 사람들(싫어하는 정치가나 의사소통이 잘 안 되는 십 대 자녀 등)에게로 점점 넓혀 가는 것이다. 그 자비의 원은 결국 세상에 존재하는 모든 존재를 품는다. 전통적으로 자기 자비는 다른 사람에 대한 자비심을 키우기 위한 전제 조건으로 여겨진다.

　나는 자기 자비에 관한 불교적 관점이 현대 사회의 경험적 사실과 정면으로 부딪히는 장면을 목격한 적이 있다. 달라이 라마는 1989년 캘리포니아 뉴포트비치에서 열린 "불교와 정신 치료" 세미나에 참석한 적이 있다. 그때 현대인들이 자기 자신들을 바라보는 시각을 처음으로 접했다. 토론에 참석했던 한 치료사가 자신이 만난 많은 환자들이 겪고 있던 뿌리 깊은 자기혐오에 대해 발표를 하고[3] 이 문제에 대한 불교적 치료 방법을 물어 오자 달라이 라마는 크게 당황했다. 달라이 라마는 먼저 치료사가 말한 자기혐오의 정확한 개념이 무엇인지 물었다. 불교적 관점에서 보면 자신을 보호하고 돌보고 사랑하는 것이 살아 있는 모든 존재의 기본적인 본능인데 자신을 혐오하는 것이 어떻게 가능하단 말인가? 자신의 본성으로부터 멀어지고, 분리되는 것이 어떻게 가능하단 말인가? 자기혐오는 단순히 자신의 외모를 싫어하거나 자신의 인생에서 성취한 결과에 만족하지 못하는 간단한 문제가 아니다. 심지어 자부심의 결여도 아니다. 달라이 라마가 보기에 자기혐오는 자기 자신과의 관계에 있어 보다 본질적인 문제를 나타내는 것이었다. 토론자들은 자기혐오의 개념뿐 아니라 서양에서는 드물지 않게 나타나고 있는 자기혐오의 실제적 문제에 대해 달라이 라마에게 설명하느라 진땀을 빼야 했다.

하지만 불교적 관점이 잘못된 것은 아니다. 달라이 라마는 자기혐오가 스스로를 돌보고자 하는 본성과 뿌리가 같음을 이해했다. 혐오는 관심의 한 형태이다. 관심이 없으면 미워하지도 않기 때문이다. 자기혐오는 자신에게 지나치게 신경을 많이 쓰면서도 자신의 불완전한 면을 받아들이거나 용서하지 못하는 데서 오는 것이다. 자기 자비 수련을 통해 우리는 불완전하고 나약한 자신의 일부와 다시 연결되는 방법을 배울 수 있다. 스스로를 보호하기 위해 깊숙이 숨겨 두었을 뿐 결코 사라지지 않은 우리의 일부와 말이다.

30년 넘게 서양에 살면서 나는 자기 자비의 결여로 인해 나타나는 무수히 많은 문제를 목격했다. 때로는 나조차도 일상에서 나타나는 자기 자비의 결여를 과소평가한다. 스탠퍼드 대학에서 처음 CCT Compassion Cultivation Training(자비심 함양 프로그램)를 개발할 때 나는 자기 자신에 대한 자비심에서 출발하여 다른 사람에 대한 자비심으로 그 원을 점점 확장시키는 전통적인 불교 기법을 적용했다. 하지만 학부생들을 대상으로 한 프로그램 검증 과정에서 수련의 시작점이어야 할 자기 자비가 수련의 진행을 막는 장애물이라는 점이 밝혀졌다. 많은 참가자가 자기 자신의 욕구에 대해 생각할 때 마음이 편치 않았다고 말했다. 어떤 학생들은 "내가 행복하기를, 내가 평화롭고 즐겁기를"이라는 자기 자비적인 명상 경구에 대해 회피적인 반응을 보이기도 했다. 나는 출발점이 달라져야 한다는 사실을 깨닫고 결국 수련 코스의 순서를 바꾸었다.

나는 자기 자비 문제에 관해 심리학자 크리스틴 네프Kristin Neff와 이야기를 나눈 적이 있다. 네프는 오랫동안 이 주제에 관한 과학적인 접근을 모색해 온 사람이다. 자기 자비에 관한 심리학 세미나 자료의 일환으로 네프는 자신이 생각하는 자기 자비의 세 가지 주요 구성 요소인 자기 친절, 보편적 인간성, 알아차림mindfulness을 지표로 측정하기 위한 질문지를 만들었다.[4] 네프의 척도에서 자기 친절은 자기 자신의 단점과 문제를 대할 때 관대함과 이해를 바탕으로 하고 부정적인 평가 대신 받아들이는 태도를 취하는 것이다. 보편적 인간성은 자신의 문제와 고통을 다른 사람도 경험하는 보편적 인간 경험의 맥락에서 받아들이는 것이다. 알아차림은 고통스러운 순간이 왔을 때 강박적인 생각이나 태도로 문제를 확대하지 않고 있는 그대로 바라보는 능력이다. 다음은 몇 가지 예시이다.

내가 싫어하는 나의 성격을 이해하고 받아들이려고 노력한다.
(자기 친절)
큰 시련이 닥쳤을 때 나는 스스로를 돌보고 내 마음을 보살핀다.
(자기 친절)

스스로에게 무언가 부족하다고 느끼면 그 느낌을 다른 사람들과 공유하려고 노력한다. (보편적 인간성)

어려운 일이 생기면 다른 사람들도 다 겪는 삶의 한 부분이라고 여긴다. (보편적 인간성)

마음이 울적할 때 내 감정을 있는 그대로 들여다보려고 노력한다. (알아차림)

중요하다고 생각했던 일이 잘못되었을 때도 균형을 유지하려고 노력한다. (알아차림)

네프는 자기 자비의 결여가 절대로 동양 대 서양의 문제가 아니라고 못박았다. 현재 네프의 자기 자비 척도는 서양과 동양을 막론하고 많은 나라에서 사용되고 있는데 자기 자비 결여 문제는 미국, 캐나다, 유럽뿐만 아니라 아시아 여러 국가에서도 광범위하게 나타나고 있다. 미국, 대만, 태국을 비교한 연구에서 자기 자비 지수가 가장 높은 나라는 태국이고 한참 아래에 미국이 있고 가장 낮은 나라는 대만이었다.[5] 네프의 연구 팀은 태국의 자기 자비 지수가 높은 이유를 불교문화 때문으로 보았다. 하지만 나는 태국인들이 공유하는 뿌리 깊은 문화 전통과도 관련이 있을 것이라고 생각한다. 분명한 것은 자기 자비 문제가 서양의 유대교-기독교 전통이나 동양의 아시아 문화 전통이 아닌 근현대 문화와 더 밀접한 연관성을 가진다는 점이다.

낮은 자기 자비로 인해 치르는 대가

현대 사회는 인간의 기본권으로서 개인의 자율성을 보장하고 존중한다. 물론 여기에는 합당한 이유가 있다. 하지만 여기에는 심리적 비용이 든다. 상호 의존적인 공동체적 삶의 형태를 벗어나면서 이제 사람들은 자신의 생존을 스스로 책임져야 한다. 이제 우리는 자신의 존재 가치를 스스로 찾아야 하며 자신이 이룬 성과에 따라 개인의 정체성과 가치가 결정되는 상황에 놓였다. "당신은 무엇을 하는 사람입니까?"라는 질문 속에는 단순히 직업을 묻는 이상의 많은 의미가 담겨 있다.

아내는 내가 다른 티베트 사람들에 비해 과도하게 일에 치중한다고 불평을 한다. 지금과 같은 경쟁적 환경에서 어느 정도 일에 집중하는 것은 피할 수 없겠지만 지나친 경우도 너무 많다. 언젠가 뉴스에서 한국 정부가 방과 후 개인 교습을 밤 10시까지로 제한하겠다고 발표하는 것을 들은 적이 있다.[6] 어떤 수업은 12시 이후까지 이어지기도 한다니 실로 무시무시한 이야기다. 성과에 대한 집착은 타인에 대한 무감각과 성급함, 심지어 오만함으로 이어질 수 있다. 특히 상대방이 내가 생각하는 기준에 미치지 못한다고 생각할 때는 그러한 경향이 더 심해진다.

자기 자비가 부족하면 스스로에 대해 혹독하고 비판적인 태도를 갖게 된다. 많은 사람들이 스스로를 냉정하게 평가하면서 몰아붙이지 않으면 실패할 것이고, 실패하면 남에게 인정 받거나 사랑 받을 자격이 없는 사람이 된다고 믿는다. 사람들은 스스로에게 자꾸 묻는다. "나는 행복할 자격이 있는 걸까? 왜 나에게 좋은 일이 일어나는 거지? 나는 정말 사랑 받을 자격이 있을까?" 어떤 이들은 이런 질문조차 하지 않고 자신에게는 자격이 없다고 단정해 버린다. 좋은 일이 생겼을 때 기뻐하는 것이 아니라 오히려 침울해 한다. 자신에게는 자격이 없다고 생각하기 때문이다. 그러고는 좋은 일이 생긴 대가로 뭔가를 지불하게 될지도 모른다며 전전긍긍한다. 사람들은 자기 삶의 아주 작은 부분조차도 그냥 되는 대로 내버려 두지 못한다. 자기 삶의 통제권을 잃는 것이 두렵기 때문이다. 그러면서도 나쁜 일이 생기면 스스로를 비난한다. 스스로에게 관대해지고 지금 손에 꽉 쥐고 있는 것을 느슨하게 놓으면 아무것도 이루지 못할 것 같아 끝도 없이 내면의 채찍을 휘두른다. 자기 자신을 끝도 없이 내모는 것, 이 얼마나 진 빠지는 일인가.

듀크 대학과 웨이크 포레스트 대학에 재학 중인 학부생을 대상으로 한 연구에서 개인의 자기 자비 지수와 부정적 경험에 대한 반응 간에 흥미로운 연관성이 확인되었다.[7] 자기 자비 지수가 낮은 사람은 부정적인 경험을 한 후 '나는 실패했어.' 또는 '내 인생은 이제 끝이야.' 같은 절망적인 생각을 하는 비율이 더 높았다. 또한 학업, 운동 또는 사회적 영역에서 실패한 경험을 떠올리라고 했을 때 자기 자비 지수가 낮을수록 '나는 실패자다.' 또는 '죽고 싶다.' 같은 극단적인 생각을 하는 비율이 높았다. 이들은 동료로부터 냉정한 평가를 들었을 때 화를 내거나 방어적인 태도를 취하는 비율도 높게 나타났다.

더 흥미로운 점은 연구 참가자들이 짧은 발표(스트레스 유도를 위한 표준 실험실 시험)를 할 때 청중들이 자기 자비 지수가 낮은 참가자에게 긍정적인 반응을 덜 보였다는 것이다. 참으로 잔인한 순환이 아닐 수 없다. 청중들은 발표자의 낮은 자기 자비심이 내뿜는 에너지를 포착하고, 청중들의 부정적인 반응 때문에 발표자는 마음이 더 위축되면서 상황이 악화되는 것이다.

스스로에 대한 가혹함은 보통 두 가지 형태로 나타난다. 첫 번째는 부정적인 경험을 했을 때 상황을 일반화해서 해석하는 경향이다. 즉 특정한 상황에서 실패와 좌절을 자신의 일반적인 상태로 규정하는 것이다. 예를 들어, 친구와 다투고 헤어진 상황에서 '나에게 문제가 있다.' 혹은 '다시는 친구를 사귀지 못할 것이다.'는 식으로 생각할 수 있다. 이럴 때는 그 사건을 있는 그대로 보아야 한다. 사실을 있는 그대로 분명하게 볼 수 있으면 상황을 더 현명하게 판단할 수 있다. 두 번째는 객관적으로 '이번 과제는 어려웠다.' 혹은 '그땐 좀 당황했다.'고 생각할 수 있는 것을 '나는 멍청하다.', '패배자', '이 바보' 같이 자기 자신을 특정한 범주에 몰아넣는 경향이다. 서양에서 나고 자란 내 딸들한테서도 이런 경향을 볼 수 있는데 부모로서 나에게도 이것은 쉬운 문제가 아니다.

자기 자비가 없으면 타인에게도 자비로울 수 없다고 말하는 사람도 있다. 하지만 나는 동의하지 않는다. 타인에 대한 자비심, 특히 무언가를 필요로 하는 사람에 대한 자비심은 자연스러운 인간 본성 가운데 하나이다. 타인에게는 자비롭고 이타적인 사람이 스스로에 대해서는 엄격하고 가혹한 태도를 보이기도 한다. 다른 사람에게는 좋은 친구이지만 자기 자신에게는 절대 관대하지 않은 사람들도 있다. 자식을 둔 부모처럼 다른 사람을 돌보아야 하는 사람에게서 이와 같은 현상이 자주 관찰되는데 그들은 타인에게는 사랑과 관심을 쏟으면서도 자기 자신의 욕구는 무시해 버린다. 밖에서는 사회 정의를 위해 영웅적으로 헌신하지만 집에 돌아오면 가족에게 무관심하고 화만 내는 까칠한 사람으로 돌변하는 경우도 있다. 자기 방임은 현실 도피의 한 형태일 수 있으며, 타인을 무시하는 것보다는 스스로를 무시해 버리는 것이 더 쉽다. 하지만 장기적으로 봤을 때 이것은 건강하지 못한 행태이며 심하면 소위 심리학자들이 말하는 "병적인 이타심"[8]과 같은 병적인 상태에까지 이를 수 있다. 삶의 목적이 오로지 누군가에게 헌신하는 데 있다고 여긴다면 그 관계는 결국 파탄에 이르게 된다. 자신의 욕구를 계속 무시하다 보면 감정적으로 점점 지치고, 에너지를 다 써 버린 듯한 무기력감에 빠질 수도 있다. 이러한 현상은 의료 및 사회 복지 분야의 일선에 있거나 타인에 대한 공감 수준이 높고 사회 정의감이 강한 사람에게서 자주 나타나는데 이런 문제점을 깨닫지 못하면 결국에는 좌절하고 이용당했다는 비참한 느낌마저 들게 된다. 이 얼마나 안타까운 일인가.

자기 자비가 이로운 이유

내면의 힘을 키운다

자기 자비를 기르는 것은 우리 안에 있는 친절과 자비심의 원천에 신선한 물을 보충하는 것이라고 생각한다. 보다 현대적인 비유를 들자면 우리 안에서 타인에 대한 친절과 자비심이 더 많이 나올 수 있도록 우리 내면의 배터리를 충전하는 것과 같다. 자기 자비가 충만해 있으면 살면서 어려운 상황에 맞닥뜨려도 크게 좌절하거나 절망에 빠지지 않을 수 있다.

현실성 있는 목표를 세운다

사회나 다른 사람이 기대하는 것이 아니라 우리 자신이 정말로 원하는 것에 집중한다면 자신에게 의미 있으면서도 스스로 감당할 수 있는 목표를 설정할 수 있다. 내가 세운 목표가 나에게 의미 있는 것일수록 그것을 실현하고자 하는 의지가 강해진다.

경험을 통해 배운다

자기 자비가 있으면 어려움이 닥쳤을 때 자기 비난이나 패배주의로 인해 주저앉을 가능성이 낮다. 자기 자비는 불가피한 좌절이나 실패에 대처하는 자세를 강조하며, 좌절도 없고 실패도 없는 삶을 만들겠다는 불가능한 꿈을 꾸지 않게 한다. 자기 자비는 우리에게 힘을 준다. 만약 우리가 실수를 덜 두려워하면 자신의 실수를 자세히 들여다보고 거기에서 무언가를 배워 더 높은 목표를 향해 나아갈 수 있을 것이다. 자기 자비는 어려움에 직면했을 때 우리의 회복력을 높인다. 자기 자비를 통해 자신이 세상과 연결되어 있다는 사실을 이해하고 균형 감각을 가지는 것 역시 그 자체로 하나의 지혜이다.

외롭지 않다

크리스틴 네프의 지표가 보여 주듯이 자기 자비가 있으면 자신이 처한 문제를 보편적인 인간의 조건이라는 보다 큰 틀에서 이해할 수 있다. '왜 나에게 이런 일이 생기는가?' 대신에 '나는 혼자가 아니다.'고 생각할 수 있다.

"친절하기를 그리고 행복하기를"

내가 스물두 살이 되던 1981년, 티베트에 대한 중국 정책의 변화로 외할머니가 네팔 카트만두에 오시게 되었다. 외숙모 두 분과 외삼촌 한 분도 함께 오셨다. 당시 외할머니는 80대 후반의 고령이셨다. 어머니가 이미 십여 년 전에 세상을 떠났다는 사실을 몰랐던 외할머니는 1959년 인도로 탈출한 어머니와 펜파 외삼촌에게 카트만두로 오라는 기별을 보냈다. 외삼촌이 함께 가자고 했을 때 나는 거절했다.

당시 하고 있던 공부에 방해를 받고 싶지 않았고, 생전 본 적도 없는 사람을 만나기 위해 남인도에서 카트만두까지 그 먼 길을 가고 싶지 않았기 때문이다. 펜파 외삼촌이 떠나고 며칠 후, 당시 우연찮게 네팔을 방문 중이던 제메 린포체가 나에게 전보를 보냈다. "어리석게 굴지 말고 지금 당장 네팔로 오너라. 이번에 외할머니를 뵙지 않으면 아마 평생토록 후회하게 될 테니 어서 출발하도록 해라." 스승의 명을 거역할 수 없어 마지못해 출발했지만 외할머니를 만나면서 나는 처음에 카트만두에 가지 않으려고 했던 내 마음이 얼마나 이기적인 생각이었는지 확실히 깨닫게 되었다. 그때 나는 사원에서의 공부라는 '효율'에 집착하여 삶을 풍요롭게 할 수 있는 다른 가능성을 닫아 두고 있었다. 그 밑에는 오만함이 깔려 있었다. 가족의 재회가 외할머니에게 얼마나 의미 있는 일인지, 외할머니에게 딸인 내 어머니의 죽음이 얼마나 충격적일지에 대해 나는 전혀 생각하지 않았던 것이다.

결과적으로 외할머니를 만나기 위해 카트만두에 간 것은 내 인생에 있어 귀한 경험들 가운데 하나가 되었다. 사흘 동안 기차를 타고 네팔 국경까지 간 다음, 장엄한 히말라야 산맥을 따라 꼬박 하루 동안 버스를 타고 갔던 긴 여정은 청년인 내가 깊이 사색할 수 있는 기회가 되기도 했다.

티베트말로 '모모 라'로 부르는 외할머니는 얼굴 가득 자연스러운 미소가 번지는 전형적인 티베트 유목민 여성의 모습이었다. 외할머니는 얼굴만 보면 정확한 나이를 가늠할 수 없을 정도로 파파 할머니였다. 이마에는 굵은 주름이 잡히고 고산 지역의 강한 햇볕에 오랫동안 노출된 피부는 거칠었다. 외할머니는 여러 가지 색깔이 들어간 티베트 전통 의상인 추파를 입고, 터키석이 박힌 금색 귀걸이를 하고, 어머니가 그랬듯이 두 갈래로 땋은 머리카락 끝부분에 붉은색과 터키색 술을 달아 머리에 두르고 있었다. 양쪽 관자놀이에는 네모난 의료용 테이프 조각을 붙이고 있었는데 편두통 때문인 것 같았다. 외할머니의 외모에서 가장 인상적인 부분은 바로 눈이었다.

외할머니와 다른 가족이 모여 있던 방 안에 내가 들어서자 작은 소란이 일었다. 모두가 달려와 나를 껴안고 대성통곡을 했다. 생전 처음 보는 사람들이었지만 그 순간 오랫동안 서로를 만나지 못했던 아픔과 어머니를 잃었다는 슬픔이 가슴 깊이 밀려들었다. 그 방에는 외할머니의 자녀들이 모두 있었다. 단 한 명, 내 어머니를 제외하고. 소란스러움이 진정되고 나자 긴 침묵이 흘렀다. 하지만 그 침묵은 이상하게 평화로운 것이어서 마음이 편안해졌다.

상냥하고 자비로운 외할머니와 일주일을 함께 보낼 수 있었던 것은 큰 행운이었다. 외할머니의 꾸밈없고 자연스러운 태도는 옆에 있는 사람들까지 편안하게 만들었다. 그것은 아마도 연륜과 지혜였을 것이다. 외할머니에게서 전해지는 평온함은 외할머니 삶에서 비롯되는 것이라고 느꼈다. 외할머니와 나는 둘 다 티베트인이었지만 우리 두 사람의 삶은 전혀 달랐다. 외할머니는 교육을 받아본 적이 없는 문맹이었지만 나는 정통 티베트 불교 교육을 받은 학생이었다. 그리고 나는 영어를 통해 외부 세계의 소식도 접할 수 있었다. 나는 열정에 불타는 야심 찬 젊은 승려였다. 내 관심은 온통 현재가 아니라 미래를 향해 있었다. 나와 달리 외할머니는 바로 그 순간 그 자리에 함께 있는 사람에게 마음을 활짝 열고, 자신을 포함한 모든 사람들을 지극히 편안하게 대했다. 외할머니를 통해 나는 외부 조건과 관계없이 그 자체로 평온한 사람의 아름다움을 보았다. 그리고 스스로에게 물었다. 배운 사람이 되고 뛰어난 성과를 내기 위해 열심히 달려 나가는 동안에 내가 놓친 것은 무엇인가? 나는 아직도 그 답을 찾고 있는 중이다.

작별을 할 때, 외할머니는 나를 한 번 안아 주고는 티베트 전통 방식대로 외할머니 이마를 내 이마에 가만히 갖다 댔다. 두 손으로 내 얼굴을 감싸고는 눈을 지그시 쳐다보며 말했다. "남한테는 친절하게 대하고 너도 행복하게 지내거라." 그때부터 외할머니 말씀을 실천하기 위해 평생 노력하고 있다. 시간이 지나면서 그 말씀이 자비심에 대한 것이라는 사실을 깨달았다. 이것은 어떻게든 남에게 친절을 베풀고, 어떻게든 행복해져야 한다는 것이 아니라 자신과 타인에게 친절하면 행복은 저절로 온다는 뜻이었다. 내가 카트만두에 간 것은 가족에 대한 의무감과 스승의 명령 때문이었다. 그때는 그것이 나 자신에게 자비로운 행동이라는 것을 알지 못했다. 하지만 외할머니를 만나면서 세상을 보는 눈이 달라졌다. 자비심 함양 프로그램은 외할머니에게는 지극히 자연스러웠던 자비를 다른 사람들에게 차근차근 '통역'해 주려는 내 노력의 일환이다.

다시 유대감으로

자기 자비에 대해 느끼는 편안함이나 이질감은 사람마다 다르다. 부모님의 양육 방식을 비롯한 여러 요소와 함께 유전적 영향도 있을 수 있다. 하지만 우리가 변화시킬 수 있는 두 가지 핵심 요소는 한 인간으로서 자신을 규정하는 방식과 타인에게 느끼는 유대감이다. 개인의 분리감이 클수록 타인과의 유대감은 당연히 약하다. 그리고 역설적이지만 타인과 유대감이 약할수록 자기 자신과 유대감도 약하다. 자칫하면 스스로의 느낌과 욕구, 즐거움을 알아차리지 못할 수도 있다.

2008년 경제 위기 이후에 이루어진 한 연구에 따르면 일에만 과도하게 매달린 사람은 아버지로서 역할, 결혼 생활, 친구, 지역 사회 등 여러 분야에 시간과 에너지를 골고루 나눈 사람에 비해 직장을 잃었을 때 더 큰 좌절감을 느꼈다고 한다. 타인과 유대감이 큰 사람은 자신의 정체성을 결정하는 부분 가운데 하나가 타격을 입는다고 해도 그 충격을 흡수할 수 있는 충분한 다른 정체성이 있으므로 자존감이 쉽게 무너지지 않는다. 이런 사람들은 낙천적이고 건설적인 태도를 가지고 있어 새로운 기회가 찾아왔을 때 그 기회를 놓치지 않고 효과적으로 활용할 수 있다. 이와 달리 일에서만 자신의 정체성을 찾는 사람들은 항상 무엇인가 부족하다고 느끼고 작은 타격에도 자존감을 잃기 쉽다. 이들은 자기 자신이 혼자라고 느낄 테지만 불행히도 혼자만 고통을 받고 있는 것은 아니다. 그 사람이 겪는 심리적, 감정적 고통을 바라보며 그의 배우자, 아이들 그리고 그 사람을 사랑하는 사람들도 함께 고통 받는다.

문화 심리학자들은 문화가 개인의 자아 정체성을 어떤 방식으로 공유하고 각 개인이 자신을 둘러싼 세상과 어떻게 소통하는지 설명한다.[9] 사람은 여러 차원의 자아를 가지고 있지만 자아의 기본적인 형태는 독립적인 것과 상호 의존적인 것 두 가지로 나눌 수 있다. 전문가들은 두 가지 형태의 자아가 조화를 이룰 때 심리적으로 가장 행복해진다고 말한다. 몇 건의 연구 결과에 따르면 자아의 형태가 독립적인 것보다는 상호 의존적일 때, 단조로운 것보다는 복합적일 때, 고정된 것보다는 유동적일 때, 회복력과 행복도가 높고 전반적인 정신 건강 상태가 더 좋다고 한다. 어느 쪽이든 사람은 다른 사람과의 교감이 꼭 필요하다. 기본적인 물리적 요건과 안전이 확보되고 난 후에 사람이 가장 필요로 하는 것은 사회적 연결감(다른 사람들과의 애정 어린 관계에서 느끼는 주관적 감정)이라는 심리학자들의 말은 당연하게 들린다.

　　어떻게 보면 자기 자비가 어려운 이유는 단순하다. 자기 자비는 우리에게 이해와 수용, 친절을 바탕으로 자신의 삶을 진심으로 보살피는 것이 요구되기 때문이다. 이것은 우리가 사랑하는 사람이 고통 받거나 다른 사람의 도움을 필요로 할 때 우리가 취하는 바로 그 태도이다. 그 이상도 아니고 어려울 것도 없다. 만약 다른 사람에게 자비로워지는 것이 더 쉽다고 느낀다면 거기서부터 시작하면 된다. 이 책 2부에서는 스탠퍼드 자비심 함양 프로그램에서 실제로 사용하고 있는 수련 방법들을 소개할 것이다. 이 수련법은 자기 자비에 더 쉽게 다가갈 수 있도록 마음을 훈련하는 것이다.

3

두려움에서 용기로:
자비심에 대한 거부감을 깨트리자

과거에 머무르면 후회가 떠오르고 미래에 매달리면
기대와 불안이 커지니 지금 이 순간에 머무르라.

얀콘파(1213~1258)

용기는 두려움이 없는 것이 아니라 두려움을 극복하는 것이다.

넬슨 만델라(1918~2013)

타인이 베푸는 친절이 가장 필요한 순간은 우리가 힘든 상황에 처했을 때이다. 하지만 대부분의 사람들은 그 순간에 다른 사람에게 제대로 도움을 청하지 못한다. 두려움, 자기방어, 자존심이 앞을 가로막기 때문이다. 두려움이나 자존심 때문에 사람들은 다른 사람이 내민 손을 선뜻 잡지도 못하고, 자신의 자비롭고 관대한 면을 드러내지도 못한다.

자비심에는 용기가 필요하다

승려 생활을 마감해야겠다고 결심한 것은 서른여섯 살 때였다. 당시 나는 간덴 샬체Ganden Shartse 사원의 일원이었으며 티베트 불교계에서 중요한 위치에 있었다. 달라이 라마의 영어 통역사이자 사원에서 많은 학승들에게 불교 이론을 가르치는 학자였다. 그리고 전통적인 사원 문화와 현대적인 지식이 자연스럽게 융합된 좋은 사례로 꼽히기도 했다. 열한 살 때부터 스무 해가 넘는 시간 동안 승려로 살아온 나에게 사원은 집이며 함께 지내는 승려들은 가족이요, 친구였다. 사원은 나에게 정신적 지주이자 세상 그 자체였다. 사원을 떠난다는 것은 그때까지 나를 지탱해 주던 모든 것을 두고 떠나는 것과 같았다. 내 삶에서 가장 두려운 결정이었다.

나는 무엇이, 왜, 그토록 두려웠을까? 물론 가장 큰 두려움은 익숙한 것으로부터 떠나 내가 알지 못하는 세상으로 들어가는 것이었다. 하지만 거기에는 새로운 세상에 대한 호기심도 담겨 있었고 승려로 살면서 감추어져 있던 나의 새로운 면모에 대한 기대감도 있었다. 또 다른 두려움은 다른 사람들, 특히 사원에서 함께 생활하던 동료들과 티베트 사회가 나를 어떻게 평가할 것인가 하는 부분이었다. 나를 배신자로 보지는 않을지, 나에게 실망하지는 않을지, 아버지는 어떻게 생각할지, 이 결정이 달라이 라마와 내 관계에 어떤 영향을 미칠지, 수많은 생각으로 마음이 어지러웠다.

수백 명이 함께 사는 사원에 소속된 승려이든 한 가정의 가장이든 긴밀하게 맺어진 공동체의 일원으로 살아가는 우리가 내리는 결정은 자신에게는 물론 주변 사람들에게 영향을 줄 수밖에 없다. 그러나 자신의 행동에 대한 책임은 온전히 혼자 져야 한다. 사원에서 내가 맡아온 역할에 대한 도덕적 책임도 남아 있었다. 사원을 떠나는 것이 이기적인 결정은 아닐까? 내가 존경하고 사랑하는 사람들에게 고통을 주는 것은 아닐까?

이러한 고민을 거치면서 내가 첫 번째로 해야 할 일은 내 결정에 확신을 갖는 것이었다. 내가 사원을 떠나려는 이유는 내 가정을 꾸리고 싶다는 갈망 때문이었다. 너무 어린 나이부터 가족과 떨어져 지냈고 어머니를 일찍 잃은 것 때문에 나에게는 채워지지 않는 그 무엇이 있었던 것 같다. 이유가 무엇이든 내 가정에 대한 그리움이 문득문득 밀려왔고, 시간이 지날수록 가족에 대한 갈망은 커져만 갔다. 아무리 애써 보아도 백발의 승려가 된 내 모습이 그려지지 않았다. 오랜 고민과 숙고 끝에 환속은 더 이상 '만약'의 문제가 아니라 '언제' 그리고 '어떻게'의 문제라는 점이 분명해졌다. 또한 내가 빨리 떠나는 것이 문제를 최소화한다는 사실도 깨달았다. 당시에 나는 중견 승려이긴 했지만 주지와 같이 중요한 직함은 맡고 있지 않았기 때문에 떠날 거라면 하루라도 빨리 실행에 옮겨야 했다.

그때 문득 깨달았다. 다른 사람들이 나를 어떻게 평가할지에 대해 두려움을 갖는 것은 '타당성이 없는 두려움'이었다. 다른 사람들이 나를 어떻게 생각하든 내가 할 수 있는 일은 별로 없다. 따라서 내 평판에 대해 걱정하는 대신 내가 떠난 이후 생길 수 있는 피해를 최소화할 수 있는 방법을 고민하는 것이 더 나은 일이었다. 내가 환속을 결정한 것은 지극히 개인적인 문제였으며 결코 승려 생활에 환멸을 느껴서가 아니었다. 오히려 일생 동안 수행과 명상에 전념하며 다른 사람을 위해 헌신하는 승려의 삶을 마음 깊이 존경했다. 그 점을 다른 사람들이 알아주기를 바랐다. 어떻게든 동료들에게 내 결정을 알려야 했는데 그에 앞서 종교학 박사 과정을 시작하기 위해 캠브리지 대학으로 돌아갔다. 내 환속으로 인한 충격을 완화하기 위해 자신과 동료들에게 충분한 시간을 주고 싶었기 때문이다. 물론 일반인으로서 삶을 준비하기 위한 시간이 필요하기도 했다.

　내 환속 결정을 안 사원 동료들은 기꺼이 이해해 주었다. 그때 마침 지금 아내가 된 소피를 만나게 되어 일이 순조롭게 진행되었다. 동료와 친구들의 세심한 배려 덕분에 환속 과정은 정신적으로 크게 힘들지 않았지만 평상복을 입고 일반인 신분으로 처음 사원을 방문했을 때에는 평정을 유지하기가 쉽지 않았다. 나에게 달려온 제자들 가운데 많은 이들이 울음을 터뜨렸다. 그 모습을 지켜보는 것은 정말 힘들었다. 그때 환속은 했지만 평생 티베트 전통 문화를 지키기 위해 헌신하겠노라고 제자들에게 다짐했다.

　아버지는 의외로 나의 환속을 흔쾌히 받아들였다. 아버지는 타인의 평판을 지나치게 신경을 쓰는 분이라 나는 약간 놀랐다. 두 형제의 반응은 내 예상과 크게 다르지 않았다. 한 사람은 "정말 당혹스럽다! 어떻게 얼굴을 들고 다녀?"라고 했고, 또 한 사람은 "왜 그렇게 오래 고민을 했어? 더 일찍 환속을 했더라면 적응하기가 더 수월했을 텐데!"라고 했다. 내 결정에 대해 두 사람이 보여준 반응은 내 결정에 대한 의견이라기보다는 각자가 지니고 있는 인생관이라는 것을 잘 알고 있다.

　그리고 또 한 사람, 달라이 라마를 만나야 했다. 환속 결정을 외부에 알리고 나서 몇 달 후, 달라이 라마 오피스에서 전갈이 왔다. 스위스로 와 달라는 내용이었다. 나는 이제 승려가 아니기 때문에 전과 같은 역할을 맡을 자격이 없다고 설명했다. 그러자 비서실장은 달라이 라마가 나를 만나고 싶어 한다고 말했다.

머리를 깎지 않은 채 평상복을 입고 달라이 라마 앞에 서는 일은 무척이나 긴장되고 떨렸다. 이전에 나는 항상 승복을 입고 달라이 라마와 같은 승려로서 그를 만났기 때문이다. 달라이 라마는 취리히 인근에 있는 티베트 사원에 머물고 있었는데 내가 방으로 들어서자 달라이 라마는 나에게 바지가 썩 잘 어울린다며 농담을 건넸다. 그러고는 "전에도 남들보다 머리가 큰 편이었는데 머리카락까지 있으니 정말 더 커 보이는군요!"라며 웃었다. 달라이 라마의 따뜻한 미소에 긴장이 풀렸다. 처음보다 훨씬 편안한 마음으로 달라이 라마를 대할 수 있었다. 더 이상 승려의 한 사람으로서 달라이 라마와 함께 인류를 위해 봉사할 수 없다는 사실에 대해서는 진심을 다해 사과했다. 달라이 라마는 "나 역시 승려로서 도반이 떠나는 것이 슬프지 않다면 거짓말일 것입니다. 하지만 나는 그대가 신중하고 현명한 사람이라는 걸 알고 있습니다. 그대가 옳은 결정을 내렸을 거라고 믿습니다."라고 말했다.

그러고는 일반인으로 살아야 하는 삶에 대해 몇 가지 조언도 해주었다. "나는 전문가가 아니지만 가만 보니 많은 사람들이 복잡하게 얽힌 인간관계 속에서 고통을 받고 있어요. 이것은 고통과 분노의 원인이기도 하지만 자기 자신과 타인을 위해 쓸 수 있는 에너지를 고갈시켜 버립니다. 그리고 가장 중요한 점은 나에게 딱 맞는 짝을 찾았다는 확신이 들기 전에는 아이를 낳지 말아야 한다는 겁니다. 부모가 헤어지거나 이혼을 하면 죄 없는 아이들이 큰 고통을 받습니다." 승려에게서 가족생활에 대한 조언을 듣는 것은 무척 감동적이었다. 그것도 달라이 라마에게서 말이다. 달라이 라마와 나, 두 사람 모두 결혼을 한 적이 없으므로 결혼이나 부모 역할에 대해서는 거의 아는 것이 없었다. 하지만 달라이 라마는 오랫동안 많은 사람들의 삶을 따뜻한 시선으로 바라보며 얻은 지혜를 나에게 전한 것이다.

환속 과정에서 경험을 쌓은 덕분에 자비심에 관한 불교적 가르침이 가진 통찰력에 대한 내 믿음은 더욱 굳건해졌다. 만약 우리가 '나'라는 좁은 틀에 갇혀 있다면 어려움에 처했을 때 두려움이라는 감정이 마음을 가득 채워 버린다. 다른 사람들이 나를 욕하지 않을까, 싫어하지 않을까, 내가 누군가를 실망시키지 않을까, 누군가에게 거부당하지 않을까…… 이러한 두려움이 이성적인 생각과 감정을 압도해 버리는 것이다. 인간이기에 이러한 두려움에서 완전히 자유로울 수는 없지만 두려움이 일차적인 동기가 되면 일이 더 복잡해질 뿐이다. 두려움은 타인에게 공감하는 우리의 자연스러운 본성을 마비시킨다. 그리고 내 평판이 어떻다고 한들 내가 무엇을 할 수 있겠는가? 나에 대한 다른 사람의 의견을 주의 깊게 듣는 것은 좋은 태도이다. 이것은 도덕적 존재로서 우리에게 필요한 부분이기도 하다. 하지만 다른 사람이 하는 평판에 지나치게 신경을 쓰는 것은 역효과를 낳는다. 두려움이 삶을 지배하도록 내버려 두면 판단력을 잃고 아무것도 할 수 없게 된다. 결국 중요한 것은 균형이다. 자기 자비를 길러 자신을 보살피고 타인에 대한 자비심을 길러 다른 사람을 짓밟지 않아야 한다.

내가 아니라 다른 사람의 행복에 관심을 기울이면 나 자신을 향해 있던 질문들이 '이런 내 행동이 내가 사랑하는 사람들에게 어떤 영향을 미칠까?', '나 때문에 혹시 생길지 모르는 상처를 최소화할 수 있을까?', '내가 아끼는 사람들을 안심시킬 수 있는 방법이 있을까?'와 같은 형태로 바뀌게 된다. 이를 통해 부정적인 감정이 줄어들 뿐만 아니라 온통 나 자신을 향해 곤두서 있던 긴장감이 사라지면서 스트레스와 부담도 줄어든다. 그리고 보다 적극적인 태도로 주위 사람들과 마음을 나누고 그들을 안심시키는 데 내 에너지를 사용할 수 있다. 내가 왜 이런 결정을 내렸는지 이해하고, 누구에게도 상처를 주고 싶지 않은 내 마음을 알면 사람들은 내 결정을 보다 열린 마음으로 받아들인다. 바로 이것이 인간의 본성이다.

내 환속에 대한 달라이 라마의 반응은 주어진 상황에서 구체적으로 어떤 행동을 해야 하는지 깊이 고민해야 한다는 교훈을 주었다. 특히 가족과 같이 친밀한 관계에서는 한 쪽이 다른 쪽에 비해 감정적으로 더 상처 받기 쉬운 상황이 종종 발생한다. 이럴 때 상대방이 부정적인 평가나 비난을 하는 대신 이해와 친절을 베푼다면 큰 도움이 될 것이다. 누군가가 이미 불안과 두려움을 느끼는 상황에서 '도대체 무슨 생각을 한 거야? 그렇게 내가 뭐라고 했니?' 같은 말은 아무 도움이 되지 않는다. 설사 내 판단이 맞다 해도 지금이 충고를 건네기에 적절한 순간이 아닐 수도 있다. 티베트에는 다음과 같은 격언이 있다. "이미 넘어져 있는 사람을 발로 차지 말라. 그리고 이미 벌 받고 있는 사람에게 벌을 주지 말라."

자비심에는 용기가 필요하다. 자신의 마음을 살피고 자신이 진정 원하는 것을 향해 나아가면서 다른 사람들의 비난을 두려워 하지 않으려면 용기가 있어야 한다. 다른 사람들의 생각을 주의 깊게 듣고 자비로운 태도를 잃지 않는 데에도 용기가 필요하다. 그냥 지나치기 쉬운 타인의 고통이나 어려움을 포착하려면 주의 깊게 그들의 상태를 살펴야 한다. 다른 사람에게 도움을 청하거나 베풀 때 나를 활짝 열고 솔직해지는 데에도 용기가 필요하다. 고통을 받는 이들 가운데에는 좋은 행동을 하지 않는 사람도 있다. 그들에게도 자비심을 잃지 않고 기꺼이 손을 내미는 것 역시 용기다.

자비심에는 용기가 필요하지만 동시에 자비심이 용기를 북돋아 주기도 한다. 스스로에 대한 자비심에서 출발한 행위를 할 때 우리는 자기 행동에 대한 확신을 가질 수 있다. 또한 타인에 대한 자비심을 통해 자기 문제에 대한 집착과 고통에서 벗어날 수 있다. 자신을 향해 있던 시선을 바깥으로 돌리면 시야가 넓어진다. 그리고 자신을 괴롭히던 문제가 생각보다 크지 않거나 우리 모두에게 해당되는 문제의 일부일 뿐임을 깨닫게 된다. 그동안 두려움의 대상이었던 '타인'이 실은 나와 같은 존재임을 깨닫는 순간, 두려움은 사라지고 내면의 힘이 강해진다. 그리고 자비심은 이러한 자각에서 출발한다. 다른 사람에게 마음을 열고 내 부족한 부분을 드러내는 데는 용기가 필요하다. 하지만 달라이 라마가 말했듯이 그러한 용기를 통해 우리는 보다 명료하고 자유로울 수 있다. 자기 자신이라는 장막 뒤에 숨어 누군가 내 본모습을 보게 될까 두려움에 떠는 일은 이제 그만두자. 있는 그대로의 나를 내보이는 순간 우리는 내면의 힘과 자유를 얻을 수 있다.

자비심에 대한 두려움

자비심과 두려움이라는 단어를 연결시키기는 쉽지 않다. 최근 자비심에 대한 연구를 통해 "자비심에 대한 두려움"이라는 흥미로운 개념이 드러나기 시작했다.[1] "자비심에 대한 두려움"이라는 용어를 임상 현장에서 처음 사용한 사람은 영국의 정신과 의사이자 자비심을 기반으로 한 치료법의 선구자인 폴 길버트Paul Gilbert이다. 길버트는 지나친 수치심과 병적인 자기비판으로 고통 받는 환자의 많은 수가 자비심이라는 말에 본능적인 거부 반응을 보인다는 점을 발견했다.[2] 그리고 이러한 두려움이 먼저 해소되지 않은 상태에서 곧바로 자비심을 북돋우는 치료법을 적용하는 것은 아무런 도움이 되지 않았다. 길버트는 자비심에 대한 두려움을 "타인에게 자비심을 베푸는 것에 대한 두려움, 타인이 베푸는 자비심에 대한 두려움, 자기 자신을 위해 베푸는 자비심에 대한 두려움" 세 가지로 구분하였다. 그리고 이 세 가지 두려움에 대한 자가 측정 기법을 고안했는데 다음은 그 예이다.

타인에게 자비심을 베푸는 것에 대한 두려움
- 내가 지나치게 자비로운 태도를 보이면 사람들이 나를 이용할 것이다.
- 내가 지나치게 관대해 보이면 누군가 나에게 의지하려 들 것이다.
- 나는 다른 사람의 고통을 감당하지 못한다.
- 다른 사람의 도움을 기다릴 것이 아니라 스스로 문제를 해결하는 것이 맞다.
- 자비심을 베풀 가치가 없는 사람도 있다.

타인이 베푸는 자비심에 대한 두려움

- 나에게 친절을 베풀 리가 없는 사람에게 도움을 요청하는 것이 두렵다.
- 사람들은 나에게서 뭔가를 얻고 싶을 때에만 친절하고 자비로운 태도를 보인다.
- 누군가 나에게 친절하고 상냥한 태도를 보이면 나는 경계심을 느낀다.

자신에게 베푸는 자비심에 대한 두려움

- 만약 스스로에게 자비로워지면 내가 원하지 않는 모습으로 변할지 몰라 두렵다.
- 자기 자비가 커지면 내가 나약해지지 않을까 두렵다
- 스스로를 애틋하게 느끼기 시작하면 슬픈 감정에 휩싸이는 것은 아닐지 두렵다.[3]

대부분의 사람들은 위에 나열된 두려움을 적어도 하나쯤은 가지고 있을 것이다. 그리고 보면 자비심에 대해 약간의 거부감이 드는 것은 자비심이 저절로 일어나는 것처럼 지극히 자연스러운 일이다.

큰 틀에서 보면 이러한 두려움은 자비심을 순종, 나약함, 감상주의 같은 것과 혼동하는 데서 비롯된다. 자비심은 우리가 공정한 대우를 받지 못할 때 느끼는 거부감을 가로막는 장벽이 아니다. 만약 직장 동료 가운데 자신이 승진하기 위해 나를 음해하는 행위를 하고 있다면 나도 똑같이 그에 대한 나쁜 소문을 퍼뜨리거나 그에게 직접 화를 내는 방식으로 보복할 수도 있다. 아니면 그 동료가 그런 행동을 하는 근본적인 이유가 무엇인지 차분히 살펴볼 수도 있을 것이다. 보통 졸렬하고 불친절한 행동은 시기심에 뿌리를 둔 불안 감에서 나오는 경우가 많다. 이 경우에는 잘못된 이기심과 근시안 적인 태도도 포함되어 있다. 이런 사람에게 똑같이 고통을 주고, 보 복하려고 할 필요는 없다. 그는 이미 고통 받고 있기 때문이다. 나를 음해하기 위해 애쓰는 동료를 측은하게 여기는 순간 나는 그보다 나은 위치에 서게 된다. 평정을 유지하면서 차분하고 분명한 태도 로 상황에 대처할 수 있기 때문이다. 그 사람에게 다가가 대화를 시 도해 볼 수도 있을 것이다. 나는 당신의 상황을 이해하고 있다고 말 이다. 그리고 정중히 나쁜 행동을 멈춰 달라고 요청할 수도 있을 것 이다. 어쩌면 그 사람이 당신의 말을 너무 쉽게 받아들여 놀랄지도 모른다.

자비심은 사람들이 자신의 행동에 책임을 질 필요가 없다는 것 을 의미하지 않는다. 자비를 베풀 가치가 없는 사람도 있다고 생각 할 수도 있다. 자비심과 정의가 어떻게 연관되는가 하는 것은 이 책 에서 다룰 문제가 아니니 넘어가겠다. 자비심과 용서의 개념을 잘 못 이해하는 사람들이 많다. 불의를 행하는 사람에게 자비심을 갖 는 것이 그가 저지른 범죄 행위를 용납하겠다는 의미는 아니다. 하 지만 자비심을 가지면 분노와 적대감으로 에너지를 소모하지 않고 상황을 보다 효율적으로 처리할 수 있다. 그 사람 역시 고통을 싫어 하고 행복을 원하는 한 인간이라는 관점을 잃지 않는 것이 중요하 다. 잘못을 저지른 사람에게 책임을 묻고 불의를 바로잡는 순간에 도 그 사람의 입장에서 왜 그런 행동을 했는지 생각해 볼 수 있다. 달라이 라마가 말하듯 용서한다는 것이 과거의 일을 잊는다는 뜻은 아니다.[4] 만약 우리가 과거를 잊는다면 무엇을 용서하겠는가! 잘못은 지적하되 잘못을 저지른 사람은 용서하는 것이다. "죄는 미워하되 사람은 미워하지 말라."라는 기독교 금언은 바로 이 의미를 담고 있다.

누군가가 자신에게 지나치게 의존하지 않을까 하는 두려움의 이면에는 자비심이란 상대방을 위해 무엇이든 다 하는 것이라는 오해가 깔려 있다. 사실 우리가 할 수 있는 가장 자비로운 일은 상대방이 자신에게 잠재된 능력을 이끌어 낼 수 있도록 힘을 북돋우는 것이다. 누군가가 스스로 무언가를 할 수 있도록 돕는 것은 가장 높은 수준의 자비심이다.

우리가 자비로워지기를 주저하는 이유는 다른 사람의 고통을 감당할 자신이 없기 때문이다. 자비심을 일으킨다는 것은 마음을 열고 상대의 고통을 받아들인다는 뜻이다.(그런데 이미 자신도 충분히 괴롭지 않은가?) 이런 두려움은 자신이 해결할 수 없는 문제와 맞닥뜨렸을 때 그 대처 방법을 모르는 데서 온다. 사람들은 특히 남성들은 명확한 답이 없는 문제를 마주했을 때 불편함을 느낀다. 자비심은 우리가 모든 고통을 해결할 수는 없다는 인간 조건의 기본적 진실을 인정하고 시작한다. 우리에게 필요한 것은 겸손한 자세이다. 많은 경우에 우리가 할 수 있는 일은 문제를 해결하는 것이 아니라 고통 받는 사람의 상황을 공감하고 이해하고 손을 잡아 주는 것이다. 진심 어린 공감을 표하거나 그저 안아 주는 것이 필요한 사람도 있다. 인간이기 때문에 피할 수 없는 고통과 슬픔도 있다는 사실을 항상 기억해야 한다. 하지만 그러한 고통에 대처하는 방식은 선택할 수 있다. 화를 내거나 모른 척하며 고통을 외면할 수도 있을 것이다.

많은 사람들은 '왜 나야?', '이건 불공평해!' 또는 '나도 어쩔 수가 없어!'라고 생각하며 괴로워한다. 하지만 이러한 태도는 고통을 더할 뿐이다. 하지만 이해와 자비, 용기를 바탕으로 문제에 맞서는 방법도 있다. 우리는 이 길을 찾아야 한다.

스탠퍼드 대학에서 개발한 자비심 함양 프로그램CCT에 참여했던 67세 노인은 자비심과 용기에 관한 이야기를 들려주었다.

나는 점심을 먹으러 종종 서브웨이 샌드위치 가게에 갑니다. 가게 문 앞에는 수염이 덥수룩한 청년이 구걸을 하고 있었는데 나는 늘 그 사람을 피했어요. 길거리나 시장에서 마주치는 그런 종류의 사람을 못 본 척하는 것이 구걸에 대한 가장 효과적인 대응 방법이라고 생각했으니까요. CCT에 참여한 지 4주쯤 지났을 때였어요. 스스로도 깜짝 놀랄 일이 벌어졌어요. 나도 모르게 그 청년을 지그시 바라보고 있더군요. 그리고는 다가가 말했습니다. "나는 자네에게 돈을 줄 생각은 없네. 하지만 샌드위치를 사 줄 수는 있네." 그리고 나서 우리 둘은 함께 줄을 서서 샌드위치를 샀습니다. 샌드위치를 산 청년은 내게 고맙다고 인사를 하고는 가더군요. 그 다음에 청년을 만났을 때 나랑 같이 샌드위치를 먹고 싶은지 물었더니 이렇게 대답하더군요. "물론이죠, 아저씨." 함께 점심을 먹으면서 나는 열아홉 살 된 청년이 살아온 이야기를 들었습니다. 청년은 나에게 고맙다고 했지만 도리어 그 청년이 나에게 큰 선물을 준 것 같았습니다. 자비심 수련을 하면서 내가 얻은 선물이지요. 내 마음이 서서히 열리고 자신감이 커지는 것을 느낍니다. 예전에는 그저 남일 뿐이었던 이들이 이제 그 자체로 소중한 존재로 느껴집니다. 달라이 라마가 말했지요. "나에게 완전한 타인은

없다."이제 그 말의 의미를 조금 알 것 같습니다.[5]

잘못된 보호막, 자존심

자비심이 우러나는 것을 가로막는 또 다른 장애물이 있다. 바로 자존심이다. 자존심은 강한 자아를 나타내는 것 같지만 실은 두려움의 다른 형태일 뿐이다. 앞에서 말했듯이 많은 사람들은 자신이 이룬 성과와 성공이 자신의 정체성을 나타내는 기준이라고 생각한다. 우리는 스스로의 가치를 입증해야 한다는 커다란 압박 속에 살고 있다. 그래서 일이 뜻하지 않은 방향으로 흘러갈 때에도 다른 사람에게 선뜻 도움을 청하지 못한다. 상대의 의견이 내게 큰 영향을 미치는 경우에는 더욱 그렇다. 자존심은 부끄러움, 죄책감, 패배감과 같은 감정에 뒤따라 일어난다. 나에게 도움이 필요함을 인정하고 다른 사람에게 도움을 청하는 대신 방어막을 치고 꾹 참으면서 혼자 괴로워하는 것이다.

가족이나 친구처럼 가까운 관계에서 갈등이 생겼을 때에는 특히 자존심이 위험한 장벽이 된다. 자존심 때문에 화해할 수 있는 길이 가로막히면 갈등은 더 심각해진다. 자존심이라는 방패 뒤에 숨은 채로 상대방이 먼저 손을 내밀기를 기다리는 동안 문제는 점점 더 커진다. 이러한 상황에서 '내가 잘못했어', '사랑해' 같은 말을 건네기는 쉽지 않다. 하지만 정말 필요한 것은 이런 표현이다. 친구와 다툰 후에 아이들이 어떻게 행동하는지 보면 배울 것이 있다. 어린 아이들은 친구와 다툰 후에 그 상황을 곱씹어 생각하지 않는다. 그냥 잊어버리고 다음 상황으로 넘어간다. 아이들은 어른들처럼 자존심에 상처를 입었다며 두고두고 괴로워하지 않는다. 살짝 긁힌 것을 깊은 상처로 만드는 것이 바로 자존심이다. 자존심은 자신을 보호하는 것이 아니라 오히려 상처 입히는 '잘못된 보호막'이다.

자존심을 강조하다 보면 원칙을 굳건히 지키는 태도와 오만함을 혼동할 수 있다. 그리고 부드러움과 굴복하는 것을 혼동한다. 설사 내가 맞을 때에도 다른 사람과 상의하는 것은 언제나 도움이 된다. 나와 아내는 처음 만날 때부터 혹시 다투더라도 화가 난 채로 잠자리에 들지 말자고 약속했다. 그러면 아무리 심한 언쟁을 하더라도 다툼이 하루를 넘기지 않는다. 이것은 자존심이 우리 사이를 가로막는 장벽이 되지 않도록 하는 효과적인 방법이었다.

친절한 문화

현대 문화는 다양한 방식으로 자비심을 가로막는다. 개인의 자율성이 지나치게 강조되는 나머지 다른 사람의 도움을 필요로 한다는 것은 나약함의 증거로 인식된다. 사람들은 자기 자신을 보호하기 위해 '남에게 의지하는 건 나약한 거야.', '난 혼자서도 잘할 수 있어.', '남에게 의지하면 상처 받게 될 거야.' 같은 말로 스스로를 다잡는다. 사실 독립적인 태도 자체는 아무런 문제가 없다. 하지만 이러한 태도가 극단으로 치달아 우리는 서로 연결되어 있다는 인간의 본성에서 멀어질 때 문제가 발생한다.

전통적인 티베트 문화에서 친절은 중요한 가치 가운데 하나이다. 그래서 티베트 사람들은 어릴 때부터 친절을 베풀고 받는 법을 배운다. 인간은 상호 의존적인 존재라고 믿기 때문에 누군가 친절을 베풀면 불편하게 여기지 않고 고맙게 생각한다. 티베트를 방문하는 사람들 가운데에는 모르는 사람을 기꺼이 집에 들여 차와 음식을 대접하는 티베트 사람들의 따뜻한 태도에 감동하는 경우가 많다. 아마도 여기에는 수세기 동안 적은 수의 사람들이 넓은 지역에 흩어져서 살아온 티베트 고원의 지형적 요건도 영향을 끼쳤을 것이다. 그런 티베트 문화 속에서 살아온 나에게 타인의 친절을 불편해하거나 심지어 적대감을 내보이는 서양인들의 모습은 충격적이었다. 그들은 타인이 베푸는 친절에 마치 모욕을 당한 것처럼 반응했다. 캠브리지에서 공부를 하던 첫 해에 나는 지팡이를 짚고 걷는 노인을 발견하고는 그를 부축하려고 다가갔다. 하지만 나를 돌아보는 그의 눈에는 분노가 서려 있었다. 아마도 내 태도가 그에게 나이든 자신의 처지를 떠올리게 했을 것이다. 그가 생각하고 싶어 하지 않는 현실을 말이다. 나중에 관찰해 보니 타인의 친절을 불편해 하는 사람들 가운데에는 다른 사람에게 빚을 진 듯한 느낌을 싫어하는 경우도 있었다.

있는 그대로 받아들이자

자비심을 가로막는 장애물은 우리 일상에서 저항의 형태로 나타난다. 힘든 상황이나 고통, 슬픔과 맞닥뜨릴 때 저항의 정도는 더 심해진다. 사람들은 상처를 받지 않으려고 두려움, 자기방어, 자존심을 내세우거나 그냥 외면하거나 감정을 억누르는 방식을 택한다. 맞닥뜨린 문제가 물리적일 때에는 적극적인 저항이 우리를 보호하는 데 도움이 될 수 있다. 칼을 든 강도나 이빨을 드러낸 호랑이와 마주쳤을 때는 맞서 싸우거나 도망쳐야 한다. 하지만 당면한 문제가 정신적인 경우에는 '싸울 것이냐 도망칠 것이냐' 하는 전략은 도움이 되지 않으며 오히려 고통이 더 커질 뿐이다. 문제를 거부하는 것이 상황을 악화시킨다는 불교적 관점은 인간이 겪는 고통의 속성에 대한 깊은 통찰을 보여 준다.

나는 어른이 된 후에 스키 활강을 배웠다. 처음에는 무서워 몸이 뻣뻣하게 굳어 있었다.(어느 언론인의 말에 따르면 몬트리올로 이주한 이민자들이 느끼는 큰 두려움 가운데 하나가 얼음판에서 넘어지는 것이라고 한다.) 굳어 있던 몸이 풀리기 시작한 것은 내가 스키 타는 것에 익숙해진 다음부터였다. 또 한 가지 배운 것은 넘어질 때 몸에 힘을 빼면 부상을 최소화할 수 있다는 것이다. 처음에는 이것이 모순으로 느껴졌다.

넘어지거나 다치고 싶지 않은 본능은 인간의 기본적인 속성에서 나온다. 안전은 모든 인간의 기본적인 욕구이다. 우리는 붙잡고 설수 있는 단단한 것을 찾고, 안심하고 서 있을 수 있는 땅을 원한다. 우리는 본능적으로 통제력, 예측 가능성, 해결책을 찾으며 불확실성이나 변화를 불편하게 여긴다. 하지만 우리가 아무리 애를 써도 삶에 존재하는 모든 불확실성과 변화를 사라지게 할 수는 없다.

그리고 사람들이 변화를 싫어하는 만큼 현대 사회의 큰 특징인 불확실성은 더 심한 압박으로 다가온다. 디지털 시대 이전에 살았던 시인 오든은 이미 후기 산업 사회를 "불안의 시대"로 규정했다. 교회, 군주제, 끈끈한 공동체와 같이 전통 사회를 단단히 지탱해 온 기반들이 현대인의 삶에서는 더 이상 중요한 요소가 되지 않는다. 지금 우리가 살고 있는 디지털 시대는 마음만 먹으면 무엇이든 가질 수 있는 것처럼 보인다. 가족이 함께 모여 사는 '집'의 의미는 퇴색하고 있으며 출신 지역에 대해 유대감을 느끼는 사람도 점점 줄어들고 있다. 직업의 안정성은 점점 약해지고 기업 문화는 짧은 사이클로 나타나는 주주 수익에 의해 결정된다.

붓다가 제자들에게 설한 첫 번째 가르침 가운데 하나는 "영원불멸한 것은 없다."라는 진리다. 우리가 가진 것을 잃을 때 겪는 고통, 원하는 것을 얻지 못할 때 겪는 고통, 원치 않는 것을 겪어야 할 때 느끼는 고통은 우리가 살아 있는 한 피할 수 없는 것이라고 붓다는 말했다. 이러한 고통은 우리가 무엇인가를 잘못했기 때문에 오는 것이 아니라 인간이기 때문에 당연히 겪을 수밖에 없는 것이다. 행복은 고통과 슬픔을 피한다고 해서 오는 것이 아니라 우리가 피할 수 없는 고통 앞에서도 마음의 평정을 잃지 않고 지금 있는 그대로를 받아들이는 데서 온다. 진실을 받아들이면 괴로움으로부터 벗어나 자기 자신과 타인에게 자비를 베푸는 삶을 살 수 있다. 물론 이러한 진실을 받아들이는 것이 쉽지 않다는 것을 안다. 하지만 피할 수 없는 고통에서 벗어나기 위해 몸부림치는 것이 얼마나 힘든 일인지 안다면 진실을 받아들이고 이해, 인내, 자비를 기르는 것이 충분히 노력해 볼 만한 일이라는 데 동의할 수밖에 없을 것이다. 이 책 2부에서 소개하는 자비심 함양 프로그램은 이를 돕기 위해 고안된 것이다.

나를 둘러싼 환경과 다른 사람의 행동, 더 나아가 온 세상을 통제하여 내 삶의 불확실성과 변화에 맞서려고 할 수도 있다. 하지만 이것은 현실적인 전략이 아니다. 그 대신 자신을 변화시키고 있는 그대로의 모습을 받아들이는 방법도 있다. 8세기에 생존했던 인도 불교 수행자인 산티데바는 다음과 같은 비유를 들었다. 내 발을 안 다치게 하려고 세상의 모든 땅을 가죽으로 덮으려고 한다면 그 많은 가죽을 어디서 구할 수 있을 것인가? 대신 가죽으로 신을 만들어 신으면 온 세상 땅을 가죽으로 덮는 것과 같은 결과를 얻을 수 있다.[6] 결국 가장 좋은 해결책은 나 자신을 바꾸는 것이다.

자비심 키우기: 스탠퍼드 자비심 함양 프로그램

스탠퍼드 자비심 함양 프로그램의 목표는 분명하다. 단순히 자비심을 중요한 인간 가치 가운데 하나로 부각시키거나 다른 사람에 대한 공감 수준을 높이는 것이 목표는 아니다. 자기 자신을 바라보고 타인과 소통하는 방식부터 자녀를 올바르게 양육하고 나를 둘러싼 세상과 건강한 관계를 맺는 방법까지, 우리 삶의 모든 측면을 관통하는 기본적인 원리로서 자비심을 기를 수 있는 체계적인 수행법을 제공하는 것이 이 프로그램의 목표이다. 의식적인 훈련을 하지 않으면 자비심은 자극에 대한 반응의 형태로 일어나기 쉽다. 내가 사랑하는 사람의 고통을 마주하면 자비심이 저절로 일어나지만 내가 모르는 사람이나 동물의 고통에 대해서는 자비심을 일으키기가 쉽지 않다. 하지만 체계적인 훈련을 거친다면 자비심을 나와 나를 둘러싼 세상을 보는 기본적인 관점과 태도로 확립할 수 있다. 그리고 바로 그 지점에서 우리는 세상과 조화롭게 어우러질 수 있다.

자신과 타인 그리고 자신을 둘러싼 세상을 바라보는 '관점'과 실제로 세상을 '경험'하는 것은 긴밀하게 영향을 주고받으며 서로 연결되어 있다. 그리고 이것은 내가 어떻게 '행동'하는가를 결정한다.

다시 말해서 감정은 행동을 결정하고, 태도와 관점을 결정하는 생각과 가치관에 따라 우리가 경험하는 것이 달라진다. 예를 들어, 세상은 위험한 곳이며 다른 사람들은 비정하고 이기적인 존재라고 생각한다면 우리는 두려움, 의심, 경쟁심, 적대감을 가지고 세상을 대할 것이다. 하지만 세상은 즐거운 곳이며 사람은 기본적으로 친절한 존재라고 여긴다면 우리를 둘러싼 세상은 신뢰, 친밀함, 안도감으로 가득할 것이다. 세상을 바라보는 관점에 따라 같은 환경에 처한 두 사람이 완전히 다른 세상을 경험할 수도 있다. 자기 자신과 자신을 둘러싼 세상을 바라보는 태도를 바꾼다면 우리는 완전히 다른 삶을 살 수 있다. 붓다는 이렇게 말했다. "세상의 모든 것은 내 마음이 지어낸다."[7] 그리고 이것은 자비심 함양 프로그램의 철학이기도 하다.

자비심 함양 프로그램을 통해 변화를 이끌어 내고자 하는 목표 분야는 가치관, 인식, 공감 능력, 행동 등 크게 네 가지이다. 일상생활에서 의식적인 목표 설정과 태도 변화를 통해 가치관을 변화시킬 수 있다. 일상의 경험에 집중하고 관찰하면서 인식을 강화할 수 있다. 다른 사람의 행복, 특히 내가 사랑하는 사람들의 행복을 바라고 그들이 행복해 하는 모습을 보면서 기뻐하고 공감하는 능력을 키울 수 있다. 모든 인간이 서로 다르지 않다는 사실을 깨달으면 공감할 수 있는 범위가 넓어진다. 가치관, 인식, 공감 능력이 향상되고 이와 동시에 자비를 실천하려고 노력하면 우리 행동 역시 바뀐다. 행동을 바꾸면 세상을 바꿀 수 있다.

스탠퍼드 자비심 함양 프로그램에서 초점을 맞추고 있는 부분은 자기 자신과의 관계이다. 스스로에게 친절을 베풀고, 스스로를 이해하고, 스스로를 있는 그대로 받아들이면서 자기 자신과 건강하고 자비로운 관계를 맺도록 한다. 이것은 다른 사람, 더 나아가 자신을 둘러싸고 있는 세상과 조화로운 관계를 이룰 수 있는 토대가 되기 때문이다.

다음에 나오는 다섯 장에서는 스탠퍼드 자비심 함양 프로그램의 단계별 명상법을 비롯해 핵심 요소들을 소개할 것이다. 의식적인 목표 설정은 물론 자신의 삶에 집중하고 늘 깨어 있는 상태에서 삶을 사는 방법도 배우게 될 것이다. 그 다음에는 다른 사람, 특히 자신이 사랑하는 사람들과 보다 긴밀하게 교감하는 데 필요한 공감 능력을 기르는 연습을 할 것이다. 의지와 집중력, 공감 능력을 길러 마음의 기초를 닦은 후에 우리는 다시 자기 자비라는 어려운 과제로 넘어간다. 자기 자비와 자기 친절의 태도를 확고히 다진 뒤에는 자비와 친절의 대상을 인류 전체로 확대하는 연습을 한다. 인식의 범위를 확대해 나가는 과정에서 모든 인간은 행복을 원한다는 기본적인 사실을 깨달으면서 다른 사람과 진정한 유대를 기를 수 있다.

자비를 베푸는 것에 대한 심리적 거부감을 극복하려면 먼저 두려움을 없애야 한다. 이 책의 다음 장은 사람들에게 내재된 두려움의 원인이 무엇인지 살펴보는 데 도움이 될 것이다. 자기 자비를 비롯한 자비심에 대한 거부감이 사람들의 생각, 태도, 감정적 반응에서 어떤 식으로 드러나는지 그리고 그런 심리 상태에 대한 인식과 이해를 통해 문제를 극복하는 방법이 무엇인지 배울 것이다. 연습을 통해 우리는 불안감을 극복하고 고통, 슬픔, 두려움 등에 효과적으로 대처하는 요령을 터득할 수 있다. 맞서 싸우거나 밀쳐 내는 대신 그런 감정을 들여다보고 받아들이며 따뜻한 이해로 대하는 방법 말이다. 이것은 삶에 대한 완전히 다른 접근 방식이다. 먼저 오래도록 몸에 배어 있는 자기 방어적인 태도를 버려야 한다. 그러기 위해서는 '두려움 없는 마음'이 필요하다. 불확실한 현실 속에서도 평정을 잃지 않고 우리 존재가 뿌리째 흔들리는 상황에서도 두려워하지 않아야 한다. 이것은 하루아침에 되는 것이 아니다. 끈기 있게 배우고 연습해야 한다. 이제 우리는 새로운 가치관을 가져야 한다. 삶에 대한 태도를 바꾸어야 한다. 자신은 물론 자신을 둘러싼 세상과 소통하는 방식이 달라져야 한다. 알아차림과 자비 명상 같은 명상 수련이 새로운 길에서 길잡이 역할을 할 것이다.

1장에서 보았듯이 자비심을 일으킬 수 있는 능력 – 용기 – 은 이미 우리 안에 있다. 이제 마음을 여는 일만 남았다.

II
마음과 정신 수련

4

마음에서 행동으로:
의도를 동기로 전환

선업과 악업은 모두 마음의 작용이다.
우리의 모든 행동은 의도에 따라 결정된다.
총카파(1357~1419)

친절은 말보다 마음이다.
윌리엄 킨 시모어

모든 존재가 행복하고 선업을 쌓기를

모든 존재가 고통과 악업에서 벗어나기를

모든 존재가 괴로움에서 벗어나 즐거움을 얻기를

모든 존재가 싫고 좋음에 치우치지 않고 평정平靜에 머무르기를

어렸을 때 나는 연기가 뿌연 공사장 막사 안에서 어머니의 기도 소리를 들으며 일어나곤 했다. 어머니는 아침 식사로 버터차를 만들며 이 구절을 읊조렸다. 기다랗고 둥근 나무통처럼 생긴 동모에

차와 버터를 넣고 긴 막대기를 위아래로 움직일 때 나는 소리는 어머니의 기도 소리와 어우러져 내 마음을 편안하게 만들었다. 부모님이 지내는 막사는 공사장을 따라 이리저리 옮겨 다녔다. 당시 어린이 학교에서 지내던 나는 가끔 부모님을 찾아가 짧으면 일주일, 길면 보름 정도 같이 지내곤 했다. 어머니와 함께한 그 시간들은 잊을 수 없는 소중한 추억이 되었다. 그리고 어머니가 읊조리던 사무량심四無量心 기도문은 내게 특별한 의미로 남아 있다.

사무량심

타인의 고통을 아파하는 마음인 비심悲心은 사무량심—자慈·비悲·희喜·사捨—가운데 하나로, 기도문의 두 번째 줄 "모든 존재가 고통과 악업에서 벗어나기를"에 해당한다. 불교 심리학에 따르면 사무량심은 아무리 많이 가져도 지나치지 않는 귀중한 가치이다. 비심은 타인의 괴로움을 자신의 괴로움으로 받아들이는 마음이다. 모든 사람은 이 비심을 가지고 있으며 비심은 사람이 가지고 있는 값진 부분 가운데 하나이다. 자심慈心 또는 자애심은 다른 사람이 행복하기를 바라는, "모든 존재가 행복하고 선업을 쌓기를" 바라는 순수한 사랑(이타적인 사랑)의 마음이다. 다른 사람의 행복이나 행운을 진심으로 기뻐하는 희심喜心은 "모든 존재가 괴로움에서 벗어나 즐거움을 얻기를" 바라는 마음이다. 사심捨心은 즐거움과 고통, 좋은 것과 싫은 것, 성공과 실패, 칭찬과 비난, 명예와 불명예 같이 삶에서 일어나는 어떤 일에도 흔들리지 않고 평정平靜을 유지하는 마음이다. 이를 통해 우리는 친구, 적, 타인이라는 범주를 초월하여 모든 사람을 나와 동등한 존재로 대할 수 있다. 평정한 마음을 유지하면 무언가를 미리 기대하는 습관에서 벗어날 수 있으며 과도하게 기뻐하거나 실망하는 일을 막을 수 있다. 붓다가 나무 아래에서 깨달음을 얻었을 때 한 손을 바닥에 댄 것은 그 어떤 고난의 폭풍이 불어닥쳐도, 어떤 자극이 있더라도, 흔들리지 않고 그 자리에 머물겠다는 것을 의미한다. 모든 존재가 싫고 좋음에 치우치지 않고 평정에 머무르기를 바라는 이것이 바로 사심이다.

사무량심에는 명백하게 상반되는 개념인 '먼 적'이 있다. 그리고 사무량심과 자칫 혼동하기 쉬운 '가까운 적'이 있다. 자심의 '먼 적'은 악의이다. 비심의 '먼 적'은 잔인함이다. 희심의 '먼 적'은 질투나 시기심이다.(질투나 시기심이 심해지면 내가 싫어하는 사람의 불운을 보고 즐거워하기도 한다. 1976년, 당시 중국 공산당 주석이었던 마오쩌둥이 사망했다는 소식에 인도에서 살고 있던 티베트 난민들이 기뻐하며 환호성을 지르던 모습을 보면서 내 마음이 혼란스러웠던 기억이 난다. 나라를 잃은 티베트 사람들이 겪고 있는 고통의 진원지는 단연 마오쩌둥이다. 혈기왕성한 십 대 소년이었던 나 역시 마음 한편으로 그의 죽음을 기뻐했을지도 모른다. 그러나 불교의 가르침 덕분에 나는 그 이상을 생각할 수 있었다.) 사심의 '먼 적'은 탐욕, 혐오감, 편견이다. 이 감정들은 함께 작용하며 우리 마음을 동요하고 평정을 잃게 만든다.

'가까운 적'은 얼핏 보면 사무량심과 혼동하기 쉽다. 불필요한 고통을 불러일으키는 마음 상태이다. 이타적인 사랑인 자심의 '가까운 적'은 이기적인 애정이나 집착이다. 상대방이 자신을 원하는 것을 주기 때문에 사랑하는 것이다. 함께 기뻐하는 마음인 희심의 '가까운 적'은 시시하고 무의미한 즐거움이다. 어떤 일에도 흔들리지 않고 평정을 유지하는 마음인 사심의 '가까운 적'은 무관심이나 무심함이다. 사심이 무관심과 다른 점은 평정을 유지하면서도 다른 사람에 대한 따뜻한 관심을 유지하는 것이다.

타인의 괴로움을 자신의 괴로움으로 받아들이는 마음인 비심의 '가까운 적'은 동정심이다. 비심과 달리 동정심은 우월감을 바탕으로 한다. 그래서 다른 사람에게서 유대감을 일으키는 비심과 다르게 동정심은 자신과 다른 사람을 분리한다. 비심에는 자신과 같은 인간으로서 타인의 존엄성을 존중하는 마음이 포함되어 있다. 진정한 비심에서 우러나는 타인에 대한 관심은 내가 그렇듯이 이 사람도 고통에서 벗어나고 싶어 한다는 인식을 바탕으로 한다.

자심慈心과 비심悲心에 관한 불교 명상은 보통 고통스러웠던 자기 자신의 실제 경험과 행복을 열망하는 인간의 기본적인 속성을 받아들이고 인정하는 데서 시작한다. 그런 다음에는 자신이 사랑하는 사람에게 초점을 맞추고 그가 행복하고 평화롭기를 기원하면서 다음과 같은 구절을 조용히 읊조리는 것이다. "행복하기를, 평화롭고 즐겁기를!" 사랑하는 사람을 시작으로 자애와 자비의 대상을 점점 넓혀 싫지도 좋지도 않은 사람, 싫어하는 사람, 마지막으로 모든 존재의 행복과 평화를 기원한다. 자애 명상에서는 다른 사람의 행복을 기원하고, 자비 명상에서는 다른 사람이 고통에서 벗어나기를 기원한다. 그런 다음에는 다른 사람의 행운을 보고 질투하거나 시기하는 마음을 내지 않는 희심을 기르고, 마지막으로 집착이나 적대감에서 비롯된 차별과 치우침(나는 이것을 좋아하고 , 나는 저것을 싫어하고, 나는 이 사람이 좋고, 나는 저 사람이 싫고 ……)을 극복하여 그 어디에도 치우치지 않은 공평한 마음인 사심을 기른다.

티베트 전통에서 자비심은 가장 높은 경지의 영적 이상이자 가장 위대한 인간애의 표현으로 인식된다. 자비심에 해당하는 티베트어 닝제nyingjé는 "마음의 왕"이라는 뜻을 갖고 있다. 사람의 마음에서 가장 중요한 것이 자비심이라는 의미를 내포하고 있는 것이리라. 스탠퍼드 자비심 함양 프로그램에서 내가 가장 기본적인 틀로 이용한 것이 바로 이 티베트의 전통적인 자비 명상이다.

의식적인 목표 설정

스탠퍼드 자비심 함양 프로그램의 모든 과정은 목표 설정부터 시작된다. 전통적인 티베트 명상에서 가져온 이 명상법은 스스로에게 의식적인 목표와 동기를 상기시키는 일종의 도입 단계이다. 이 단계에서 생각과 감정이 일어날 수 있는 정신적 토대가 형성된다.

영어에서 intention(의도)와 motivation(동기)는 같은 뜻인 것처럼 혼용되고 있는데 중요한 차이점이 있다. 의식적인 작용의 유무이다. 동기는 어떤 행동을 하는 이유로 욕망의 원천이자 원동력이다. 사람들은 보통 자신이 하는 행동의 동기에 대해 의식적으로 생각하지 않는다. 심리학자들은 동기를 "인간과 동물이 어떤 행동을 하고, 지속하고, 조정하는" 과정으로 정의한다. 쉽게 말해서 동기는 우리로 하여금 행동하도록 만드는 근본적인 추동력이다. 어떤 사람에게는 행위의 동기가 명예일 수도 있고, 어떤 사람에게는 돈일 수도 있고, 때로는 단순한 재미, 섹스, 인정, 소속감, 안전, 정의 같은 것일 수도 있다. 동기는 욕망과 보상의 반복을 통해 점차 강화된다. 자신이 무언가 보상을 받으면 그 행동을 또 하고 싶어진다. 또 보상을 받으면 그 행동을 또 하고 싶어지는 것이다.

이와 달리 의도는 의식적으로 목표를 설정하는 것이다. 의도는 반드시 의식적이다. 이에 비해 동기는, 프로이드가 지적했듯이, 스스로 알아차리지 못할 수도 있다. 장기적인 관점에서 어떤 변화를 이루려면 의식적인 목표 설정, 즉 의도가 필요하다. 우리가 진정으로 원하는 방향으로 가고자 한다면 의식적인 목표를 설정하고 그 목표를 제대로 달성하고 있는지 계속 확인해야 한다. 하지만 우리를 더 멀리 가도록 하는 것은 동기이다. 의식적인 목표 설정을 마라톤에 비유해 보자. 절반도 안 뛰었는데 알람이 꺼져 있거나 또는 힘겹게 분기점을 돌 때 스스로에게 물을 것이다. '이 짓을 왜 하고 있지?' 그 순간, 고비를 넘기고 계속 달리려면 설득력 있고 분명한 답이 필요하다. 의식적이든 무의식적이든 동기는 의식 뒤에서 행동을 유발하는 이유이자 계기이며 목표를 향해 나아가게 하는 원동력으로 작용한다.

아침에 일어나서 하루 일과를 시작하기 전에 목표를 설정하는 시간을 가지는 것이 좋다. 꼭 집이 아니라도 괜찮다. 버스나 지하철로 이동할 때도 좋고, 사무실 책상에 앉아 하루 업무를 시작하기 전에도 좋다. 단 몇 분이면 된다. 티베트 전통에서는 주로 하루를 시작할 때, 명상을 시작할 때, 어떤 중요한 일을 시작하기 전에 자신의 의도와 동기를 확인하도록 권장한다. 의식적인 목표는 마치 음악처럼 우리의 기분, 생각, 느낌에 영향을 미친다. 오늘의 목표를 세우며 아침을 시작하면 하루의 방향성을 설정할 수 있다.

연습: 목표 설정하기

먼저 편안한 자세로 앉는다. 바닥에 앉아도 되고 의자에 바른 자세로 앉아도 좋다. 필요하다면 등을 바닥에 대고 누워도 되는데 이때 바닥은 약간 딱딱한 것이 좋다. 편한 자세를 취한 후에는 어깨와 등을 비롯한 온몸의 힘을 최대한 푼다. 필요하면 스트레칭을 약간 하는 것도 좋다.

필요하다면 눈을 감고(가능하다면 눈을 감지 않는 것이 바람직하다.) 3~5회 깊은 복식 호흡을 한다. 숨을 들이쉴 때는 항아리에 물을 채우듯이 배를 공기로 가득 채운다고 생각하며 깊이 마시고, 숨을 내쉴 때에는 몸 안에 있는 모든 공기를 내뱉는 느낌으로 천천히 길게 내쉰다. 내쉴 때에는 입으로 내쉬어도 좋다. 마시고, 내쉬고……마시고, 내쉬고…….

마음이 안정되면 다음과 같은 질문을 떠올려 본다. '내가 정말 소중하게 생각하는 것이 무엇인가? 나와 내가 사랑하는 이들 그리고 이 세상을 위해 내가 마음 깊이 바라는 것은 무엇인가?'

이런 질문에 답이 떠오르는지 잠시 기다린다. 명확한 답이 떠오르지 않아도 괜찮다. 익숙해지기까지 시간이 걸리므로 그저 편안한 마음으로 질문에 대해 생각해 본다. 서양 문화에서는 어떤 질문을 하면 보통 바로 답을 들어야 한다고 생각한다. 하지만 곧바로 답을 내리지 못한다고 해도 질문 그 자체가 힘을 가진다는 점을 알아야 한다. 만약 어떤 답이 떠오른다면 답과 함께 올라오는 생각과 감정을 있는 그대로 내버려 둔다.

마지막으로, 오늘 하루 동안 자신이 실천할 목표를 떠올린다. 예를 들어, 다음과 같이 생각할 수 있다. '오늘 나는 내 몸과 마음 그리고 다른 사람을 대할 때 내가 어떻게 말하는지 주의 깊게 살필 것이다. 나는 고의로 다른 사람을 해치지 않도록 최선을 다할 것이다. 자신은 물론 다른 사람 그리고 주변에서 일어나는 일들에 대해 우호적으로 대하고, 이해하려고 하고, 섣불리 판단하지 않을 것이다. 나는 내가 진정

으로 소중하게 생각하는 가치를 위해 오늘 하루를 쓸 것이다.'

이와 같은 방식으로 하루의 방향을 설정할 수 있다.

익숙해지면 1분 이내에 이 과정을 마칠 수 있다. 시간이 얼마 걸리지 않기 때문에 일과 중에 짬짬이 자신이 세운 목표를 점검할 수도 있다. 예를 들어, 자비심 프로그램을 수료한 한 의사는 진료실에서 환자가 나간 후 다음 환자가 들어오기 전에 손을 씻는 동안 자신이 세웠던 목표를 점검했다.[1] 이를 통해 그 의사는 다음 환자에게 보다 집중할 수 있었다고 한다. 상황에 따라 세 단계로 이루어진 과정을 건너뛰고, 마음에 드는 몇 구절을 읽거나 암송하는 방식도 좋다. 이때 사무량심 기도문을 이용할 수 있다.

모든 존재가 행복하고 선업을 쌓기를
모든 존재가 고통과 악업에서 벗어나기를
모든 존재가 괴로움에서 벗어나 즐거움을 얻기를
모든 존재가 싫고 좋음에 치우치지 않고 평정에 머무르기를

하루를 되돌아보기

티베트 전통에서 의식적인 목표 설정과 짝을 이루는 또 다른 명상법이 '되돌아보기'이다. 하루를 마칠 때나 명상을 끝낸 후 또는 어떤 일을 끝낸 후에 처음 시작할 때 세웠던 목표가 얼마나 달성되었는지 점검하는 것이다.

연습: 되돌아보기

예를 들어, 하루를 마치고 잠자리에 들기 전이나 잠자리에 누운 채로 하루를 되돌아본다.

누군가와 나눈 대화나 기분, 하루 동안 떠올랐던 생각 등을 짧게 돌아본 다음 아침에 세웠던 하루의 목표를 다시 떠올려 본다. 그러면 아침에 세웠던 목표가 얼마나 지켜졌는지 알 수 있다. 이때 중요한 것은 자신이 무엇을 했는지, 무엇을 하지 않았는지 세세하게 따지는 것에 사로잡히지 말아야 한다는 점이다. 이 수행의 목적은 정확한 점수를 매기는 것이 아니라 아침에 세운 목표가 오늘 하루 생활에 얼마나 영향을 미쳤는지 큰 틀에서 조망하는 것이다.

하루를 되돌아보는 동안 어떤 생각이나 감정이 떠오르면 그것이 무엇이든 내버려 둔다. 부정적인 감정이 떠오른다고 해서 애써 떨치려 할 필요도 없고, 즐거운 생각이 떠오른다고 해서 붙잡아 두려고 할 필요도 없다. 어떤 것이 떠오르든 내버려 두고 잠시 그 순간에 고요히 머문다.

마지막으로, 오늘 하루 일과 중 뿌듯했던 일을 떠올려 본다. 이웃의 일손을 거들었거나 동료의 고민을 진지하게 들어주었거나 지하철역에 늘어선 길고 긴 줄에도 짜증을 내지 않고 평화로운 마음을 유지한 것들 말이다. 그리고는 자신의 행동에 대해 뿌듯한 감정을 잠시 만끽한다. 그와 동시에 하루의 목표를 세우며 아침을 열었다는 사실에 감사한다.

이 과정은 보통 3~5분이 알맞다. 만약 당신이 자기 전에 책 읽는 습관이 있다면 책을 읽은 다음에 3~5분 동안 이 반추의 시간을 가질 수 있을 것이다. 만약 TV를 보는 습관이 있다면 TV 보는 시간을 3~5분만 줄이는 건 어떨까? 아니면 중간 광고 시간에 잠시 조용한 장소로 옮겨 할 수도 있을 것이다. 하루를 마치면서 아주 작은 부분이라도 자신이 잘한 일을 떠올리며 뿌듯한 감정을 느끼는 것은 중요하다. 내일도 잘할 수 있다는 긍정적인 에너지를 가질 수 있는 것은 물론 자신이 세운 목표를 지키려는 동기를 강화시키기 때문이다. 뒤에서도 언급하겠지만 즐거움은 동기를 강화시키는 데 아주 중요한 역할을 한다. 자신이 정한 동기를 오랫동안 유지하기 위해서는 특히 중요하다.

그러나 가끔은 한 주제에 집중하는 것이 도움이 된다. 특히 한 가지 문제를 고심하고 있거나 8주 자비심 함양 프로그램과 같이 특별 과정에 참여하고 있는 경우에는 특히 그렇다. 자비심 함양 프로그램은 매주 각기 다른 주제로 구성되어 있다. 예를 들어, 첫 주 주제는 자기 자비self-compassion이다. 자기 자비가 주제인 주에는 목표를 세울 때 자신에게 친절할 수 있는 방법을 중심으로 하고, 하루를 마무리할 때에도 자기 자신을 자비롭게 대했는지를 되돌아본다.

저녁에 하루를 반추할 때, 사람들 대부분은 자신의 하루가 아침에 세운 목표에 미치지 못했다고 느낀다. 자신이 바라는 것과 실제 삶 사이에는 차이가 있을 수밖에 없으므로 어쩌면 당연한 일이다. 이때 주의할 점은 절대로 자신을 나무라거나 자책해서는 안 된다는 것이다. 그저 자신의 목표와 실제 생활에 차이가 있었음을 인식하고 내일은 더 노력하겠다고 다짐하면 된다. 그렇게 생각하는 것만으로도 내일을 더 긍정적으로 볼 수 있으며 목표를 향해 더 노력하게 된다.

의식적인 목표 설정과 되돌아보기의 효과

의식적인 목표 설정과 되돌아보기를 생활화하면 우리 삶에 실질적인 변화가 일어난다. 이것은 우리 생각과 행동, 나아가 우리 자신과 삶을 면밀히 살펴봄으로써 자기 인식, 의식적인 목표 설정, 집중적인 노력 등 명상의 세 가지 효과에 다가가기 위한 노력이다. 붓다는 이렇게 말했다. "나의 적도 나 자신이요 나의 구원자도 나 자신이다."[2] 붓다는 우리의 생각과 감정, 행동이 우리가 겪는 고통의 원천이라고 보았다. 그렇게 본다면 우리의 생각과 감정, 행동이 즐거움과 자유의 원천이 될 수도 있다. 의식적인 목표 속에서 생활하는 것은 삶을 변화시키는 첫 번째 단계이다. 의식적인 목표 설정과 되돌아보기는 우리의 삶과 일, 타인과 관계를 보다 명료하고도 조화롭게 이끌어 가는 첫 단계이다.

우리가 자신뿐 아니라 다른 사람의 행복과 안녕에도 관심을 가질 때, 우리의 행위와 인생 전체는 한 개인의 수준을 뛰어넘어 보다 큰 의미를 가진다. 한 개인의 의식적인 목표 설정이 얼마나 큰 힘을 갖는지를 보여주는 대표적인 예가 넬슨 만델라이다. 그는 남아프리카 공화국의 인종 차별주의 정책을 철폐시켰다. 비폭력주의, 인종간 화합과 정의 실현을 목표로 흔들림 없이 나아간 만델라는 결국 남아프리카 공화국을 변화시키는 데 성공했다. 한평생 그는 자신의 목표를 적대시하는 수많은 반대 세력과 맞서야 했을 것이다. 자신이 정한 목표에 걸맞은 삶을 살기 위해서 자신이 정한 목표를 계속 되뇌고 제대로 하고 있는지를 끊임없이 점검했을 것이다. 만델라는 새로운 나라를 위해 자신이 세운 목표를 끝까지 밀고 나갔으며 그 결과 평화롭고 순조롭게 개혁을 할 수 있었다. 불교에는 이런 비유가 있다. 물 한 방울이 바다로 떨어지면 바다가 마르지 않는 한 바다로 남는다. 하지만 마른 바닥에 떨어지면 곧 말라 버린다.

스탠퍼드 자비심 함양 프로그램에 참여했던 한 60대 할머니는 손자들과 많은 시간을 함께 보내고 싶었지만 종일 근무를 해야 했기 때문에 그럴 수가 없었다. 자라는 손자들과 많은 추억을 쌓고 싶었지만 근무 시간을 줄이면 직장에서 불이익을 당하는 것이 두려워 망설이고 있었다. 그런데 자신을 자비롭게 대하기를 목표로 설정하면서 스스로가 진정으로 원하는 것이 무엇인지를 깨닫게 되었다. 용기를 내어 사장에게 근무 시간을 줄이겠다고 말했다. 결과적으로 사장도, 손자들도, 자신도 모두가 행복해졌다고 그녀는 말했다. 항상 누군가를 위해 희생하며 살았지 정작 자신이 진정으로 원하는 것에 대해서는 관심을 기울이지 않았다고 고백했다. 그녀가 바꾼 것은 손자들과 함께 하는 시간의 길이만이 아니었다. 그녀는 삶의 태도를 바꾼 것이다.[3]

내 개인의 삶에 있어서도 의식적인 목표 설정은 여러 방면에서 도움이 되었다. 첫아이를 낳았을 때, 아내와 나는 아이들이 어릴 때는 함께 시간을 보내는 것에 중점을 두기로 계획했다. 우리가 가장 중요하게 생각한 것은 따뜻하고 친밀한 분위기 속에서 아이들에게 사랑과 신뢰를 주고, 아이들을 존중하고, 관심을 기울이는 것이었다. 그것 외에 나머지는 부차적인 문제였다. 아이들이 자라 자신만의 정체성을 갖기 시작할 무렵 우리 부부가 중점을 둔 부분은 바람직한 양육 태도였다. 예를 들어, 우리는 "아이들을 나의 일부로 생각하지 않고 독립된 인격체로 존중하게 하소서." 하는 기도를 했다. 또한 아이들에게 명확한 선을 제시하려고 노력했다. 우리는 나이가 어린 아이들에게는 규칙적인 생활이 아주 중요하다고 생각했다. 가령 학교에 가는 문제에 있어서는 전혀 타협의 여지가 없었다. 몸이 아프지 않는 한 그냥 학교에 가기 싫다는 투정은 받아들이지 않았다. 하지만 그와 동시에 잔소리를 늘어놓지 않으려고 노력했다. 그래서 두 번째 목표는 이것이었다. "꼭 필요한 싸움만 하게 하소서."

물론 가끔은 우리가 세운 목표대로 행동하지 못할 때가 있었다. 부끄러운 이야기지만 나는 아버지가 된 후에 화를 주체하지 못하는 내 모습에 스스로 깜짝 놀랐다. 둘째 딸 타라가 세 살 무렵 무척 화를 낸 적이 있었는데 그 전에도 그 후에도 그런 일은 거의 없었다. 하지만 항상 목표를 설정하고 내 행동과 생각을 점검하는 습관 덕분에 부정적인 감정이 섣불리 행동으로 나타나는 것을 막을 수 있었다. 그리고 많은 경우에 나를 화나게 한 진짜 원인은 아이가 아니라 내 개인적인 문제였다. 아이들은 정말로 부모가 스스로를 돌아보게 만드는 거울이다. (고마워, 타라!)

의식적인 목표 설정은 우리 생활을 스스로 제어하는 데에도 도움이 된다. 내가 노트북을 처음 가진 것은 1989년 캠브리지 대학에 있을 때였다. 그 노트북 하드 용량은 10메가바이트였다.(당시로서는 상당히 높은 사양이었다.) 노트북에는 몇 가지 게임이 깔려 있었는데 체스도 있었다. 컴퓨터를 상대로 체스를 둘 때 내가 둔 수를 취소하고 다시 둘 수 있도록 되어 있어 나는 컴퓨터의 다음 수를 미리 아는 상태에서 이기는 게임을 할 수 있었다. 저녁이면 나는 시간 가는 줄도 모르고 체스 삼매경에 빠지곤 했다. 잘못 두면 취소하고 다시 두는 꼼수를 쓰면서 말이다! 어느 날 내가 체스 게임에 중독 수준으로 집착하고 있다는 것을 깨닫고는 컴퓨터에서 체스 게임을 삭제했다. 그리고 처음의 실수를 교훈 삼아 두 번째 노트북을 샀을 때에는 제일 먼저 체스 게임을 삭제했다. 세 번째 노트북으로 바꿀 때쯤에야 체스 게임을 삭제할 필요가 없게 되었다.

컴퓨터에 대한 초기의 경험은 오늘날 인터넷과 이메일을 대하는 내 태도에도 영향을 미쳤다. 지금은 언제 어디서나 인터넷에 접속할 수 있는 시대이지만 나는 인터넷 접속에 관한 나름의 규칙을 정해 두었다. 특히 이메일에 대해서는 거의 20년 동안 지켜 온 엄격한 규칙이 있다. 나는 하루 일과를 시작할 때 바로 이메일을 확인하지 않고 적어도 한두 시간 동안 업무를 본 다음 확인한다. 1~2분 이내에 답할 수 있는 이메일은 즉각 처리하거나 늦어도 그날 안에 답장을 보낸다. 하지만 깊이 생각할 필요가 있는 이메일에 대한 답장은 1~2일 뒤로 미룬다. 만약 이메일을 금요일에 받으면 정말 긴급한 사안이 아닌 이상 월요일까지 기다린다. 업무가 끝난 후나 주말에는 가급적 이메일을 확인하지 않으려고 한다. 이메일에 대한 이런 규칙의 효과는 명확하다. 가족과 함께 보내는 시간이나 혼자 있는 시간에 보다 깊이 집중할 수 있다. 이것은 지금 이 순간에 완전히 집중하기 위한 의식적인 목표 설정이다.

나의 두 딸을 포함하여 디지털 공간을 일상생활의 일부로 사용하고 있는 요즘 젊은이들에게 디지털 세계에 대한 내 태도가 편협하게 보일 수도 있을 것이다. 하지만 인터넷 사용에 관한 의식적인 시간제한이 모두에게 도움이 된다는 것은 사실이다.

나는 오늘날 과도한 전자 메일 사용과 스트레스 간에 상관관계가 있다고 확신한다. 우리 삶에서 스트레스를 유발하는 요소들에

관하여 나름의 원칙과 규칙을 만들면 그로 인해 받는 스트레스를 어느 정도 완화할 수 있을 것이다. 체스 게임과 아이 기르기에 모두 적용되는 한 가지 사실은 어떤 원칙을 설정하는 것이 내 삶에 대한 통제권을 확보하는 방법이라는 점이다. 사실 우리가 받는 스트레스의 많은 부분은 내 삶을 내 의지대로 할 수 없다는 좌절감에서 온다. 아침에 하루 목표를 설정할 때, 우리는 그날을 어떻게 살고 싶은지 선택을 하는 것이다. 자신에게 무슨 일이 일어날지 기다리는 대신, 자신이 자신의 삶을 만드는 것이다. 생활을 하다 보면 아침에 설정했던 목표를 까맣게 잊어버리기도 한다. 그럴 때마다 자신이 세웠던 목표를 확인하면 삶의 통제권이 자신에게 있다는 자신감을 얻을 수 있다. 의식적인 목표 설정은 하나의 준비 과정이기도 하다. 우리가 시험을 대비해 공부를 하고, 발표를 대비해 연습을 하는 이유는 아무런 준비 없이 어떤 상황에 맞닥뜨리는 것이 견디기 힘들 정도로 큰 스트레스이기 때문이다. 혹시 모를 상황에 대비해 준비하는 과정에서 여러 가지 대안을 생각해 보게 된다. 그러면서 돌발 상황에 대한 대처 능력을 갖추게 된다. 매일 아침 목표를 설정하는 시간은 하루를 준비하는 과정이다.

모든 존재가 행복하고 선업을 쌓기를
모든 존재가 고통과 악업에서 벗어나기를
모든 존재가 괴로움에서 벗어나 즐거움을 얻기를
모든 존재가 싫고 좋음에 치우치지 않고 평정에 머무르기를

의도가 동기가 되는 법

새해 계획을 세워 본 사람은 안다. 굳게 다짐을 한다고 해도 계획을 실천하기란 결코 쉬운 일이 아니다. 하루를 시작하는 아침에는 다른 사람을 자비롭고 따뜻한 태도로 대하겠다고 다짐하지만 오후쯤 되면 어느새 다른 사람을 비난하고 있는 자신을 발견할지도 모른다. 우리의 생각과 행동을 일으키는 무의식적인 동기와 의식적인 목표의 관계는 복합적이다. 하지만 지속적인 자각과 점검을 통해 서서히 우리의 의도와 동기가 같은 곳을 향할 것이다.

달라이 라마는 동기를 점검할 수 있는 간단한 질문 몇 가지를 제시했다.

나를 위하는 것인가, 다른 사람을 위하는 것인가?
소수의 이익을 위하는 것인가, 다수의 이익을 위하는 것인가?
현재를 위하는 것인가, 미래를 위하는 것인가?[4]

이 질문들을 통해 자신의 행동에 대한 비판적인 자기 인식(여기서 말하는 '비판적인' 태도는 부정적인 비난이 아니라 객관적인 분별력을 뜻한다.)을 거치면 동기가 보다 명확하게 파악된다. 이 질문들은 또한 우리의 생각과 행동이 자비심을 바탕으로 하고 있는지 그러지 않는지를 판단하는 데에도 도움이 된다. 어떤 행동을 하기 전에, 하는 도중에, 한 후에 이 질문들을 떠올려 보면 자신의 행동이 목표에 부합하는지 점검할 수 있다.

돌보는 행동에 대해 연구한 미국의 제니퍼 크로커Jennifer Crocker와

에이미 카네벨로Amy Canevello는 자아 체계egosystem 동기와 생태 체계 ecosystem 동기의 차이점을 설명했다.[5] 자아 체계 동기를 가진 사람에게 돌보는 행위는 자신의 욕구와 필요를 충족시키기 위한 수단이다. 이들이 누군가를 헌신적으로 돌보려면 다른 사람의 칭찬과 명성이 필요하기 때문에 이들의 만족도는 제로섬 게임이다. 반면 생태 체계 동기를 가진 사람은 돌보는 행동이 진정으로 다른 사람의 안위를 염려하는 마음에서 나온다. 이들 역시 돌보는 행위를 통해 보람과 삶의 의미를 얻지만 그것은 부산물일 뿐이다. 이들이 처음부터 무언가를 바라고 하는 것은 아니다. 자비심을 바탕으로 다른 사람을 돌보는 사람들은 자신이 돌보는 사람들에게 어떤 것이 도움이 되는지를 기준으로 성공을 정의하기 때문에 보다 협력적이다.[6] 이들은 정서적으로도 보다 안정적이고 평화로우며 애정이 넘친다.

크로커와 카네벨로는 자아 체계 동기와 생태 체계 동기에 복합적인 상호 관계가 있음을 인정한다. 여러 가지 동기가 뒤섞여 존재하기도 하고, 동기와 의도가 서로 모순되는 경우도 있다. 밤에 늦게 들어온 십 대 딸에게 내가 소리를 질렀다면 내 의도는 딸에게 자신을 사랑하는 사람들이 있다는 것을 상기시키고 신뢰를 깨트린 딸의 행동에 대해 책임지는 것을 돕기 위한 것이다. 하지만 내가 소리를 지르게 된 동기는 딸의 안전 때문에 노심초사했으므로 딸도 나만큼 두려움을 느끼기를 바라는 마음일 수도 있다. 보다 이기적인 관점에서 보면 딸이 반항하고 있다고 느꼈기 때문에 아버지로서 권위를 다시 확인시키고 싶었는지도 모른다. 또는 소리를 지르는 순간에 분노가 해소되는 느낌을 즐겼을 수도 있다. 이렇게 복합적으로 존재하는 동기는 한 사람 안에서도 시시각각 달라진다. 의식적인 목표를 세우는 명상 수련을 통해 우리는 자아 체계 동기에서 벗어나 생태 체계 동기에 다가가는 방법을 배울 수 있다. 자신이 세운 목표에 부합하는 삶을 살기 위해 노력하고, 반성하고, 보람을 얻는 모든 과정을 통해 자기 안에 있는 동기의 방향성을 서서히 바꾸어 갈 수 있다. 계속 노력하다 보면 의도가 습관이 되고 심지어 신경 체계까지 자신이 세운 의도를 잘 실천할 수 있도록 재편성된다.

어떻게 하면 마음속 깊은 열망을 잘 실현할 수 있을 것인가? 이 질문은 불교 철학에서 오랫동안 관심을 기울여 온 부분이다.[7] 불교적 관점에서 동기는 욕망의 문제이다. 보다 구체적으로 말해서 어떤 행위를 하고자 하는 욕망은 목적의식을 동반한다. 자비심의 경우, 돕고 싶은 마음을 불러일으키는 대상과 자비심 사이의 감정적 연결 고리를 이해함으로써 자비심이 더욱 커진다. 그리고 그 연결 고리는 자비심을 통해 얻는 것이 무엇인지 알아야만 이해할 수 있다.

현대 심리학에서는 비교적 최근에야 우리 행동의 원인이 되는 감정이 어떤 역할을 하는지를 주목하기 시작했다. 서양의 행동 이론은 오랫동안 합리적 선택 이론이 주도하였으며 감정은 행동을 결정하는 필수적인 요소로 인식되는 대신 선택 과정을 방해하는 것으로 치부되었다. 인지적 인식과 감정적 연계라는 동기의 이중 차원을 표현하기 위해 불교 철학에서는 영어로 번역하는 것이 거의 불가능한 용어를 사용하고 있다.

산스크리트어 shraddha(티베트어로는 depa)는 다양한 뜻을 가진 단어로 믿음, 신뢰, 신앙 또는 확신, 함축, 감사, 찬사 같은 의미가 있다. 쉬라다는 믿음이나 앎과 같은 인지적 상태라기보다는 신뢰와 같은 감정적 상태이다. 경험적인 측면에서 쉬라다는 록 스타가 멋지게 기타를 연주하는 모습을 보고서 기타를 배우고 싶다는 생각을 하는 것처럼 어떤 목표를 성취하고 싶게 만드는 애착이나 매력과 같은 일종의 느낌이다. 즉 마음을 움직여 어떤 행동을 하게 만드는 추동 요인이 바로 쉬라다이다.

어떻게 하면 감정의 물꼬를 틀 수 있을까? 여기에서 인식이 핵심적인 역할을 하는데 초기 불교 경전에서는 이를 어떤 행동의 가치를 직시하는 것으로 설명한다. 가치를 직시하는 등의 인지적 작용을 통해 우리는 의도와 동기를 연결시킨다. 이런 인과관계를 감안했을 때 핵심은 목표에 대한 인식과 목표를 추구하는 이유, 목표에 대해 느끼는 감정 그리고 목표를 추구하고자 하는 의지 또는 열망 사이의 연결 고리이다.

그리고 우리의 동기가 오랫동안 유지되도록 하는 것은 노력과 그 결과를 통해 얻는 즐거움 때문이다. 멈추지 않고 계속 노력하는 것도 바로 그 즐거움 때문이다. 아이에게 새 악기를 가르치려고 노력해 본 부모라면 알 것이다. 아이가 즐거움을 느끼는 순간 얼마나 많은 것이 달라지는지를 말이다. 이때 아이가 느끼는 즐거움은 아이 내부에서 나오는 '내적' 동기이다. 이것은 아이가 악기를 연습하는 대가로 게임이나 TV 시청을 허락하는 것과 같은 '외적' 동기 부여와는 다른 것이다. 오랜 연구를 통해 우리는 내적 동기가 훨씬 안정적이고 오래 지속된다는 사실을 알고 있다. 아침마다 목표를 세우고 저녁에는 가벼운 마음으로 하루를 되돌아보는 과정을 통해 우리는 자연스럽게 외적 동기를 내적 동기로 전환할 수 있으며 자신의 마음이 진정으로 원하는 삶을 살아갈 힘을 얻을 수 있다.

모든 존재가 행복하고 선업을 쌓기를

모든 존재가 고통과 악업에서 벗어나기를

모든 존재가 괴로움에서 벗어나 즐거움을 얻기를

모든 존재가 싫고 좋음에 치우치지 않고 평정에 머무르기를

5
자비심을 기르는 방법:
집중과 자각

우리는 생각에 휘둘리고 생각은 부정적인 감정에 휘둘린다.
이렇게 스스로를 나락으로 떨어뜨린다.
티베트 속담

무엇에 집중하느냐가 내 삶을 결정한다.
W.H. 오든 (1907~1973)

다음 단계는 자비심을 기르기 위한 세 가지 명상법이다. 제일 먼저 할 일은 마음을 고요히 하는 것이다. 그 다음에는 하나의 대상에 집중하는 연습을 통해 집중력을 기른다. 마지막으로 인식의 차원을 높여 지금 이 순간에 일어나는 내 생각과 감정, 행위 등을 과장하지 않고 있는 그대로 바라볼 수 있도록 한다. 사실 '자각'은 현대의 알아차림 수련에서 가장 중요시되는 요소이다. 이번 장에서 설명하는 세 가지 방법은 이 책에서 소개하는 모든 명상법의 시작 단계에서 준비 과정으로 활용할 수 있다. 이 세 가지 방법을 보통 "마음 가다

듬기"라고 부른다. 마음을 가다듬는 과정에서 우리는 자기 자신과 타인의 고통과 욕망을 비롯하여 자신이 경험하는 모든 것을 수용할 수 있는 차분하고 평정한 넓은 마음을 기를 수 있다.

이 명상법들을 통해 반드시 자비심을 기르려고 애쓸 필요는 없다. 알다시피 자비심은 자기도 모르게 저절로 일어나는 것이다. 하지만 우리가 이 명상법들을 연마해야 하는 이유는 언제 어디에서 자비심이 필요한 순간을 맞닥뜨리게 될지 모르기 때문이다. 특히 우리는 자기 자신에 대해 생각보다 더 엄격하고 냉정하게 반응하는 경향이 있다. 3장에서 우리는 자기 자신에게 자비롭지 못하는 몇 가지 이유를 살펴보았다. 자책과 자아도취는 자신에 대한 집중과 바람직한 대응을 가로막는 요소이다. 마음 고요히 하기, 마음 집중하기, 메타 인식 기법은 우리 마음을 바른 길로 안내하는 길잡이 역할을 할 것이다.

잡념은 어쩔 수 없는 것인가?

최근 진행된 기발한 연구는 불교 심리학에서도 이야기되는 우리 마음에 관한 두 가지 사실을 명백하게 보여 주고 있다.[1] 그것은 바로 우리 마음은 원래 어지럽고, 그 어지러운 마음이 불행의 원인이라는 것이다. 연구진은 보다 현실적인 데이터를 얻기 위해 "경험 표집법"이라고 불리는 기법을 활용해 연구실 내 실험 대신 "Track Your Happiness"라는 이름의 아이폰iPhone 어플을 이용하여 자료를 수집했다. 자원자 2,250명을 대상으로 한 첫 번째 연구에서 연구진은 참가자들에게 지금 무엇을 하고 있는지, 얼마나 행복한지, 지금 하고 있는 활동에 대해 생각하는지 아니면 딴 생각을 하고 있는지, 만약 딴 생각을 하고 있다면 즐거운지, 즐겁지 않은지, 둘 다 아닌지를 물었다. 참가자들에게 스물두 가지 활동 목록 가운데 한 가지를 고르도록 했는데 활동 목록에는 일, 걷기, 먹기, 휴식이나 수면, 쇼핑, 대화, TV 보기, 아무것도 하지 않음 등이 있다.

연구 결과, 참가자들은 전체 시간 가운데 50퍼센트를 잡념으로 허비했으며 어떤 활동을 하건 그 시간의 30퍼센트는 딴 생각을 했다. 잡념이 없는 유일한 시간은 "사랑을 나눌 때" 뿐이었다.[2](심지어 사랑을 나누는 중에도 설문에 응답한 참가자들의 헌신에 박수를!) 사람들은 온갖 상념에 잠겨 있는 시간의 56퍼센트 동안 행복하다고 느끼는 반면, 현재 당면한 활동에 집중하는 경우에는 그 시간의 66퍼센트 동안 행복하다고 느끼는 것으로 나타났다.(이 결과에서 사람들이 집중하기 때문에 행복한 것인지, 행복하기 때문에 집중도가 높아지는 것인지에 대한 인과 방향은 알 수 없다.) 연구 결과를 정리한 논문을 통해 연구진은 잡념이 인간 두뇌의 기본적인 상태인 것 같다고 제시하면서 다음과 같은 결론을 내렸다. "사람은 기본적으로 잡념이 많다. 그리고 잡념이 많으면 행복하지 않다. 현재 일어나지 않은 일을 생각하는 것은 행복한 느낌을 희생하고 얻는 대가이다." 2010년 『사이언스Science』에 실린 논문에서 킬링스워스는 전 세계 80개 이상 국가에서 수천 명의 참가자를 상대로 같은 실험을 진행했으며 실험 결과는 처음 실험 결과와 같았다.

산만한 마음이 무조건 나쁘기만 한 것은 아니다. 킬링스워스Killingsworth와 길버트Gilbert의 연구에서도 44퍼센트의 시간은 불행하다고 느끼는지는 확실하지 않다. 후속 연구에서 잡념이 우리의 정신 활동에서 중요한 역할을 하는 것으로 밝혀졌다. 먼저 산만한 마음은 한 번에 여러 가지를 생각할 수 있는 능력 즉 멀티태스킹을 가능하게 하며 이는 순간 단기 작업 기억과 관련이 있는 것으로 보인다. 작업 기억의 용량이 큰 사람은 같은 시간에 더 많은 정보를 처리할 수 있으며 IQ나 독해력과 같은 지능 지수가 대체로 높다. 둘째, 뇌 영상 촬영 기법을 이용한 연구에서 잡념이 기억을 저장하고 강화하는 데 관여하는 것으로 밝혀졌다.[3] 마지막으로 잡념은 창의력을 기르는 데 중요한 역할을 하며 대부분의 예술가들은 이를 경험으로 알고 있다.[4] 모두가 알다시피 새로운 아이디어는 억지로 짜내고 애쓸 때보다 마음을 열어 두고 자유롭게 생각할 때 문득 떠오르는 경우가 많다. 샤워를 하는 동안 번뜩이는 아이디어가 떠오를 수 있다는 데는 과학자들도 동의할 것이다.

잡념이 해로운 이유는 그것이 지금 이 순간에 관한 것이 아니고 대부분 자기 참조적self-referentiality이기 때문이다. 잡념으로 떠오르는 수많은 생각들은 대부분 '나', '나의 것'에 관한 것이다. 자기 참조적 사고에 관여하는 뇌 영역은 잡념과도 밀접한 관계가 있다. 그리고 자기 자신이라는 의식이 관련되면 사람들은 타인과 세상을 보다 감정적이고 편협하게 바라보는 경향이 있다.[5] '자신에 대해 생각한다'고 말할 때 우리는 자기 자신을 실제보다 더 중요한 존재로 여기고 자신이 처한 상황을 실제보다 더 심각하게 생각하는 경향이 있다. 따라서 잡념으로 인해 불행한 기분이 드는 이유는 세상의 실제 모습(세상이 '나'를 중심으로 돌아가는 것은 아니다. 원치 않는 일을 겪을 수도 있으며 영원히 살고 싶다고 해서 죽지 않는 것도 아니다.)과 내가 바라는 모습 간의 격차 때문일 것이다.

우리가 더 이상 잡념의 희생양이 되지 않도록 마음을 한곳에 붙잡아 앉히는 세 가지 방법을 소개하려고 한다. 약간의 고요함과 평화로움이 필요하다. 그렇다고 해서 일부러 한적한 교외로 나갈 필요는 없지만 일상생활 속에서 적어도 일정 시간 동안은 끊임없이 소용돌이치는 생각과 감정을 가라앉히고 마음의 평화를 얻을 수 있어야 한다. 그리고 자신의 생각에 개입할 수 있도록 인지적으로 숙련되어야 한다. 우리 자신에게로 향한 시선을 타인과 세상으로 돌리려면 집중력이 필요하다. 지금 마음이 무엇을 하고 있는지 가만히 들여다볼 수 있어야 자꾸만 우리 자신에게로 집중하려는 마음의 습관을 고칠 수 있다.

마음 고요히 하기

몸이 아파 의사를 찾아갔다고 상상해 보자. 의사가 과로한 탓이니 좀 쉬라고 한다면 사람들은 몸을 덜 움직이거나 자리에 누워 쉴 것이다. 몸을 편안히 쉬게 하는 방법은 누구나 알고 있다. 그런데 불행히도 사람들 대부분은 마음을 편안히 쉬게 하는 방법은 모른다. 마음을 쉰다고 하면 대개 일보다는 덜 피곤하고 스트레스를 덜 받는 다른 오락 활동을 떠올린다. TV 보기, 책 읽기, 휴가, 음주 같은 활동을 통해 일상에서 잠시 벗어나는 것을 마음이 쉬는 것으로 여긴다. 하지만 이것 역시 어떤 활동을 하는 것이다. 여전히 무언가에 의존하고 있는 상태이다.(갑자기 전기가 나가면 TV는 어떻게 보지?, 누군가 독서를 방해하면 어떻게 하지?, 휴가를 못 가면 어떡하지? 대책을 좀 생각해 봐……) 하지만 명상 수행은 완전히 다른 방법을 제시한다. 어떤 생각으로부터 도망치는 것이 아니라 있는 그대로 바라보고, 더 많은 자극으로 생각의 불에 기름을 들이붓는 것이 아니라 불안정한 마음을 잠재워 생각의 불이 저절로 꺼지도록 것이다.

하지만 이것은 쉬운 일이 아니다. 총 칠백 명을 대상으로 열한 가지 실험을 실시한 최근의 한 연구에 따르면 사람들 대부분은 혼자 사색하는 시간을 최대한 피하고 싶어 한다.[6] 연구 참가자 대부분은 15분 이상 아무것도 하지 않고 혼자 있는 것을 힘들어 했으며 자기 자신을 바라보기 보다는 스스로 전기 충격을 받는 쪽을 택했다. 사람은 혼자 있으면 자신의 인생에서 잘못된 점을 곱씹어 보는 경향이 있어 결국 불행을 느끼게 된다고 주장하는 이론도 있다. 명상 수행을 통해 우리는 담대하고 신중하게 자기 자신의 내면과 마주하면서도 부정적인 감정에 휩싸이지 않는 방법을 익힐 수 있다.

마음을 고요히 하려면 먼저 마음을 멈추는 방법을 배워야 한다. 불교 경전에서는 불안정한 마음을 물결이 일렁이는 탁한 물에 비유한다. 만약 물결이 멈추면 물속에 있던 흙과 다른 불순물들이 서서히 가라앉고 물의 맑은 속성이 드러난다. 이와 같이 우리가 마음의 움직임을 멈출 수 있고 온갖 계획과 걱정, 분별의 소용돌이에 의해 마음이 흔들리지 않게 한다면 정말 중요한 것이 무엇이고, 내가 해야 할 일이 무엇인지 보다 분명하게 보게 된다.

마음을 고요히 하는 데 도움이 되는 두 가지의 명상 방법을 소개하겠다. 이 명상법들은 티베트 불교의 전통적인 기법에서 따온 것이다. 첫 번째는 복식 호흡이고, 두 번째는 일종의 마음 넓히기 수련이다. 마음이 넓어지면 지금 이 순간에서 한 발짝 떨어져 전체를 관망할 수 있는 여유가 생긴다. 가장 중요한 점은 저절로 일어나는 생각이나 감정을 애써 없애려고 해서는 안 된다는 것이다. 사실 그것은 가능하지도 않다. 일어나는 생각과 감정들을 억지로 누르지 말고 저절로 사라질 때까지 가만히 바라보는 것이 중요하다. 마음의 공간이 커지면 사물을 보는 안목도 넓어진다. 생각에 끌려가는 것이 아니라 생각을 바라보면 그 실체를 알 수 있다.

명상 수행이 처음이라면 5분 동안만 두 가지 명상을 해 보자. 복식 호흡부터 시작하는데 전체 시간의 3분의 2를 복식 호흡에 할애하고 나머지 3분의 1은 마음 넓히기 명상을 한다. 가능하면 하루에 몇 번 반복하는 것이 좋다.

연습: 복식 호흡

적어도 몇 분간은 다른 사람의 방해를 받지 않을 수 있는 조용한 장소를 찾는다. 만약 명상을 처음 한다면 명상을 하기에 좋은 조용한 방이나 구석 자리, 전용 쿠션 등을 이용하는 것도 도움이 된다. 명상을 할 때 항상 같은 장소나 같은 쿠션을 이용하면 더 쉽게 집중할 수 있다.

편안한 자세로 앉는다. 바닥이나 의자에 앉아도 되고 눕는 것이 편하다면 그것도 좋다.(하지만 누워서 할 경우, 졸음을 이기기가 쉽지 않을 것이다.) 척추에 문제가 없다면 벽이나 의자에서 등을 떼고 똑바로 앉는다. 눈을 반쯤 감아도 좋고 코끝을 편안하게 응시해도 좋다. 코끝을 바라보면 두 눈동자가 자연스럽게 안쪽으로 모인다. 이때 한쪽 콧등만 보여도 상관없다. 두 손은 허벅지 위에 편안하게 올려놓고 손바닥이 위를 향하도록 펼친다. 또는 두 손을 가운데로 모아 오른손을 왼쪽 손바닥 위에 올리고 양쪽 엄지손가락이 가볍게 맞닿게 하여 삼각형 모양을 만들어도 된다. 손 모양이나 위치는 크게 중요하지 않으며 일정 시간 동안 긴장하지 않고 편안하게 유지할 수 있으면 된다.

가슴을 활짝 펴서 폐가 편안하게 움직일 수 있도록 한다. 이제 깊은 복식 호흡을 시작하는데 숨을 마실 때에는 아랫배부터 채우듯이 들이쉰다. 이때 아랫배가 공기로 채워진 듯 불룩 나온 것을 느껴본다. 숨을 내쉴 때에는 천천히 길게 내쉰다. 입으로 내쉬는 것이 더 편하다면 그렇게 해도 좋다.

천천히 깊게 숨을 마시면서 콧구멍으로 숨이 들어가는 소리를 가만히 들어본다. 다 마셨으면 2~3초 정도 숨을 참았다가 천천히 길게 내쉰다. 숨을 마시고…… 잠시 참았다…… 길게 내쉰다…… 다시 숨을 마시고…… 잠시 참고…… 길게 내쉰다……. 이 호흡을 5~10회 반복한다.

의도적으로 숫자를 세면 호흡에 집중하기가 쉽고 혹시 다른 생각이 들더라도 의식을 현재 자신의 몸과 호흡으로 다시 가져올 수 있다. 숨을 마실 때 마음속으로 '마신다'고 생각한다…… 잠시 숨을 멈췄다가 내쉬면서 '내쉰다'고 생각한다……. 숨을 마시고 내쉴 때 가슴이 확장되고 수축되는 것이나 배가 나오고 들어가는 것을 관찰하는 것도 도움이 된다.

심한 스트레스를 받거나 마음이 안정되지 않을 때에는 이미지를 이용하는 방법도 있다. 숨을 들이쉴 때 시원한 공기가 폐 속으로 들어와 온몸으로 퍼져 나가면서 긴장된 부위가 이완된다고 상상한다. 우리 몸에서 쉽게 긴장되는 부위는 목, 어깨, 등, 복부 등이다. 그리고 숨을 내쉴 때에는 뜨거운 공기가 밖으로 나가면서 몸에 있던 모든 긴장감과 스트레스가 함께 빠져나간다고 상상한다. 그래서 온몸이 아주 가볍고 유연하며 편안하다고 상상한다.

이 호흡법에 일단 익숙해지면 마음을 가라앉힐 필요가 있을 때 장소나 시간에 구애 받지 않고 활용할 수 있다. 예를 들어, 회사에서 업무를 시작하기 전이나 책상에 앉아서도 활용이 가능하다. 나는 원래 비행기를 탈 때 공포를 느껴본 적이 없다. 그런데 몇 년 전 에드

먼턴에서 몬트리올로 가던 비행기가 급작스런 난기류로 심하게 흔들리는 경험을 한 후에는 비행기가 조금만 흔들려도 공포심으로 온몸이 경직되었다. 머리로는 아무 일도 없을 것이라는 것을 아는 데도 몸이 반응하는 것은 어쩔 수 없었다. 이 공포심을 극복하는 데 일년이 넘게 걸렸는데 위에서 소개한 호흡법이 큰 도움이 되었다.

나는 불안하다는 느낌이 들 때면 언제든 이 호흡법으로 마음을 가라앉힌다. 불교 명상 전통에서는 복식 호흡을 정식 수행에 들어가기 전에 마음을 가다듬는 데 도움이 되는 예비 단계로 여기고 있지만 그 효과는 훨씬 크고 광범위하다.

연습: 마음 넓히기

이 명상법은 복식 호흡을 마무리하면서 마음을 가다듬는 데 좋다. 불안하거나 마음이 편치 않을 때 넓고 광대한 무언가를 떠올리면 마음을 차분히 가라앉히는 데 도움이 된다. 우리가 느끼는 대부분의 긴장감이나 마음의 동요는 압박감이나 엄격함, 중압감과 같이 죄어드는 듯한 감정에서 비롯되기 때문이다. '마음 넓히기'는 산 정상에 서서 발아래 펼쳐진 전경을 바라보는 느낌과 비슷하다. 어릴 때 살았던 북인도 심라의 어느 도로변에 하바카나(공기의 집이라는 뜻)라는 이름의 정자가 있었다. 나는 틈만 나면 그곳 벤치에 가만히 앉아 고즈넉한 정취를 즐기곤 했다. 시원한 풍경 사진을 보는 것도 도움이 될 수 있다. 아니면 바닥에 편히 누워 파란 하늘을 올려다보는 것도 좋을 것이다. 마음이 넓어진다는 것이 어떤 느낌인지 알면 앉은 상태에서도 그와 비슷한 마음 상태를 한결 쉽게 떠올릴 수 있다.

앉은 상태에서 마음 넓히기 수련을 시작하려면 먼저 복식 호흡을 몇 번 실시한다.

그런 다음 자연스러운 호흡을 하면서 마음의 긴장을 푼다.

호흡이 안정되면 자신의 마음이 끝도 없이 넓고 광대한 초원이라고 상상해 보자.

드넓은 마음 위로 여러 가지 생각과 감정이 구름처럼 나타났다가 흩어진다. 무슨 생각(내가 더 고요해지면 좋겠다, 사람들이 나한테 이런 말을 했어, 이건 잊어버리면 안 돼 등등)이 떠오르든지, 어떤 감정(초조하다, 아프다, 혼란스럽다 등등)이 올라오든지 그것들은 그저 하늘에 떠 있는 구름일 뿐이다. 희망도 두려움도 나타났다 사라지는 구름일 뿐이다. 감정과 생각의 구름 조각들이 하나씩 하나씩 끝도 없이 넓은 마음속으로 사라진다. 모든 구름이 사라지고 나면 잠시 드넓은 초원의 고요함을 바라본다. 그렇게 1~2분 가량 지나면 마음이 한결 차분하고 편안해졌음을 느낄 것이다.

어떤 사람에게는 경전을 독송하거나 독송하는 것을 듣는 것이 도움이 될 수도 있다. 오랫동안 승려로 살았던 나에게 독송은 삶의 일부였는데 동료들과 둘러 앉아 함께 경전을 외우던 때가 가장 평화로운 시간이었다. 그 순간에는 마치 시간이 멈추고 오직 경전을 외는 소리만 존재하는 것 같았다. 하지만 독송은 모두에게 권할 만한 방법은 아니며 호흡법이 가장 무난하다.

마음 집중하기

마음을 차분하게 가라앉히는 것만큼 중요한 것이 마음을 하나의 대상에 집중하는 능력이다. 하나의 대상에 의식적으로 주의를 기울이고, 이러한 집중 상태를 한동안 지속할 수 있어야 한다. 공원에서 개가 다람쥐를 쫓는 모습을 보거나 자연 다큐멘터리를 본 적이 있는 사람은 하나의 대상에 집중한다는 것이 어떤 의미인지 알 것이다. 사실 대부분의 사람들은 집중 상태가 어떤 것인지 알고 있다. 재미있는 영화나 책에 빠져들거나 친구와 시간 가는 줄 모르고 수다를 떠는 순간에 우리는 그 대상에 완전히 몰입한다. 나는 고요한 사원이나 수련장이 아니라 혼잡하고 시끄러운 인파 속에서 깊은 몰입을 경험한 적이 몇 번 있다. 남인도에 있는 사원에서 살던 시절, 나는 제인 오스틴의 소설을 즐겨 읽었다. 그 외에 도스토예프스키, 톨스토이, 제임스 미치너, 제임스 카벨의 책도 좋아했다. 버스를 기다리며 책을 읽다 보면 어느새 몇 시간이 훌쩍 지나가 버리기도 했다. 그때 나에게는 버스 정류장 주변의 왁자지껄한 소음과 자동차 경적 소리가 전혀 방해가 되지 않았다. 책에 완전히 집중한 나에게는 고요한 독서의 즐거움만 있었다.

이처럼 우리는 일상생활 중에 주변 상황과 관계없이 무언가에 집중하는 경험을 하곤 한다. 명상 수행을 통해 마음을 다스리는 방법을 익히면 언제 어디서라도 마음을 한곳에 집중할 수 있다.

마음을 집중하는 방법을 두 가지 소개하겠다. 두 가지 방법 모두 시작하기 전에 복식 호흡을 몇 차례 하는 것이 좋다. 이 명상법의 목적은 일반인이 도달하기 힘들 정도로 엄청난 집중력을 길러 몇 시간이고 확고한 집중 상태를 유지하는 것이 아니다. 그보다는 하나의 대상에 마음을 집중하고 단 몇 분이라도 그 상태를 유지하는 훈련이라고 생각하면 된다.

연습: 호흡을 통해 마음 집중하기

복식 호흡을 3~5회 실시한 후 몸이 이완되고 긴장이 풀리면 다음 단계로 넘어간다. 호흡은 자연스럽게 한다. (135페이지 복식 호흡 참고)

숨이 드나들면서 콧구멍에 느껴지는 감각이나 숨이 차오르고 빠져나가는 복부의 움직임에 집중하면 숨이 들어오고 나가는 것을 더 분명하게 바라볼 수 있다. 명상 중에 딴 생각이 나거나 마음이 산란해지면 언제든 콧구멍이나 복부로 의식을 되돌려 집중하면 된다.

호흡이 편안해지면 마음속으로 호흡을 센다. 한 번 들이쉬고 내쉬는 것이 한 사이클이다. 숨을 마시고…… 내쉬면서 마음속으로 '하나'라고 센다…… 숨을 마시고…… 내쉬면서 '둘'…… 숨을 마시고…… 내쉬면서 '셋'…….

처음에는 다섯이나 열까지 센 후 다시 하나로 돌아간다. 이런 식으로 5~10분간 반복한다. 중간에 횟수를 잊어버리면 당황하지 말고 호흡에 집중하면서 다시 하나부터 센다.

익숙해지면 횟수를 스물에서 서른까지 늘려도 좋다. 호흡을 하는 시간도 10~15분까지 늘어날 것이다. 호흡을 세는 것에 익숙해지면 조금 더 집중력이 필요하도록 하나에서 열까지 센 후 다시 열에서 하나까지 반대로 세는 방법도 있다.

마음에 집중하기 위해 호흡을 세는 것은 특히 명상을 처음 시작하는 사람들에게 효과적인 방법이다. 그냥 가만히 있는 것보다 호흡을 세면 집중 상태를 유지하기가 더 수월하다. 호흡을 세는 대신 들이쉬는 숨과 내쉬는 숨을 그대로 바라보는 방법도 있다.

이 경우에도 먼저 몇 차례 깊은 호흡으로 마음을 안정시킨다. 그런 다음 자연스러운 호흡을 하면서 들어오고 나가는 숨을 가만히 바라본다. 숨을 들이쉬면서 '마신다'고 생각하고 숨을 내쉬면서 '내쉰다'고 생각한다. 마시고…… 내쉬고…… 이 호흡을 5~10분간 유지한다.

집중력이 흐트러지지 않고 호흡을 20~30회까지 세거나, 30초 이상 들숨과 날숨을 바라볼 수 있을 정도로 이 호흡법에 익숙해지면 호흡을 통한 마음 집중 수련의 다음 단계로 넘어갈 수 있다.

자신이 정한 집중 점(코등 끝이나 하복부)에 의식을 집중하고 들숨과 날숨을 가만히 바라본다. 숨이 들어오고 나가는 것을 의식적으로 느끼거나 호흡을 세지 말고 들숨과 날숨에 의해 발생하는 감각에만 집중한 채 그저 호흡을 바라본다. 집중 점이 흐트러지거나 마음이 산만해진 것을 알아차리면 다시 집중 점으로 돌아와 호흡을 바라본다.

명상을 하는 중에 마음이 산만해지면 집중하고 있던 대상에서 의식이 벗어나게 된다. 처음에는 자신의 마음이 산란해진 사실조차 인지하지 못할 수도 있다. 하지만 이것은 지극히 정상적인 반응이므로 좌절할 필요가 없다.(잊지 말라. 인간의 마음은 원래 산만하다.) 사실 하나의 대상에 몇 초 이상 집중하는 것도 쉽지 않은 일이다. 자신이 집중하기로 한 대상에서 얼마나 빨리 의식이 벗어나는지 관찰하고 그때 편안한 마음으로 다시 집중을 시작하는 법을 배우는 것도 명상을 통해 습득해야 할 중요한 부분이다.

집중력 수련을 처음 시작할 때에는 집중 시간을 짧게 하는 것이 좋다. 5분 정도 짧게 명상을 하는 경우에도 중간에 몇 번 끊어서 하는 것이 좋다. 명상을 처음 시작하는 사람들 가운데에는 최대한 오래 앉아 있으려고 애쓰는 이들이 많다. 명상 시간이 짧으면 효과가 없을 것으로 생각하는 경우가 많은데 사실 그렇지 않다. 마음 수련은 한 번에 오래 하는 것보다 꾸준히 하는 것이 중요하다. 수련을 처음 시작하는 경우에는 특히 그렇다. 명상 시간을 짧게 하면 덜 지루하다는 장점도 있다. 티베트 명상 지도자들은 명상을 마칠 때 즐거운 마음으로 마무리할 것을 강조하는 경우가 많다.

하지만 수개월 간 꾸준히 명상 수련을 했다면 며칠간 오로지 명상만 하면서 집중적인 수련을 하는 것도 좋다. 일상적인 환경에서 벗어나 고요한 상태로 최대한 오랜 시간 동안 좌식 명상을 하면 마음을 가라앉히고 있는 그대로의 마음을 바라보는데 도움이 된다. 이러한 집중 수련을 경험하고 나면 명상이 더 깊어지고 마음을 다스리기가 더 수월해진다.

내가 제시한 세 가지 호흡 명상법은 단계적으로 난이도가 높아진다는 점을 기억하길 바란다. 호흡을 세거나 들숨과 날숨을 의식하는 처음 두 가지 방법은 능동적으로 무언가를 하는 것으로 의식을 집중하고 그 집중력을 유지하는 데 도움이 된다. 의식을 내려놓고 호흡의 감각만을 느끼는 세 번째 방법이 가장 어렵다.

전통적인 명상 지침에서는 개인의 특성에 따라 세 가지 명상법 중 적합한 것을 적용하도록 하고 있지만 내 개인적인 생각으로는 처음 두 가지 명상법을 충분히 연습한 다음 세 번째 명상법으로 넘어가는 것이 좋다. 나는 보통 첫 번째 호흡 세기를 몇 차례 한 다음 세 번째 호흡 바라보기 명상법으로 바로 넘어가는 편이다. 이렇게 하면 자연스럽게 집중이 되면서 의식이 내면을 향하고 의도적으로 무언가를 하지 않아도 된다. 각자에게 맞게 지금 소개하는 세 가지 명상법 가운데 하나만 해도 좋고, 두세 가지를 조합해도 된다. 어떤 방식을 선택하든 꾸준히 하는 것이 가장 중요하다.

연습: 이미지를 통한 집중력 수련

마음을 집중하는 데 이미지를 이용하는 방법도 있다. 십자가나 불상과 같이 특정한 종교적 형상에 익숙한 종교인에게는 이 방법이 특히 효과적이다. 종교인이 아니라면 좋아하는 그림이나 조형물, 촛불 등을 이용할 수도 있다. 반드시 좋아하는 사물을 대상으로 하지 않아도 되며 전통적인 명상 지침에서는 조약돌과 같은 중성적인 물체를 떠올리도록 한다. 아니면 심장이나 이마에 동그란 빛의 덩어리가 있다고 상상하는 방법도 있다.

여기에서는 집중의 대상으로 촛불을 선택했다고 가정하자.

초에 불을 켠 후 앉은 자리에서 너무 멀지도 가깝지도 않은 앞쪽(대략 1미터)의 눈높이에 둔다.

명상을 하기 전에 복식 호흡을 3~5회 실시하면서 몸의 긴장을 푼다. 마음이 가라앉고 의식이 내면을 향한다는 느낌이 들면 집중력 수련을 시작한다.

촛불을 최대한 오랫동안 바라보면서 '촛불이 밝다', '촛불이 흔들리지 않네', '아름답다'와 같이 촛불에 어떤 의미를 부여하지 않고 그저 있는 그대로 바라보려고 노력한다. 촛불을 있는 그대로 바라보면서 의식을 내려놓는다.

특별한 의미를 부여하지 않고 촛불을 그냥 바라보고 있다 보면 마음속에 촛불만 남는다. 마치 인물 사진을 찍는 것처럼 배경은 희미해지고 촛불 이미지만 선명하게 떠오른다. 자연스럽게 대상물에 집중을 하면 자신 앞에 있는 촛불 이미지만 남고 다른 것은 모두 사라진 것처럼 느껴진다. 촛불을 제외한 모든 것은 그저 희미하게 존재할 뿐이다. 촛불에만 집중한 채로 한동안 이 의식 상태에 머물다가 집중력이 흐트러지기 시작하면 눈을 한 번 크게 뜨고 주위를 둘러본다. 그런 다음 다시 촛불을 응시하면서 이전 과정을 반복한다.

만약 이미지를 이용한 집중력 수련이 자신에게 잘 맞는다고 느껴진다면 자신만의 프로그램을 직접 구성할 수도 있다. 먼저 앉은 상태에서 3~5번 복식 호흡을 하여 마음을 가라앉힌다. 이때 1~2분 정도 호흡을 세는 단계를 덧붙이는 것도 좋다. 그 다음에는 위에 설명한 대로 자신이 선택한 이미지를 떠올려 집중한다.

나는 어린 승려였을 때부터 집중력 수련을 시작했는데 여기에서 설명하는 명상 수련의 일환이 아니라 사원 교육의 일부였던 경전 암기를 통해서였다. 내가 암기해야 했던 경전은 대부분 어린이가 이해하기 힘든 어려운 내용이었기 때문에 경전을 외는 것은 상당히 따분한 일이었다. 하지만 교육의 일환이니 어쩔 수 없이 암기를 해야 했다. 경전 내용이 대부분 입으로 독송하고 암기하기 쉬운 운문 형태로 되어 있어 그나마 다행이었다.

암기가 가장 잘되는 이른 아침에 그날 암기할 내용을 먼저 외우고 틈날 때마다 외운 내용을 되새겼다. 저녁이 되면 선생님 앞에서 그날 외운 내용을 확인 받았다. 그리고 잠자리에 들기 전에 그때까지 내가 외운 전체 내용을 다시 한 번 떠올리며 소리 내어 외웠다. 경전 한 권을 다 외우고 나면 적어도 한 달 이상 매일 밤 전체 경전 내용을 독송했다. 이런 방식으로 단기 기억 속의 경전 내용을 장기 기억으로 저장했던 것이다. 실로 놀라운 시스템이 아닐 수 없다. 30여 년이 지난 지금도 나는 그때 외웠던 경전 내용 대부분을 외우고 있다. 생각이 안 나다가도 경전을 몇 번만 들추어보면 기억이 생생하게 살아난다.

서양에서는 단순 암기 방식을 좋은 교육 방법으로 생각하지 않는다는 것을 알고 있다. 하지만 어린이들을 위한 집중력 수련으로 이만큼 효과적인 방법은 없을 것이다. 단순 암기 방식을 학습 목표로서가 아니라 집중력과 기억력을 향상시키는 도구로 활용한다면 분명 도움이 될 것이다.

메타 인식 강화하기

마음 고요히 하기, 집중하기에 이은 세 번째 마음 다스리기 방법은 자신의 생각, 감정, 행동뿐 아니라 주변의 상황에 대한 인식의 차원을 높이는 능력이다. 불교와 현대 심리학에서는 이러한 유형의 인식을 메타 인지적 인식(meta-cognitive awareness) 또는 메타 인식(meta-awareness)이라고 부른다. '메타meta'는 그리스어에서 유래한 단어로 '~를 넘어서'를 뜻한다. 예를 들어, 형이상학을 뜻하는 metaphysics는 '물리학을 넘어선 학문'이라는 뜻이다. 하지만 현대 영어에서 meta는 특정 현상을 아우르는 보다 큰 틀을 표현할 때 사용된다. 예를 들어, 메타 데이터meta-data는 데이터에 대한 데이터를 뜻하고, 메타 인지meta-cognition는 인지에 대한 인지 또는 생각에 대한 생각을 뜻한다.

이 수련 과정에서는 우리의 생각, 감정 및 행동의 역동적인 변화를 인식하는 인지 과정에 주목한다. 삶의 과정에서 일어나는 하나하나의 변화에 끝도 없이 끌려다니는 대신, 한 발짝 물러나 마치 외부에 있는 대상을 보듯 자신의 마음을 객관적으로 바라볼 수 있다. 일반적인 인식과 메타 인식의 차이는 인식의 차원을 넓혀 자기 자신으로부터 한 발짝 떨어져서 자신의 인식 과정을 바라보는 것이다. 어떤 기준으로 판단하거나 저항하지 않고 내 몸과 마음과 감정을 있는 그대로 바라보는 메타 인식이야말로 알아차림 수련의 핵심이다. 이 수련법은 불교 명상을 본을 떠 만든 것으로 어떤 구체적인 대상에 기대지 않고 자연스러운 집중 상태로 들어가는 것이다.

연습: 메타 인식

먼저 복식 호흡을 3~5차례 하면서 몸의 긴장을 푼다. 필요하다면 추가로 호흡을 몇 차례 세거나 1~2분 가량 호흡 바라보기 명상을 해도 좋다.

마음이 안정되면 호흡에 집중하고 있던 의식을 풀고 가만히 호흡을 바라본다. 이 명상을 하는 동안 눈을 감는다면 적어도 시각이라는 감각은 신경 쓰지 않아도 될 것이다. 하지만 눈을 뜬 채로 명상을 하고 싶다면 아무런 색상이나 무늬가 없는 빈 벽을 바라보는 것이 좋다.

이제 지금 이 순간의 자각 상태에 머물면서 자신의 의식을 스쳐가는 모든 것을 바라본다. 바깥에서 들려오는 자동차 소리, 새 울음소리, 아이들이 노는 소리, 서서히 아파 오는 무릎, 갑자기 떠오른 생각이나 기억……. 의식은 선명하게 깨어 있는 채로 지금 자신이 듣고, 생각하고, 느끼는 모든 것을 있는 그대로 바라본다. 그저 바라보고, 알아차리고, 보낸다…… 바라보고, 알아차리고, 보낸다…….

이 명상은 최대 10분까지 해도 좋다. 만약 명상이 잘 된다면 중간에 15~20초 정도 쉬는 시간을 두면서 명상을 계속 해도 좋다.

최근 들어 널리 활용되고 있는 걷기 명상은 또 다른 형태의 인식 훈련이다. 걷기 명상은 아주 느린 속도로 해도 좋다.

실내나 실외 상관없이 최소 5~10걸음을 편하게 걸을 만한 공간이 되는 조용한 장소를 찾는다. 몸에 힘을 빼고 편안하게 서서 양팔을 자연스럽게 늘어뜨린다. 눈은 뜬 채로 자연스럽게 앞쪽을 바라본다. 여건이 된다면 맨발로 바닥 감촉을 느끼면서 걷는 것도 좋다. 준비가 되면 천천히 걷기 시작한다. 천천히 오른발을 들어 올리면서 마음속으로 '나는 지금 오른발을 들어 올리고 있다.'고 되뇐다. 그 다음에는 천천히 오른발을 내려놓으면서 '이제 오른발을 바닥에 내려놓고 있다.'고 생각한다. 왼발을 천천히 들어 올리면서 '지금 왼발을 들어 올리고 있다.'고 생각하고, 왼발을 내려놓으면서 '이제 왼발을 내려놓고 있다.'고 생각한다. 이런 방식으로 한 번에 10분가량 천천히 걷는다.

걷기 명상을 보통의 속도로 할 수도 있다. 하지만 걷는 속도가 빨라지면 걷는 동작 하나하나를 제대로 인식 못 할 수 있다. 가장 중요한 것은 오른발을 들어올리고, 오른발을 내려놓고, 왼발을 들어올리고, 왼발을 내려놓는 일련의 동작들을 깨어 있는 의식으로 바라보는 것이다. 이런 방식으로 우리는 걷는 행위를 있는 그대로 인식하는 상태를 유지할 수 있다. 오늘날 우리가 걷기 명상이라고 부르는 것은 불교 전통에서 좌선 뒤에 하는 경행經行과 유사하다. 이것은 수행자가 걷기 같은 일상적인 행위를 하는 동안에도 좌선을 할 때와 같이 깨어 있는 의식을 유지하도록 하기 위한 행법이다.

일상생활에서 걷는 시간을 걷기 명상에 활용하면 생활 속에서 더 수월하게 명상을 실천할 수 있다. 내 경우에는 매일 점심을 먹은 후에 약 30분 동안 초모Tsomo라는 이름을 가진 개를 산책시키는데 이때 걷기 명상을 한다. 우리는 주로 공원에서 걷는데 먼저 나는 잠시 멈춰 서거나 벤치에 앉아서 호흡을 몇 번 센다. 그런 다음 오른발을 들어올리고, 내려놓고, 왼발을 들어올리고, 내려놓으며 내가 걷는 상태를 인식한다. 몇 분이 지나면 걷기에 집중되어 있던 의식을 거두어들이고 특정한 대상에 집중하지 않은 채 그 자체로 깨어 있는 인식 상태를 유지한다. 자동차가 지나가는 소리, 사람들 소리, 자동차 소리가 싫다는 자신의 느낌, 갑자기 떠오른 이틀 전의 대화…… 자기 안팎에서 무엇이 스쳐가든 그냥 바라보고 사라지게 둔다. 그러다가 다시 걷기에 집중하고 어느새 그저 깨어 있는 상태가 되고…… 이런 식으로 두 가지 의식 상태가 반복된다.

마음이 고요해지려면 먼저 마음이 편안해져야 한다. 끝도 없이 일어나는 생각과 그 생각에 자동으로 따라붙는 감정적 반응에서 벗어나 우리의 인식을 자유롭게 풀어놓는 방법을 배워야 한다. 이미 지나가 버린 일들조차 마음에서 놓지 못하고 계속 되새기고 곱씹어 보며 끊임없이 재생되는 '만약에……'라는 생각을 멈추고 마음을 고요히 하는 방법을 배워야 한다. 마음이 고요해야 현재에 머무를 수 있다. 자신과 타인을 진정으로 보살필 수 있으려면 바로 이 순간, 현재에 있어야 한다.

마음에 집중하면 멋대로 날뛰는 마음의 고삐를 맬 수 있다. 그러면 쓸모없이 소진되어 버릴 수 있는 내면의 힘을 보다 가치 있는 곳에 사용할 수 있다. 보다 중요한 점은 우리가 진정으로 소중하게 여기는 것에 집중하는 법을 배우는 것이다. 주의 깊게 바라보면 자기 자신과 다른 사람의 상황을 더 깊이 이해할 수 있다. 이러한 태도는 우리에게 내재한 공감 능력을 불러일으키기 위해 꼭 필요한 요소이다. 집중하지 않으면 공감도, 이해도 할 수 없다. 공감과 이해가 없으면 자비심도 일어나지 않는다.

마지막으로 메타 인식을 강화하면 자기 자신과 타인을 보다 깨어 있는 마음으로 바라볼 수 있다. 우리 내면에 스스로를 감당할 수 있을 만큼의 여유가 있으면 사물을 있는 그대로 바라볼 수 있는 용기가 생긴다. 설사 그것이 아프고 괴로운 것일지라도 지금 내 생각과 감정을 똑바로 바라볼 수 있게 된다. 3장에서 설명했듯이 모든 존재는 고통을 피하려는 본능을 가지고 있다. 이 때문에 우리는 간혹 부정적인 경험이나 기억을 잊어버리고 거부하려 한다. 하지만 그러한 태도는 오히려 고통을 배가할 뿐만 아니라 다른 사람의 고통을 보지 못하게 막는다. 메타 인식을 통해 우리는 자기 자신으로부터 한 발짝 떨어져 두려움 없이 자기 자신과 타인의 고통을 바라볼 수 있다. 그리고 누군가의 고통을 똑바로 바라볼 수 있을 때 우리의 자비로운 본성이 그 모습을 드러낸다.

6

마음 열기:
과도한 자아의 틀에서 벗어나기

마음이 따뜻한 사람만큼 매력적인 이는 없다.
제인 오스틴(1775~1817)

자애심을 가지고 다른 사람에게 마음을 열라.
그리고 자비심의 씨앗을 심으면 더 큰 자비심의 꽃이 피리라.
카말라실라(8세기)

영어에서 'to care'는 여러 가지 뜻을 가지고 있다. 무언가를 'care about'한다는 것은 그 대상을 진지하게 여긴다는 것이다. 누군가를 'care about'한다는 것은 그 사람에게 관심이 있다는 뜻이다. 누군가를 'care for'한다면 그 사람이 잘 지내기를 바란다는 뜻이다. 그런 보살핌의 감정과 관심에서 우러나오는 행동을 의미할 때에도 같은 말을 쓴다. 예를 들어, '그 아이들을 take care of 하고 있다'는 말은 아이들이 필요로 하는 부분을 보살피고 채워 준다는 뜻이다. 'care'라는 단어의 다의적 의미는 우리 마음에도 같은 원리로 적용이 된다. 자신이 누군가를 중요하게 생각하면 그 사람에 대해 더 큰 관심을 갖게 되고 궁극적으로 그 사람이 더욱 행복하기를 바란다. 앞 장에서 설명했듯이 누군가를 보살피는 행동의 출발점은 그 대상에 대한 관심이다.

지금까지 설명한 개념들은 의도 → 동기 → 관심 → 자애심과 자비심 → 친절한 행동 순으로 이어진다. 이번 장에서는 자애심Loving-Kindness과 자비심Compassion에 관해 설명할 것이다. 불교 자비 명상에서는 누군가에 대해 관심과 애정을 불러일으키는 연습을 한다. 처음에는 가까운 사람을 대상으로 관심과 애정을 불러일으키는 연습을 하고 그 대상을 점점 확대한다. 궁극에는 모든 존재를 대상으로 연습을 한다. 그래서 자애심이 모든 이를 향한 기본적인 마음가짐이 되도록 한다. 이러한 수행의 가장 직접적인 효과는 마음이 열린다는 것이다. 우리 바깥에 있는 존재들에게 시선을 돌리면 진정한 삶의 의미를 느낄 수 있다. 바로 이것이 진정한 인간다움이다. 고대 불교 경전에 나오는 anukampa[1]라는 단어의 의미는 '돌보다' 혹은 '보살피다'이다. 어떤 감정으로 인해 실제로 가슴이 떨리고 진동하는 이미지를 연상하여 '가슴 떨림'으로 해석하기도 한다. 가슴이 떨린다는 것이 어떤 느낌인지 대부분 잘 알 것이다. 누군가의 필요에 관심을 가지면 심장이 뛰고 충만함을 느낀다. 더 많이 보살필수록 우리 마음의 에너지도 더 커진다.

일상에서 마음 열기

아리스토텔레스를 비롯한 서구의 철학자들은 오래 전부터 인간을 이성적 존재로 규정해 왔다. 하지만 최근에는 인간을 심미적이고 영적인 감각을 가진 감성적 존재로도 인식하고 있다. 다른 사람의 보살핌에 감동하고 영감을 얻지 않는 삶은 스스로에게 그저 삶의 그림자일 뿐이다. 다른 사람과 마음을 주고받으며 우리가 서로 연결되어 있다고 느낄 때, 자신이 아닌 다른 존재를 보살피며 삶의 의미와 목적을 찾을 때, 우리는 정말 살아 있다고 느낀다. 이렇게 서로를 보살피기 때문에 우리가 인간일 수 있으며 우리가 계속 앞으로 나아가게 하는 힘도 모두가 연결되어 있다는 자각에서 나온다.

하지만 다른 사람의 보살핌이 의미가 있으려면 보살핌을 받는 쪽이 마음을 열고 그것을 받아들일 준비가 되어 있어야 한다. 누군가와 사랑을 하려면 상대방의 사랑을 받아들일 준비가 되어 있어야 하듯이 말이다. 억지로 사랑에 빠질 수는 없지만 언제든 사랑이 들어올 수 있도록 마음을 열어 놓아야 한다. 차가운 마음은 다른 존재의 온기를 느끼지 못한다. 마음이 닫혀 있으면 다가오는 사랑을 받아들이지 못한다. 마음이 열려 있지 않으면 설사 사랑에 빠졌다는 생각이 들더라도 그것은 진짜 사랑이 아니라 그냥 누군가를 소유하고 싶은 욕망이나 다른 감정일 수도 있다.

사람들이 마음을 닫고 사는 이유는 상처 받는 것을 두려워하는 마음 때문이다. 좌절감을 느끼거나 다른 사람에게 이용당할까 두려워 보호막을 치고 사는 것이다. 그리고 마음을 열고 사는 것은 멍청이들이나 하는 짓이라고 생각해 버린다. 가까운 가족이나 친구, 직장 동료가 우리에게 상처를 줄 수도 있다. 때로는 공격적이고 착취적인 시스템 때문에 상처를 받을 수도 있다. 어떤 식으로든 모든 사람들은 무언가로부터 상처를 받는다. 외할머니의 모습이 감동적이었던 이유 가운데 하나는 중국 공산당의 지배 하에서 그토록 모진 수모와 착취를 당했는데도 여전히 다른 사람들을 열린 마음으로 대하며 인간애를 잃지 않았다는 점이었다.

때로는 교육을 많이 받은 사람일수록 냉소주의에 빠져 인간애를 상실하는 경우가 있다. 캠브리지에 있을 때 나는 냉소주의가 지성이나 교양과 동등하게 취급되는 모습을 보고 깜짝 놀랐다. 냉소적인 태도를 취하지 않으면 천진난만한 사람으로 취급되기도 했다. 하지만 냉소주의와 회의론을 혼동해서는 안 된다. 회의론자는 다른 사람의 의견을 경청하지만 냉소주의자는 다른 사람을 무시하고 남의 의견에 관심을 두지 않는다. 즉 닫혀 있는 것이다. 냉소주의자가 마음을 닫고 사는 이유는 자신이 모르는 것이 많다는 사실을 남들이 알아차릴까 두렵기 때문이다. 냉소주의가 위험한 이유는 한 번 그런 생각에 빠지면 벗어나기가 힘들기 때문이다. 냉소주의는 불신을 낳고, 불신은 외로움과 패배감을 낳는다. 그리고 이 모두가 불행의 원인이다. 타인을 돌보는 법을 배우면 냉소주의에서 벗어날 수 있다.

3장에서 말했듯이 자기 자신이라는 껍질을 벗고 밖으로 나오려면 용기가 필요하다. 밖으로 나오는 순간, 남으로부터 상처 받을 가능성이 높아지기 때문이다. 그리고 실제로 가장 열린 마음으로 사는 사람들이 가장 많은 상처를 받는다. 남에게 상처를 주고도 상처 받은 사람이 어떤 기분일지 신경조차 쓰지 않는 사람들이 있기 때문이다. 상대가 모르는 사람이라면 그다지 상처를 안 받을 수도 있지만 자신이 아끼는 사람이라면 큰 상처를 받는다. 하지만 3장에서 말했듯이 자기 방어적인 태도가 습관화되면 자기 자신을 비롯하여 타인과 제대로 된 소통을 할 수가 없다. 마음을 열었다가 받은 상처로 자신의 삶이 무너지지 않을까 두려울 수도 있다. 하지만 그렇다고 해서 마음을 닫고 사는 것이 진정한 삶이라고 할 수 없다. 상처를 안 받는 것이 중요한 것이 아니라 그 상처를 통해 스스로를 보살피는 법을 배우고, 실망도 하고 아프기도 하면서 다가오는 날들을 용기 있게 맞이할 수 있는 힘을 기르는 것이 중요하다. 마음을 열어야 경험하는 모든 일에서 배움을 얻을 수 있고 그래야만 삶에서 맞닥뜨리는 어려움을 보다 지혜롭게 대처해 나갈 수 있다. 이것이 바로 마음을 열었을 때 얻을 수 있는 무한하고 무조건적이고 지속적인 안정감이다. 마음을 닫는 것으로 얻는 지극히 제한적인 안정감과는 분명히 다른 안정감이다.

나는 상처 받는 일이 생기면 먼저 내가 느끼는 감정이 어디서 오는 것인지 이해하려고 노력한다. 상처를 준 사람에게 맞서는 대신 마음을 가라앉히고(마음 고요히 하기), 한발 물러서서 내 마음을 바라본다(메타 인식). 마음을 가라앉히면 섣부른 판단을 피할 수 있다. 때로는 상처 받았다고 느끼는 내 감정이 다른 사람과 전혀 상관없는 경우도 있다. 감정적 고통은 대부분 실망감에서 비롯된다. 그리고 그 실망감은 내가 기대한 것이 이루어지지 않았을 때 일어난다. 이 기대라는 것을 찬찬히 들여다보면 실제와는 무관한, 우리 스스로 만든 생각에 지나지 않는다는 사실을 알 수 있다. 따라서 상처를 받는다는 것은 자신을 발견하는 기회가 될 수도 있다. 비싼 대가로 느껴질 수도 있지만 경험과 연습을 통해 스스로를 조금 더 단련하고 조금 더 성숙해지는 계기가 될 수 있다.

어떻게 하면 마음을 열 수 있을까? 뒤에서 명상법을 따로 소개하겠지만 사실 일상의 모든 순간을 활용할 수 있다. 친절을 베풀 수 있는 기회는 마음을 활짝 열고 상대를 따뜻하게 대할 수 있는 기회이기도 하다. 누군가가 베푸는 친절에 감동하는 모든 순간도 마찬가지다. 우리가 해야 할 일은 기회가 찾아왔을 때 그것을 알아차리고 깨어 있는 마음으로 매 순간을 경험하는 것뿐이다.

예술도 좋은 매개체가 될 수 있다. 나는 아직도 남인도 방갈로르에서 리차드 아텐보로Richard Attenborough 감독이 제작한 「간디Gandhi」를 처음 봤던 때를 기억한다. 마치 존재의 다른 차원을 경험한 것 같은 그 느낌은 며칠 동안 내 마음을 떠나지 않았다. 세상에 존재하는 모든 감각이 감각 기관을 통하지 않고 내 마음으로 바로 들어오는 듯한 느낌이었다. 어떤 사람에게는 그 대상이 문학일 수도 있다. 내가 좋아하는 영화 가운데 하나인 「죽은 시인의 사회Dead Poets Society」에서 로빈 윌리엄스가 연기한 키팅 선생님은 문학에 대한 자신의 열정을 다음 대사로 표현했다. "우리가 시를 읽고 쓰는 이유는 시가 예뻐서가 아니다. 우리가 시를 읽고 쓰는 이유는 우리가 인간이기 때문이다. …… 시, 아름다움, 낭만, 사랑이야말로 우리 삶의 목적이다."

경전, 음악, 그림 …… 문화적 배경과 개인의 취향에 따라 우리는 무엇이든 활용할 수 있다. 음악을 예로 들자면 내 경우에는 티베트 예불 독송이나 1970~80년대 인도 볼리우드Bollywood 음악만한 것이 없다. 인도 영화 음악 중에서도 특히 모하메드 라피Mohamed Rafi와 키쇼르 쿠마르Kishore Kumar가 부른 노래를 좋아한다. 티베트 예불 독송과 볼리우드 음악은 내가 어릴 때 주로 듣던 음악이었다. 그리고 몇 년 전, 에스토니아 출신인 음악가 아르보페르트ArvoPärt의 「거울 속의 거울Spiegel im Spiegel」을 접했는데 무척 인상적이었다. 이 곡은 우주에서 길을 잃은 우주 탐험가 두 명의 이야기를 다룬 헐리우드 블록버스터 그래비티Gravity(2013)의 사운드 트랙으로 사용되기도 했다. 단순한 곡조가 계속 반복되면서 약간의 변주가 있는 이 곡은 하나의 거울이 다른 거울을 비추고 그 거울이 다른 거울을 비추는, 무한 반복의 느낌을 잘 표현하고 있다. 이런 종류의 음악을 자주 접해 본 적은 없지만 이 곡을 들을 때마다 누군가 나를 어루만지는 듯이 마음이 따뜻해지고 세상이라는 편안한 집에 있는 느낌이 든다.

책이나 영화도 마음을 여는 데 도움이 되는 좋은 매개체이다. 의식적인 목표 설정과 되돌아보기 수련(4장)은 우리에게 진정으로 도움이 되는 방식으로 예술을 받아들이고 있는지를 스스로 점검하는 데에 도움이 된다.

스탠퍼드 자비심 함양 프로그램CCT에 참여했던 한 30대 여성은 자신이 어떻게 마음의 문을 열고 세상 밖으로 나갈 수 있는 용기를 내었는지 그리고 그것이 얼마나 즐거운 일이었는지 들려주었다.

저는 수줍음이 너무 많은 사람이었어요. CCT 덕분에 제가 껍질을 깨고 밖으로 나올 수 있었던 것 같아요. 친구와 함께 음악 페스티벌에 놀러 갔을 때였어요. 한 밴드 앞에서 음악을 듣고 있는데 바로 옆에서 연주하는 다른 밴드 앞에는 관객이 한 명도 없더군요. 그 순간 그들이 가엾게 느껴졌습니다. 정말 외로워 보이더군요. 그리고 정신을 차려 보니 제가 그 밴드 앞으로 달려가 춤을 추고 있었습니다. 세상에, 제가 춤을 추고 있었어요! 원래의 저라면 상상도 할 수 없는 일이에요. 사람들이 하나둘 모여들더니 순식간에 수십 명이 저를 둘러싸고 제가 춤추는 걸 지켜봤어요. 자비심 수련을 하면 할수록 제가 사람들에게 점점 더 가까이 다가가고 있다는 걸 느끼게 됩니다. 상처 받지 않으려고 늘 마음속에 보호막을 치고 살아왔지만 요즘은 그런 보호막이 왜 필요한가 싶기도 해요.[2]

자애 명상과 자비 명상으로 마음 열기

우리의 인간애를 기르는 데 도움이 되는 자비심 수련은 전통적인 불교 명상에서 따온 것으로 자애 명상Loving-Kindness Meditation과 자비 명상Compassion Meditation으로 구성되어 있다. 불교 심리학에서 '자애 심'과 '자비심'은 서로를 보살피는 인간 본성을 표출하는 두 가지 다른 접근 방식이다. 자애심은 누군가가 행복하기를 바라는 마음이고 자비심은 누군가가 고통에서 벗어나기를 바라는 마음이다. 자애 심과 자비심은 서로 밀접한 관련이 있지만 강조하는 부분이 다르기 때문에 느낌이 조금 다르다. 자애심(慈心)과 자비심(悲心)은 동전의 양면과 같다. 자비심은 자애심을 보다 구체화시킨 것으로 특히 고통에 초점을 맞춘다. 두 가지 모두 사무량심(4장)에 포함되며 행복에 이르는 두 가지 길이다.

두 가지 수행법 모두 붓다가 살았던 2,500년 전으로 거슬러 올라간다. 초기 불교 경전인 『메타 수타Metta Sutta(자애경)』는 우리가 가져야 할 마음 자세를 기도문 형식으로 서술하고 있다. 이 기도문들을 계속 암송하다 보면 자연스럽게 다른 사람의 행복을 소망하는 마음을 갖게 된다. 그 내용은 다음과 같다.

소망하기

살아 있는 모든 존재가 행복하기를
평안하기를 안락하기를
살아 있는 모든 존재는
약하든 강하든 상관없이
크든 작든, 길든 짧든 상관없이
눈에 보이든 보이지 않든 상관없이
가까이 있든 멀리 있든 상관없이
이미 태어났건 아직 태어나지 않았건 상관없이
행복하기를![3]

　전통적으로 불교에서는 모든 존재를 향한 자애심과 자비심을 기르는 체계적인 명상법을 발전시켰다. 이 명상에서는 일반적으로 우리 자신이 첫 번째 대상이다. 즉 행복을 원하고 고통을 피하고 싶어하는 우리의 본능적인 열망에서 출발한다. 그 다음에는 우리가 사랑하는 사람으로 대상을 확대하고, 관심의 범위를 점점 넓혀 싫지도 좋지도 않은 사람, 싫어하는 사람, 마지막으로 모든 존재가 행복하고 고통 받지 않기를 기원한다.

　하지만 2장에서 말했듯이 많은 사람들이 자기 자신의 행복을 바라는 것에 불편함을 느낀다. 따라서 첫 번째 대상을 자신이 아닌 사랑하는 사람으로 정하는 것이 좋다. 여기서 사랑하는 사람이란 떠올리기만 해도 마음이 따뜻해지고 흐뭇한 미소가 지어지는 대상이다. 사람이든 동물이든 상관없으며 애증과 같이 복합적인 감정을 불러일으키지 않고 순수하게 따뜻하고 애정 어린 마음을 갖게 하는 대상이 좋다. 할머니와 할아버지, 가까운 친구, 반려동물 등 대상은 다양할 수 있다. 예를 들어, 처음 아이를 낳은 부모라면 갓 태어난 아이가 그 대상이 될 수 있다.

연습: 자애 명상

스탠퍼드 자비심 함양 프로그램에서는 강사가 직접 이 명상법을 지도하고 있다. 혹시 눈을 감고 명상을 하고 싶다면 아래에 있는 구절을 직접 녹음하여 사용해도 좋다.

자리에 편안하게 앉아 마음을 가다듬는다. 준비 단계로 깊은 복식 호흡을 3~5회 실시한다. 숨을 마실 때는 아랫배까지 깊숙이 들이마시고 천천히 내쉰다.

복식 호흡을 한 다음에는 1~2분 동안 호흡을 세거나 가만히 바라본다.

이제 내가 가장 사랑하고 아끼는 사람을 떠올려 보자. 필요하다면 사진을 이용해도 좋지만 꼭 눈으로 이미지를 볼 필요는 없으며 머릿속에 떠올리는 것으로 충분하다.

자신이 소중하게 여기는 그 사람의 모습을 최대한 생생하게 떠올려 보자. 그리고 그 사람을 생각하면서 느껴지는 우리 감정을 바라본다.

마음이 따뜻하고 애정이 솟아오른다면 그 감정을 충분히 느낀다. 특별한 감정이 느껴지지 않는다고 해도 상관없다. 그냥 자신이 사랑하는 사람을 계속 생각하면서 아래 구절을 한 줄씩 천천히 읊조린다.

당신이 행복하기를 ……

당신이 고통에서 벗어나기를 ……

당신이 건강하기를 ……

당신이 평화와 기쁨으로 충만하기를 ……

당신이 행복하기를 ……

당신이 고통에서 벗어나기를 ……
당신이 건강하기를 ……
당신이 평화와 기쁨으로 충만하기를 ……

자신이 아끼는 사람을 다시 떠올리면서 따뜻하고 애정 어린 감정을 일으켜 본다. 그리고 위의 구절을 다시 읽는다. 이 과정을 3~5분 동안 반복해 보자.

그 다음에는 그 사람에 대한 사랑과 유대감이 자기 심장에서 따뜻한 빛의 형태로 발생하여 내쉬는 숨을 따라 밖으로 뿜어져 나간다고 상상한다. 그 빛은 자신이 사랑하는 사람에게로 뻗어 가 그를 평화롭고 행복한 기운으로 감싼다.

다시 한 번, 위의 구절을 반복한다. 이제 온 마음으로 그 사람이 행복하기를 기원하고 그 사람이 행복해졌다고 생각하며 기쁨을 느낀다.

상대가 누리는 행복을 기쁜 마음으로 충분히 만끽한다. 명상법을 누군가의 행복을 비는 것이 아니라 누군가 고통에서 벗어나기를 기원하는 형태로 바꾸어 할 수도 있는데 이것이 바로 자비 명상이다.

우리는 궁극적으로 모든 존재가 고통에서 벗어나기를 바란다. 하지만 처음부터 모든 존재에게 자비심을 일으키기는 쉽지 않으므로 단계적인 연습이 필요하다. 자비심을 일으키기 쉬운 대상은 개인적으로 아는 사람이거나 뉴스에서 본 고통 받는 어린이나 길에서 본 노숙자 같은 사람이다. 복잡한 감정을 불러일으키지 않는 대상이 좋다. 전쟁과 같은 극한 상황 속에서 살아남기 위해 발버둥치는 가족을 떠올릴 수도 있다. 슬프지만 이런 비극적인 예는 끝이 없다. 아니면 지금 힘든 시간을 보내고 있는 가까운 가족이나 친구를 떠올려도 좋다. 사성제四聖諦(네 가지 고귀한 진리) 가운데 첫 번째 진리는 삶이 고통이라는 것이다. 신체의 질병이나 장애, 불안감이나 우울증 같은 정신적 문제, 인간관계의 어려움, 실업, 약물 중독, 외로움, 슬픔 같은 것으로 고통 받는 누군가를 알고 있는가? 자비 명상의 대상이 자애 명상의 대상과 같아도 상관없다. 중요한 점은 대상을 분명히 하고 그 사람의 고통에 집중하는 것이다.

연습: 자비 명상

명상의 준비 단계로 복식 호흡을 몇 차례 한 후 호흡 세기(수식數息) 또는 호흡 바라보기(수식隨息) 명상을 잠시 한다. 마음으로 생각하고 있는 사람이 힘든 상황에 처했던 때를 떠올려 본다. 그 사람이 지금 어떤 기분일지 상상해 보고, 고통 받는 그 사람을 떠올리며 어떤 감정이 올라오는지 관찰한다. 가슴이 쓰라린 느낌이 들 수도 있고 배 속이 불편할 수도 있고 당장 달려가 그를 도와주고 싶은 충동을 느낄 수도 있다. 특별한 감정이나 신체적 느낌이 없어도 그에 대한 생각을 계속 유지한다. 어떤 감정이나 생각이 올라오더라도 휩쓸리지 말고 그냥 관찰한다.

이제 그 사람의 고통을 상상하며 다음 구절을 조용히 읊조린다.

> 당신이 고통에서 벗어나기를 ……
> 당신이 불안과 두려움에서 벗어나기를 ……
> 당신이 평화와 안정을 찾기를 ……

자신의 호흡을 살피고 마음속으로는 그 사람을 계속 생각하면서 위의 과정을 몇 차례 반복한다. 그 사람을 계속 떠올리면서 그의 고통에 대해 깊이 생각해 보고 위의 구절을 다시 읽는다. 이런 식으로 위의 과정을 몇 차례 반복한다.

명상을 마치고 싶을 때에는 심장에서 발생한 따뜻한 빛이 내쉬는 숨을 따라 밖으로 나가 그 사람을 감싼다고 상상한다. 이제 그 사람이 고통에서 벗어나 평온을 얻었다고 상상한다. 마지막으로 온 마음을 다해 그 사람이 고통에서 자유로워지기를 기원하고 다음 구절을 한 번 더 읽는다.

> 당신이 고통에서 벗어나기를 ……
> 당신이 불안과 두려움에서 벗어나기를 ……
> 당신이 평화와 안정을 찾기를 ……

고요한 수련의 강력한 효과

자애 명상은 대승 불교의 자비metta 수행을 바탕으로 한 것이다. 팔리어 metta는 산스크리트어 maitri와 같은 뜻으로, 두 단어 모두 친구나 우정을 뜻하는 mitra에서 나온 것이다. 서구에서 자애 명상을 대중화시키는 데 기여한 사람들 가운데 한 명이 샤론 살즈버그Sharon Salzburg이다. 살즈버그는 자애 명상을 널리 가르치는 동시에 연구자들과 협력에도 적극 참여하였는데 그 가운데 미국 심리학자 바버라 프레드릭슨Barbara Fredrickson은 자애 명상을 임상적 활용 가능성에 큰 관심을 보였다.

프레드릭슨 연구 팀은 디트로이트에 위치한 대규모 IT 기업 임직원들을 대상으로 자애 명상에 대한 연구를 최초로 수행했다. 이 연구에 참여 의사를 밝힌 200여 명 가운데 절반은 명상 그룹에, 나머지 절반은 대조 그룹에 배정했다. 명상 코스는 살즈버그의 지도에 기반하여 전문가가 진행하는데 1회 60분, 총 6회에 걸쳐 진행된다.[4]

연구진에 따르면 자애 명상 수행이 사랑, 기쁨, 감사, 만족감, 희망, 자존감, 흥미, 즐거움, 경외감 등 일상에서 경험하는 긍정적인 감정들을 이끌어 내는 데 효과를 보였다.[5] 연구진은 자애 명상을 통해 일어난 긍정적인 감정들이 삶을 보다 충만하게 하고 우울한 증상을 완화시켜 주는 매개체 역할을 한다고 주장했다. 이 연구를 통해 긍정적인 감정과 자기 수용, 타인과의 긍정적인 관계, 삶에 대한 만족, 목표 의식 등이 서로 밀접한 연관성이 있다는 점도 밝혀졌다. 연구진의 결론은 다음과 같다. "일상적 삶에서 긍정적인 감정을 일으키는 자애 명상을 오랫동안 지속한다면 그 사람의 삶은 근본적으로 달라질 것이다."[6]

프레드릭슨은 자신이 재직 중이던 노스캐롤라이나 대학에서 교직원 예순다섯 명을 대상으로 자애 명상과 스트레스의 상관관계를 살펴보는 후속 연구를 진행했다. 참가자들을 무작위로 실험 그룹과 대조 그룹에 배정한 후 실험 그룹은 전문가가 지도하는 6주 과정의 자애 명상 수업을 받도록 했다.

이 연구의 주요 측정 지표 중 하나는 미주 신경의 반응을 나타내는 심박 변이도heart rate variability였다. 미주 신경은 우리의 호흡에 따라 심장 박동 수 변동량을 조절한다. 프레드릭슨은 미주 신경이 부분적으로는 개인의 사회적 인간관계와 연관성이 있을 것으로 보았다. 해부학적으로 미주 신경은 다른 사람과의 눈 맞춤, 타인의 말을 경청하는 태도, 감정 표현의 조절과 같은 사회적 상호 작용에 있어 핵심적인 역할을 하는 신경과 연결되어 있다. 기존 연구에서 미주 신경의 긴장도가 높은 것은 타인과 친밀감 및 이타적인 행동과 관련이 있는 것으로 밝혀졌다.(미주 신경 긴장도가 높고 심박 변이도가 높으면 심장 질환의 위험이 낮다. 미주 신경은 우리 몸의 포도당 수치와 면역 반응의 조절에 관여한다. 미주 신경을 통해 사회적 상호 작용, 이타심, 심장 박동 수, 면역계 간의 연관성을 이해할 수 있다면 미주 신경에 대한 연구는 앞으로도 활발히 이루어져야 할 것이다.)

명상 수업을 받은 그룹은 그렇지 않은 그룹에 비해 긍정적인 감정과 타인과 유대감이 높아지고 미주 신경의 기능이 향상된 것으로 나타났다.[7] 연구 결과에 비추어 프레드릭슨은 "타인과의 긍정적인 관계는 건강한 삶의 시작이다."라는 결론을 내렸다.[8]

감정 조절부터 스트레스 완화까지, 사회 공포증부터 외상 후 스트레스 장애까지 여러 측면에서 스탠퍼드 자비심 함양 프로그램의 효과가 입증되고 있다. 이 내용은 책 뒷부분에서 자세히 설명할 것이다.

자애 명상과 자비 명상의 큰 효과 가운데 하나는 시기심과 억울한 마음을 다스리는 데 도움이 된다는 것이 내 개인적인 생각이다. 사실 자신이 누군가를 시기한다는 사실을 인정하는 사람은 별로 없다. 하지만 오늘날과 같은 경쟁적인 문화에서는 많은 사람들이 시기심 때문에 괴로워하고 있다. 심지어는 배우자의 성공을 질투하기도 한다. 기본적으로 타인의 행복을 기원하는 자애 명상과 자비 명상은 다른 사람의 행운을 질투하는 것이 아니라 기뻐하는 연습이 된다. 자애 명상과 자비 명상은 시기심과 분노를 다스리는 데 가장 좋은 해결책이다.

시기심을 내버려 두면 분노가 되고, 분노는 우리의 마음을 닫게 만든다. 따라서 분한 마음이 들었을 때 그 감정을 그냥 지나치지 않고 살피는 것이 중요하다. 제일 먼저 내 감정을 인식하고, 그 감정의 종류가 무엇인지 파악한 다음, 그 감정이 어디에서 오는 것인지 살펴야 한다. 만약 용기를 내어 자신에게 시기심을 불러일으키는 사람과 진솔한 대화를 나눌 수 있다면 그것은 두 사람 모두에게 좋은 일이다.

시기심의 가장 큰 피해자는 자기 자신이다. 갑자기 시기심이 올라오면 평정을 잃고 마음이 불편해진다. 왠지 무엇인가가 마음에 들지 않는 것이다. 시기심은 마음을 복잡하게 만들어 쓸데없는 에너지 소모를 일으키기 때문에 사람들은 그 감정을 지워 버리려고 노력한다. 하지만 시기심은 노력한다고 해서 쉽게 떨칠 수 있는 감정이 아니다. 시기하는 마음은 우리를 비참하게 만들고, 비참한 느낌은 독처럼 퍼져나간다. 우리는 누군가의 험담을 할 수도 있다. 심지어 다른 사람의 불행을 보고 쾌감을 느낄 수도 있다. 하지만 이런 감정은 자애심(사랑하는 마음)이나 자비심(측은하게 여기는 마음)을 방해한다. 우리의 마음을 진정으로 치유할 수 있는 것은 자애심과 자비심이다. 티베트 불교의 스승 가운데 한 명인 1대 판첸 라마Panchen Lama는 다음과 같이 기도했다.

고통이라면 나는 조금도 바라지 않습니다.
행복이라면 나는 아무리 많아도 좋습니다.
이 마음은 다른 사람도 나와 다르지 않습니다.
다른 사람의 행복도 내 일처럼 기뻐하겠습니다.[9]

감사 명상

전통적인 티베트 수행법에서는 타인이 행복하고 고통에서 벗어나기를 기원하는 것과 더불어 다른 사람이 나에게 베푼 친절에 깊이 감사하는 것도 중요하게 생각한다. 이것은 일종의 감사 명상으로 자신에게 친절을 베풀어 준 사람들 특히 자신과 가까운 이들에게 감사하는 마음을 기르는 것이다. 우리 마음에 대한 과학적인 연구가 활발해지면서 이제 서양에서도 감사하는 마음의 긍정적인 효과에 대한 인식이 높아지고 있다. 감사하는 마음을 기르면 행복도가 높아질 뿐만 아니라 친사회적 행동을 더 많이 하게 된다.[10] 감사하는 마음이 좋은 이유는 긍정적인 마음가짐을 갖게 하기 때문이다. 감사하는 마음가짐을 통해 마음이 부드러워지면 자신이 갖지 못한 것에 불행을 느끼기 보다는 지금 자신이 가진 것에 고마움을 느끼며 미래에 대해서도 보다 낙천적인 태도를 갖는다.

나이 든 사람 특히 부모에 대해 존경심을 갖는 아시아 문화로 인해 티베트의 감사 명상은 어머니를 그 대상으로 한다. 만약 우리가 어머니의 헌신에 대해 깊은 고마움을 가지고 있다면 그러한 마음을 다른 사람에게도 확장할 수 있다. 모든 존재는 죽고 태어나기를 반복한다는 불교의 윤회관에서 볼 때 모든 사람은 이전 생에서 한 번쯤 우리의 어머니였을 수도 있기 때문이다. 14세기에 저술된 유명한 티베트 경전에 이런 구절이 있다.

나를 몸에 품고 있을 때에도, 내가 세상에 태어날 때에도, 내가 자라는 동안에도 어머니는 나를 먹이고 입히셨네. 당신이 지닌 것 가운데 가장 귀한 것을 내게 주셨네. 어머니는 나를 세상에서 가장 귀한 존재로 대해 주셨네. …… 있는 힘을 다하여 나를 위험에서 보호하고, 행복을 나누어 주셨네. 어머니는 나에게 최고의 친절을 베푸셨네. 이제 나도 보답하리라. 어머니가 내게 그랬듯 어머니가 고통 받지 않도록 보호

하고 행복하게 하리라.[11]

미국인 불교학자인 로버트 서면Robert Thurman이 TV에 조지 부시 대통령이 나올 때마다 그의 얼굴에 자신의 어머니 얼굴을 대입시키려고 애썼다는 말을 한 적이 있다.(당시는 미국이 이라크를 점령한 후 이라크 상황이 최악이었을 때다.) 어머니 얼굴을 떠올리는 것은 실제로 마음을 가라앉히는 데 효과가 있었다고 했다.

아직 티베트의 감사 명상을 일반인에게 적용할 수 있는 형태로 변형한 것은 없다. 하지만 타인이 자신에게 친절을 베풀었다고 가정하고 생각할 수 있으며 실제로 그런 상황이 생겼을 때 생각했던 것을 적용해 볼 수 있다. 다른 사람이 자신에게 베풀었던 친절의 목록을 작성해 보는 방법도 있다.

티베트의 감사 명상과 유사한 것으로 일본의 나이칸Naikan이라는 전통 수행법이 있다. 나이칸은 "안을 들여다보기"라는 뜻으로 제2차 세계 대전 이후 일본인 사업가 요시모토 이신Yoshimoto Ishin이 고안한 자기 성찰법이다. 이 수행법을 지지하는 사람들은 나이칸이 자기 자신을 이해하는 데 도움이 될 뿐만 아니라 삶에서 중요한 인간관계를 개선하거나 유지하는 데에도 도움이 된다고 말한다.

언뜻 보기에 나이칸 수행법은 간단하다. 나이칸에서는 스스로에게 다음 세 가지 질문을 던진다.

"이 사람에게서 나는 무엇을 받았는가?"
"이 사람에게 나는 무엇을 주었는가?"
"이 사람에게 나는 어떤 폐와 누를 끼쳤는가?"

나이칸은 아시아 문화에 기반을 두고 있기 때문에 수련을 할 때 주로 어머니를 떠올린다. 하지만 문화적 배경이 다른 서양에서는 다른 사람을 대상으로 삼아도 된다.

나는 나이칸을 경험해 본 적이 없지만 운 좋게도 이 수행법의 주요 연구자 가운데 한 사람인 일본계 미국인 인류학자 치카코 오자와 데 실바Chikako Ozawa-de Silva를 알고 있다. 그녀는 현재 에모리 대학 교수로 재직 중이다. 치카코는 나이칸 수행에서 가장 중요한 점을 "타인의 친절을 알아차리는 것"이라고 했다.[12] 치카코는 연구자인 동시에 나이칸의 강력한 효과를 직접 체험한 사람이기도 했다. 치카코에 따르면 나이칸을 집중적으로 수련할 때 사람들은 눈물을 흘리거나 깊은 후회를 느끼다가 마지막에는 한결 마음이 후련해지며 가까운 사람들의 소중함을 깊이 느끼게 된다고 한다.

또 다시 유대감으로

이별의 고통, 원하는 것을 얻지 못하는 실망감, 자신이 가진 것에 만족하지 못하는 고통, 끝없이 더 나은 것을 바라는 마음, 이런 것들은 인간이라면 피할 수 없는 고통이다. 하지만 이런 약점은 우리에게 주어진 선물이기도 하다. 덕분에 우리는 다른 사람들을 이해하려고 노력하며 '나'라는 틀에서 벗어나 다른 사람을 포용할 수 있다. 고통과 함께 하는 법을 배울수록 다른 사람과 더 가까워질 수 있다.(여기에서 나와 남 사이에는 아무 차이도 없다.) 하지만 자신의 고통을 자각하지 못하거나 거부하려 든다면 다른 사람과 함께 할 수 있는 공통의 기반을 잃게 되며 결국 고통은 더 커진다.

스탠퍼드 자비심 프로그램의 지도자 과정에 참여했던 한 학생은 이렇게 물었다. "내가 고통 받았던 경험이 남에 대한 자비심을 일으키는 데 큰 도움이 된다면 다른 사람이 고통에서 벗어나기를 바라는 것은 모순이 아닌가요?" 만약 우리가 어떤 사람이 고통에서 벗어나기를 기원하면 행복을 추구하고 고통을 피하고 싶어 하는 타인의 자연스러운 욕망에 공감하게 된다. 사실 인간으로 태어난 우리는 고통으로부터 완전히 벗어날 수는 없다. 따라서 이것은 의미 없는 질문이다. 어떤 사람들은 고통에 대해 그것이 닥쳤을 때 생각하면 되는 문제라고 치부해 버릴 수 있다. 어떤 경우이든 자비심은 고통이라는 것 자체를 인식하는 방식만큼이나 우리가 경험하는 고통 – 과거에 경험했거나 현재 겪고 있거나 앞으로 다가올 고통 – 에 대처하는 방식에 중요한 영향을 미친다. 우리는 실제로 경험하는 고통을 고통으로 받아들이지 않을 수도 있지만 언제 그 고통이 다시 찾아올지 몰라 두려워할 수도 있다. 이러한 두려움은 고통에 대한 잘못된 인식이 불러일으키는 불필요한 감정이다. 우리가 관심을 기울이는 부분이 바로 이것이다.

8세기에 생존했던 불교 수행자인 산티데바는 고통의 가치에 대해 이렇게 말했다.[13] "고통을 통해 우리는 겸손을 배울 수 있고, 고통 받는 사람에게 더 많이 공감할 수 있다." 노벨 평화상 수상자이자 남아프리카 공화국에 진실과 화해 위원회Truth and Reconciliation initiative Archbishop를 설립한 데스몬드 투투Desmond Tutu는 고통이 주는 교훈을 이렇게 설명한다. "우리 대부분은 나약함과 고통을 통해 공감과 자비를 배우고 자신의 영혼을 발견합니다."[14] 우리는 결코 고통으로부터 자유로울 수 없지만 고통에 대처하는 태도가 자기 자신과 주변 사람들에게 커다란 영향을 미친다. 고통과 마주한 순간, 그냥 포기하고 자기 연민과 절망감에 빠져 허우적거릴 수도 있다. 또는 마음의 문을 닫고 자기 속에 갇혀 자기 자신을 갉아먹을 수도 있다. 하지만 인내심을 가지고 조금 더 현명하고 관대한 방식으로 내가 처한 곤경을 받아들이고 그 고통에서 빠져나오는 길을 택할 수도 있다. 보다 현명한 길을 택하는 데 있어 자비심 수련이 도움이 될 것이다.

7

"내가 행복하기를":
자신을 보살피기

내가 평화롭지 않은데 어떻게 다른 사람을 평화롭게 하겠는가?
총카파(1357~1419)

사람들은 절대 용서할 수 없는 일이 있다고 말한다.
자신의 어떤 부분을 절대 용서할 수 없다고 말한다.
하지만 우리는 언제나 누군가를 용서하고 있다.
앨리스 먼로

가끔 자신을 받아들이기가 아주 힘들 때가 있다. 2장에서 말했듯이 지금처럼 경쟁적이고 개인주의적인 문화와 사람들 간에 유대감이 약한 사회에서 스스로에게 자비롭기란 여간 힘든 일이 아니다. 하지만 노력한다면 자신을 친절하게 대하는 방법을 배울 수 있다. 이 7장 내용은 앞에서 배웠던 것의 연장으로 자신에게 마음을 여는 방법을 알아볼 것이다. 6장에서 비교적 쉬운 대상에게 적용했던 자애심과 자비심을 자신에게 적용하는 것이다. 마음을 여는 연습을 충분히 했다. 이제 자기 자신에게 적용하는 것이다.

자기 자비와 애착의 유형

우리 모두는 스스로에게 자비로울 수 있는 능력을 가지고 있다. 하지만 그 형태는 모두 같지 않다. 연구자들에 따르면 삶에서 맞닥뜨리는 어려움과 실망감을 해결하기 위해 우리가 획득한 자기 보호 방식이 사람마다 다르다고 한다. 아동 발달 및 인성 연구 분야의 과학자들은 유아기에 친밀감과 관련된 부위의 활성화 및 발달이 매우 중요하다고 강조한다. "보살핌 시스템"이라고도 불리는 이 부위는 안전하다는 느낌, 유대감 및 애정과 관련이 있으며 옥시토신("포옹 호르몬"이라고도 불린다.)과 같은 아편 계통 성분 및 호르몬의 분비를 촉진한다. 아기들은 부모의 정성스러운 보살핌을 통해 부모를 안도감, 편안함, 안전함의 원천으로 인식한다. 생애 초기의 이러한 경험을 통해 안전함, 편안함과 평화로움에 대한 정서 기억이 구축된다. 보살핌을 잘 받은 아기는 자기가 보호 받고 있다고 느끼며, 그 느낌은 잊히지 않고 이후 삶에도 긍정적인 영향을 미친다. 이 경우에 아기는 가장 바람직한 형태인 안정 애착secure attachment 유형이 된다. 존 보울비John Bowlby와 매리 애인스워스Mary Ainsworth가 정립한 애착 이론[1]에서는 애착 유형을 안정형secure, 불안 몰입형anxious-preoccupied, 무시 회피형dismissive-avoidant, 공포 회피형fearful and avoidant으로 나눈다. 애착 유형은 유아에게만 적용되는 것이 아니라 성인이 된 후에도 개인의 성격 특히 자신이 애착을 느끼는 대상과 관계를 맺는 방식을 대변한다.

전문가들에 따르면 어린 시절의 정서적 경험을 바탕으로 자신의 감정을 다스리는 능력이 발달한다.[2] 안정형 애착 유형을 가진 사람은 매사를 대체로 긍정적으로 인식하고 편안함을 느낀다. 어린 시절에 정서적인 편안함을 경험한 적이 있기 때문이다. 어린 시절의 긍정적 정서 기억은 스트레스를 받는 상황에서 그 사람에게 정서적 아기 담요security blanket의 역할을 한다. 애착 유형은 성인이 된 후의 기본적인 자기 자비 정도에 영향을 미치는 감정 조절 방식을 결정하는 핵심 요소 가운데 하나이다.

만약 어린 시절에 충분한 보살핌을 받지 못했다면 성인이 된 후에 우리는 원점에서 시작해야 한다. 이것은 쉬운 일이 아니지만 충분히 가능하다. 왜냐하면 우리는 고통 받은 경험과 본성의 일부로써 자비심이라는 두 가지 재료를 이미 가지고 있기 때문이다. 우리는 부모를 바꿀 수도 없고, 어린 시절의 경험을 되돌릴 수도 없다. 하지만 어른이 된 우리는 자신의 감정을 조절하는 다른 방법을 배울 수 있으며 훈련을 통해 자기 자비를 기를 수 있다. 자신이 "안정형" 애착 관계의 행운을 얻지 못했다 해도 실망하지 말자. 오히려 그 행운을 가지지 못했기 때문에 스스로에게 자비로워지는 방법을 배울 수 있는 것이다! 그리고 한 개인의 성격이라는 것은 생각보다 쉽게 바뀐다는 점을 기억하자.

자신의 고통을 수용하기

스탠퍼드 자비심 함양 프로그램에서는 자기 자비 수련을 두 부문으로 나누어 진행한다. 첫 번째 부문은 '자신에 대한 자비심 기르기'로 자신의 고통과 욕구를 자비로운 마음으로 대하는 방법을 배운다. 두 번째 부문은 '자신에 대한 자애심 기르기'로 자신의 행복을 비는 연습을 한다. 자기 자비 프로그램의 목표는 자신을 있는 그대로 받아들이고 보살피는 마음을 기르고 행복을 원하는 자신의 열망에 깊이 공감하는 것이다.

자기 자비 수업에 참여한 사람들에게 우리는 이런 질문을 한다. "자기 자신의 고통을 부정하거나 자기 연민의 늪에 빠지는 대신 마음을 활짝 열고 그 고통을 받아들인다면 기분이 어떨까요?", "자신을 비난하고 깎아 내리는 대신 따뜻하게 감싸 안는다면 어떤 기분이 들까요?". 참가자들은 삶에서 맞닥뜨리는 고통이나 어려움을 보다 자비로운 태도로 대처하는 방법을 고민하고 서로 의견을 나눈다. 여기서 명확한 답을 구하는 것은 중요하지 않다. 답을 구하는 과정에서 자신이 스스로를 얼마나 혹독하고 부정적인 방식으로 대했는지 깨닫고, 자비로운 마음으로 나를 대하는 방법을 모색하려는 태도가 중요하다.

우리는 종종 마음이 힘든 순간에 그 힘든 마음을 무시해 버리려고 애쓴다. 이것은 아주 자연스럽고 정상적인 반응이다. 우리 모두는 고통을 피하고 싶어 하기 때문이다. 온 힘을 다해 감정을 억누르지 않으면 무너질까 두려워 버티려고 안간힘을 쓴다. 하지만 장기적인 관점에서 이것은 건강하지도 않고 지속 가능한 방식도 아니다. 너무 많은 에너지를 소모시키기 때문이다. 여러 측면에서 마음에 생기는 상처는 몸에 생기는 상처와 비슷하다. 감정적으로 고통스러울 때 이를 돌보지 않고 내버려 두면 서서히 곪아가면서 원래의 상처보다 훨씬 심각한 상태가 된다.

수업에 참여했던 한 참가자는 이를 다음과 같이 설명했다.[3]

나는 최근에 부정적인 감정들을 이겨 내느라 힘든 시간을 보냈습니다. 분노, 두려움, 불신, 내가 쓸모없는 존재라는 느낌, 신경질과 같은 감정들이 한꺼번에 밀려들더군요. 이런 감정들은 사라질 기미가 보이지 않았고, 어쩌면 나도 그 감정들에 취해 있었던 것 같습니다. 나는 내면에 상처를 입었습니다. 금방이라도 폭발할 것 같았고, 그 감정을 도대체 어떻게 다스려야 할지 모르겠더군요. 내 감정 하나 통제하지 못하고 휘둘린다는 사실이 부끄럽고 나 자신에게 화가 났습니다. 나는 자비심을 내팽개쳐 버렸습니다. 분노로 가득 차 있어 더 이상 좋은 사람 노릇을 할 수가 없었어요. 나를 둘러싼 세계와 나 사이의 균형이 깨져 버렸다는 느낌이 들었고 도무지 명상에 집중할 수가 없었습니다. 내 안의 이 혼란을 잠재울 방법이 있을까 해서 이 수업에 참여했습니다. 효과는 아직 잘 모르겠습니다. 하지만 더 이상 고통스러운 감정을 느끼지 않았으면 좋겠어요.

이런 감정을 느껴 보지 않은 사람이 누가 있을까? 직장 생활에서 겪는 일 가운데 부정적인 감정 때문에 몇 날 며칠 동안 스스로를 고문하는 것만큼 괴로운 일이 있을까? 이 참가자는 명상 수업에 참여하면서 마음이 열리고 가슴속에 가득 찼던 화가 서서히 가라앉은 과정을 설명했다.

사실 직장에서 문제는 바뀌지 않았습니다. 불쾌한 상황이나 나를 괴롭히는 동료들의 태도는 변함이 없었지만 명상 수련을 하면서 그런 것들에 더 이상 감정을 싣지 않게 되었어요. 그전에 나를 화나게 하고 절망에 빠트렸던 일들을 다시 떠올려 보았지만…… 더 이상 화가 나지 않았어요.

살아 있는 존재인 우리에게 고통은 피할 수 없는 숙명이다. 고통을 있는 그대로 받아들일수록 우리는 더 편안할 수 있다. 첫 번째 단계는 고통에 저항하거나 즉각적인 해결책을 찾으려고 발버둥치지 않고 고통을 받아들이는 법을 배우는 것이다. 오래된 감정적 습관에서 벗어나려면 먼저 내가 경험하는 것을 차분히 바라볼 수 있어야 한다. 즉 내 고통에 대한 메타 인식(5장에서 설명)이 필요하다.

고요한 명상 수행에 익숙하지 않은 사람들을 위한 또 다른 방법은 우리의 생각 가운데 '관찰'을 뜻하는 언어와 '평가' 또는 '판단'을 뜻하는 언어를 구별하는 법을 배우는 것이다.[4] 관찰 진술은 사실을 설명하는 것이고 평가 진술은 그 사실에 대한 내 해석이다. 공항 보안 검사를 예로 들어보자. 검색대 앞에 선 줄 가운데 하나를 택해 줄을 섰는데 갑자기 그 줄이 줄어드는 속도가 느려지면 조바심이 나기 시작할 것이다. 그리고 이런 생각이 들지도 모른다. '내 줄은 맨날 이래!', '내가 이 줄에 서니까 직원이 일하는 속도가 느려졌어, 왜지?', '사람들이 비행기를 놓치든 말든 직원들은 관심도 없겠지!', '내가 하는 일이 다 그렇지.' 떠오른 생각들을 가만히 따져 보면 객관적 사실은 하나도 없다. 모두 감정적으로 치우진 편견과 가정, 일반화의 결과일 뿐이다. 검색 속도가 느려지고 있다는 사실이 있을 뿐이다.

우리는 평가적 사고와 같이 습관처럼 굳어 버린 사고방식을 바꿀 필요가 있다. 특히 자기 자신에 대한 개념 말이다. 사람들 대부분은 고정된 자기 표상self-representation을 고수하려는 경향이 있다. 우리는 문화와 사회의 영향 그리고 어린 시절의 경험을 바탕으로 자기 자신을 특정한 형태로 규정짓는 경향이 있다. 이러한 자아 개념은 우리의 일상생활에 지대한 영향을 미친다. 스스로를 어떤 사람으로 인식하는지, 자신과 세상이 맺는 관계를 어떻게 규정하는가 하는 부분까지 영향을 미친다. 자아 개념을 갖는 것 자체는 문제가 없다. 문제는 자아 개념이 경험을 통해 형성된 하나의 사고방식에 지나지 않는 그저 개념일 뿐이라는 사실을 인정하지 않는 것이다. 우리는 스스로 만든 개념 속에 머물면서 객관적인 사실을 인정하지 않으려고 한다. '나는 못난 인간이야', '아무도 나를 사랑하지 않아', '나는 행복할 자격이 없어' 등등 습관처럼 굳어 버린 부정적인 자기 평가에 매몰되는 순간, 우리는 스스로에게 이렇게 이의를 제기해야 한다. '잠깐만, 이건 그냥 내 생각일 뿐이지 실제 내가 아니잖아!'

IDEO와 스탠퍼드 디자인 학교Stanford Design School를 설립한 데이비드 켈리David Kelley는 동생 톰 켈리Tom Kelley와 함께 쓴 유명한 저서를 통해 견고하게 굳어진 자아 개념은 우리가 타고난 창의력이 발휘되는 것을 가로막는 가장 큰 장애물이라고 지적했다.[5] 그리고 당당하게 스스로를 표현할 수 있는 환경 속에서 고정 관념을 떨칠 수 있을 때 예술적이고 창조적인 능력이 자연스럽게 발현된다고 강조한다. 데이비드가 가장 강조하는 것은 우리 모두가 타고난 본성인 창조성을 인정하는 자아 개념 즉 "창조적 자신감"이다. 이것은 자비심에 있어서도 마찬가지이다. 우리가 타고난 본성 가운데 하나로 자비심이 이미 내재해 있음을 인식하면 확고한 자신감을 가질 수 있다. 이러한 자신감은 우리의 친절한 본성이 발현되는 것을 가로막는 두려움을 극복하는 데 도움이 된다.

자신을 용서하기

자신에게 진정으로 자비롭기 위해서는 먼저 자기 자신을 얼마나 받아들이고 용서하고 있는지를 살펴볼 필요가 있다. 누군가에게 분노와 적대감을 가지고 있을 때에는 그 사람에 대한 자비심을 일으킬 수가 없다. 이것은 자신에 대해서도 마찬가지이다. 다른 사람에 대한 이해가 용서로 이어지듯이 한 인간으로서 자신의 생각과 행동을 이해하면 자신을 용서할 수 있다. 우리는 신이 아니라 한낱 인간일 뿐이다. 그리고 우리는 할 수 있는 한 최선을 다하고 있다. 바로이 지점에서 자기 이해와 자기 용서가 시작될 수 있다. 비폭력 대화 Nonviolent Communication 기법을 창안한 마샬 로젠버그Marshall Rosenberg는 다음과 같이 말했다. "자기 자비의 중요한 측면은 과거의 행동을 후회하는 나와 그 행동을 하던 당시의 나를 모두 자비로운 마음으로 바라본다는 점이다."6

자신이 과거에 한 행동을 용서하지 못하고 스스로를 몰아붙이는 것은 그 행동을 한 자신을 공격하는 것이다. 하지만 의식적으로든 무의식적으로든 자신이 그 행동을 할 만한 합당한 이유가 있었을 것이다. 스스로를 분별하고 미워하는 마음은 그 이유가 무엇이든 무조건 나쁜 것으로 치부해 버리는데 이것은 인간으로서 우리가가진 한계성 때문이기도 하다. 우리는 그런 행동을 한 자신과 그 이유를 부인하는 전략을 택하기도 한다. 그 일에 대해 생각을 하지 않으려고 하거나 자신은 그런 일을 할 만한 사람이 아니라고 생각해버리는 것이다. 하지만 이런 전략을 택하면 엄연히 존재하는 자신과계속 다툴 수밖에 없다. 그리고 자신과 다투는 한 자신을 이해하고,

자신과 화해하는 것은 불가능하다. 자신을 이해하지 못하면 스스로를 받아들일 수 없다. 자신을 이해하고 받아들이지 못하면 실수를 통해 배울 것이 없다. 누군가와 싸우고 있거나 누군가를 거부하는 상황에서는 그 사람으로부터 아무것도 배울 수 없는 것과 같은 이치이다. 실수를 통해 무언가를 배우지 못하면 같은 실수를 반복하게 되고 자신과 싸움도 끝나지 않는다.

　다른 사람을 대할 때와 마찬가지로 스스로에게 말할 때에도 어투가 중요하다. '어떻게 그런 행동을 할 수가 있어?!!', '이 괴물!' 하면서 소리를 지를 수도 있겠지만 '음…… 가만 보자. 왜 그런 행동을 하게 됐을까?' 하고 부드럽게 물을 수도 있다. '엉망이군. 왜 이런 일이 생겼는지 천천히 생각해 보자. 다시는 같은 일이 반복되지 않았으면 좋겠는데. 일단 내가 도와줄게.' 하고 말할 수도 있다.

　스탠퍼드 자비심 함양 프로그램에서는 자기 수용과 자기 용서를 목적으로 하는 별도의 명상법을 제시하고 있다. 이 명상법은 우리의 행동 근저에 깔린 이유와 욕구가 무엇인지 살펴보고, 이러한 이해를 통해 자책하는 태도를 진정시키는 데 도움이 된다. 어떤 행동을 하면서 진정으로 자신이 원했던 것이 무엇이었는지 깨달으면 슬픔·좌절감·후회·실망감·절망감 같은 수많은 감정들이 밀려들지도 모른다. 이런 감정들은 본질적으로 보다 수용적인 감정이며 스스로를 받아들이지 못하게 가로막는 죄책감·자기 비난·자책과 같은 감정에서 벗어나는 데 도움이 된다. 자기 자신을 이해하고 받아들이면 스스로에게 공감을 하게 된다. 자신이 왜 그런 행동을 했는지뿐만 아니라 그 행동 때문에 자신이 스스로를 얼마나 괴롭혔는지도 말이다.(이 명상법을 배우면서 주의할 점은 명상법을 제대로 익히지 못한다고 또 스스로를 비난하는 우를 범하지 말아야 한다는 것이다!) 채워지지 않았던 자신의 욕구를 이해하는 이 과정을 비폭력 대화 언어로 '애도 mourning'라고 부른다. 애도를 통해 우리는 비로소 후회할 기회를 얻는다. 로젠버그는 다음과 같이 말한다. "애도를 통해 우리는 스스로를 비난하거나 미워하지 않고도 과거의 실수에서 무언가를 배울 수 있다."7

연습: 자신을 용서하기

스탠퍼드 자비심 함양 프로그램에서는 참가자들이 명상을 통해 진정 스스로를 용서하도록 안내하고 있다.

먼저 편안한 자세로 앉아 몸에 긴장을 푼다. 준비 단계로 복식 호흡을 깊이 3~5회 실시한다. 숨을 마실 때는 아랫배까지 깊숙이 들이쉬고 천천히 내쉰다. 잠시 고요히 앉아 있다가 과거에 자신이 후회했던 행동을 떠올린다. 가까운 사람에게 괜히 화를 냈다가 후회한 경우도 있을 수 있고, 자신이 감당하기에는 너무 비싼 물건을 덜컥 샀다가 스스로를 자책했던 경험일 수도 있다. 그때 상황을 세세하게 되짚을 필요는 없다. 그때 자신이 느꼈던 감정, 스스로를 비난하며 자책했던 그 감정을 잘 떠올리는 것이 중요하다. 머릿속에 떠오른 그때 상황을 잠시 바라본다.

그런 다음 스스로에게 물어본다. '그때 왜 내가 스스로를 그렇게까지 비난했을까?', '그때 내가 충족시키려고 애썼던 결핍이 무엇이었을까?'. 우리가 이성을 잃고 화를 냈던 순간을 떠올려 보면 아마도 누군가가 자신을 무시했다는 감정 때문이었을 것이다. 하지만 사실은 스스로 그렇게 느꼈을 뿐 아무도 그렇게 생각하지 않았을 것이다. 이 부분을 조금 더 깊이 생각해 보자.

이제 이렇게 생각해 본다. 그때 자신이 요령 없이 거친 언행을 보인 것은 사실이지만 내 행동에는 그만한 이유가 있었다고 말이다. 지나치게 비싼 물건을 사고 나서 자책감을 느낀 경우를 예로 들어 보자. 그때의 행동이 어리석기는 했지만 그 행동에는 분명히 이유가 있었을 것이다. 아마도 기운 빠지는 일이 있어서 기운을 북돋아 줄 신선한 자극이 필요했을지도 모른다. 죄책감이나 부끄러움 대신 깨어 있는 마음으로 그때 자신이 느꼈던 슬픔, 실망감, 회환 같은 여러 감정을 느껴 보자.

그때 자신이 그렇게 행동할 수밖에 없었던 이유가 떠오르면 잠시 그 생각을 바라본다. 이제 천천히 숨을 내쉬면서 몸에 있는 모든 긴장을 털어 내고 마음의 압박감도 털어 낸다. 그리고 과거에 스스로를 비난했던 마음을 떠올리며 자신에게 속삭인다. '부정적인 감정들이 모두 떠난다. 모두 떠난다.'

이제 자유로워졌다고 상상하며 가슴을 활짝 편다. 그리고 몇 번 더 숨을 길게 내쉰다.

자신을 인정하기

불행한 일이지만 현대 사회에 살고 있는 사람들은 누군가 아무런 조건 없이 자신을 있는 그대로 인정한다는 느낌을 받지 못한다. 하지만 운이 좋으면 자신을 편안하게 해 주는 사람을 만날 수도 있다. 자상한 조부모일 수도 있고, 마음을 터놓을 수 있는 학교 선생님이나 영적 스승일 수도 있다. 정말 운이 좋다면 부모님처럼 자신을 조건 없이 받아 주는 사람이 있을 수도 있다. 이런 사람들과 함께 있을 때면 삶에서 이룬 성과나 그들에게 해 줄 수 있는 그 무엇 때문이 아니라 존재 자체를 염려하고 아껴 준다는 느낌을 받는다.

때로는 종교가 무조건적으로 자신을 받아 준다는 느낌이 들 때가 있다. 내 경우에는 천 개의 팔과 천 개의 눈을 가지고 세상의 모든 존재를 보살피는 관세음보살의 모습이 그렇다. 내가 관세음보살의 보살핌을 받기 위해 충족시켜야 할 조건은 단 하나, 내가 살아 있는 존재라는 사실뿐이다. 사실 붓다를 이르는 별칭 가운데 하나는 "처음 본 사람에게도 사랑을 베푸는 이"이다. 붓다는 아는 사람이나 모르는 사람이나 개의치 않고 모두에게 자비를 베풀기 때문이다. 그저 이 세상에 살아 있는 존재 가운데 하나라는 사실만으로도 우리는 사랑 받을 자격이 충분하다.

무조건적인 자비심의 힘을 깨달은 영국의 정신과 의사 폴 길버트Paul Gilbert는 티베트 불교의 자비 명상법을 본 떠 "자비로운 이미지 키우기"라는 수련법을 개발하였다.[8] 수치심과 과도한 자기비판으로 고통 받는 환자들을 치료했던 길버트는 과학적으로 구조화된 언어는 아니지만 자기 보호적 위협 대처 시스템self-protective threat response system의 형성이 이러한 문제의 근본 속성이라고 보았다. 길버트에 따르면 이 사람들은 뇌에 있는 돌봄 시스템을 사용하지 않는 정서 조절 양식을 습득한 경우이다. 길버트가 제시하는 치료법의 목표는 뇌에 있는 돌봄 시스템을 활성화하고 그것이 자기 자신에게로 향하게 하는 방법을 가르치는 것이다.

CCT에서도 자비심 이미지 수련을 활용하고 있다. 이 수련법의 핵심은 사랑, 자비, 지혜, 확신, 신뢰와 같은 가치들을 이끌어 낼 수 있는 이미지를 기르는 것이다. 이때 사용하는 이미지는 개인적으로 깊은 유대감을 불러일으키는 것이어야 한다. 개인적으로 존경하고 흠모했던 사람도 좋고, 아끼는 애완동물의 모습도 좋다. 꼭 살아 있는 생물이 아니라도 괜찮다. 자신의 심장에서 빛나는 빛의 이미지나 광대한 푸른 바다, 울창한 잎으로 덮인 튼튼한 나무의 모습도 좋다. 종교를 가진 사람은 자기 종교에서 사용하는 상징물 모습도 활용할 수 있을 것이다. 어떤 이미지를 사용하든 상관없으며 일반적인 좌식 명상을 한다. 이런 방식에 조금 더 익숙해지면 좌식 명상뿐 아니라 일상생활에서도 자연스럽게 이 명상을 활용할 수 있을 것이다.

연습: 자신을 인정하기

복식 호흡을 3~5회 실시한다. 숨을 마실 때는 아랫배까지 깊숙이 들이쉬고 천천히 내쉰다. 잠시 고요히 앉아 있다가 자신에게 사랑, 보살핌, 지혜, 힘을 상징하는 자비로운 이미지를 떠올려 보자. 머릿속에 떠올린 이미지가 마음속에 스며들도록 잠시 기다린다. 어떤 사람의 이미지를 떠올릴 때 사진을 들여다보듯이 세세한 모습까지 떠올릴 필요는 없으며 그냥 그 사람의 전반적인 이미지를 느끼면 된다.

마음속에 스며든 이미지를 그대로 두고, 이제 더도 덜도 아닌 있는 그대로의 자기 자신을 느껴보자. 아무도 자신의 마음을 들여다보지 않는다. 겉치레도 필요 없고 자신이 아닌 다른 사람이 되려고 애쓸 필요도 없다. 자신을 판단하고 비난하는 목소리는 없다. 있는 그대로의 자신을 받아들이고 따뜻하게 감싸 안을 뿐이다. 아무런 조건 없이 받아들여지는 감정을 가만히 바라본다. 지금 기분이 어떤가? 심장 박동이 느려지고 몸의 긴장되었던 부분이 이완되는 것이 느껴지는가? 이제 마음속에 쌓여 있던 부정적인 감정들을 떠나보낼 수 있을 것 같은가?

이 이미지를 떠올리면서 호흡을 계속 한다. 숨을 마실 때 자신이 떠올린 이미지에서 따스한 빛줄기가 나와 온몸을 감싼다. 빛줄기가 몸에 닿으면 마음이 편안하고 고통이 사라지며 힘과 지혜가 생긴다. 이러한 생각을 하면서 잠시 고요히 있는다. 근심과 긴장이 사라지고 마음이 완전히 평온해 질 때까지 마음속 이미지에서 방출되는 빛줄기가 자신을 감싸는 상상을 몇 차례 반복한다.

만약 이 이미지 명상이 잘 맞지 않는다면 다른 방법도 있다. 불교

학자 존 매크란스키John Makransky가 고안한 타고난 자비심 수련Innate Compassion Training 프로그램 가운데 "은혜로운 순간benefactor moments"이라는 과정이 있다. 은혜로운 순간은 살면서 자신에게 진정한 관심과 애정을 베푼 누군가가 자신을 바라보고 자신의 말을 들어주고 자신을 인정하는 경험을 말한다. 힘든 순간에 진심으로 걱정하며 다 괜찮아질 것이라고 말하던 오랜 친구의 마음이나 자신을 따뜻하게 껴안아 주던 느낌 말이다. 어릴 적에 자신이 좋아하는 사람과 함께 보냈던 시간을 떠올려 보면 그 느낌이 금방 이해될 것이다. 아마도 그 순간은 자기 자신이 정말 중요한 사람으로 느껴지고 자신감이 넘쳤으며, 자신이 존중 받을 만하며, 살아 있는 존재라는 느낌을 받았을 것이다. 매크란스키에 따르면 은혜를 베푼 사람이란 사랑 받고자 하는 마음과 행복하기를 바라는 마음을 채워 준 사람이다.[9] 하지만 은혜를 베푼 사람이 절대적으로 선한 사람은 아니라는 점을 강조한다. 이것을 명상에 적용해 보면 자신에게 은혜를 베푼 사람이 자신을 진정으로 행복하기를 바라고 있는 모습을 떠올린다. 이미지를 사용하든 은혜를 받은 순간을 떠올리든 중요한 것은 자신에게 편안함과 안도감을 주는 어떤 존재 앞에서 자기 자신이 무조건적으로 받아들여지는 느낌을 받는 것이다. 그리고 연습을 통해서 은혜를 느끼는 사람의 범위를 확대한다.

자신에게 친절하기

많은 사람들이 남보다 자기 자신에게 참을성이 없다. 남보다 자신의 실수에 더 엄격하고 비판적이다. 자기 자비 명상에서는 이러한 태도를 바꾸고 우리가 타고난 친절한 본성을 자기 자신에게까지 확대하는 방법을 배웠다. 우리가 만든 자비의 원(6장)을 열고 자신을 그 안으로 받아들이는 법도 배웠다.

자기 자신에 대한 자비심을 일으키는 데 도움이 되는 시각화 명상은 어린 아이가 되었다고 상상하고 어린 아이로서 느끼는 자연스러운 감정들을 체험하는 것이다. 이때 필요하다면 사진을 이용할 수도 있다. 다음은 CCT에서 활용하고 있는 명상법이다.

연습: 자신에게 친절하기

자기 자신을 이제 막 걸음마를 배우는 어린 아이라고 상상하자. 여기저기 돌아다닐 수는 있지만 아직 걸음이 어설프고 종종 물건을 넘어뜨리기도 하는 아이 말이다. 아니면 본인이 기억하는 가장 어린 시절을 상상해도 좋다. 본능적으로 이 아이를 보호해야겠다는 생각이 들지 않는가? 부정적인 평가나 비판, 질책 대신 아이를 보살피고 따뜻하게 대하고 싶지 않은가?

아이가 된 자기 자신에 대한 애정 어린 감정이 가슴 속에 스며들도록 잠시 기다렸다가 아래에 있는 구절을 천천히 반복한다.

고통에서 벗어나기를 ……

불안과 두려움에서 벗어나기를 ……

평화와 기쁨으로 충만하기를 ……

고통에서 벗어나기를 ……

불안과 두려움에서 벗어나기를 ……

평화와 기쁨으로 충만하기를 ……

스탠퍼드 자비심 함양 프로그램의 수석 강사인 마가렛 컬렌은 자신이 맡았던 수업에서 겪은 이야기를 들려주었다.[10] 샌프란시스코만 지역에 있는 암 환자 지원 그룹에서 진행한 마가렛의 자비심 코스에 한 남자가 암 환자인 부인과 함께 등록했다. 8주 과정을 시작할 당시에 암 환자인 아내는 무시무시해 보이는 석고로 온몸을 감싸고 있었다. 아마도 암이 뼈로 전이된 것 같았다. 무척 다정해 보이는 이 70대 부부는 함께 수업을 들었다. 8주 과정이 끝나갈 무렵, 병세가 악화되어 거동이 힘들어진 아내는 더 이상 수업에 참가하지 못했다. 하지만 남편은 꼬박꼬박 수업에 참여했는데 그는 자비심 수업이 아픈 아내를 돌보는 데 큰 힘이 된다고 했다.

자기 자비를 주제로 한 수업에는 자기 자신을 아이라고 생각하고 진행하는 명상이 포함되었다. 그 다음 주에 일주일간 경험과 생각을 공유하는 자리에서 그 남자는 스스로를 아이라고 생각하는 명상을 통해 자신이 얼마나 사랑스러운 존재인지를 다시 깨달았다고 말했다. 상상 속에서 다시 어린아이가 되어 부모님 품에 안긴 그는 행복하고 편안했다. 조금 더 자란 다음 행복한 크리스마스 날에 대한 기억이 떠올랐다. 가족은 미네소타에 살고 있었는데 눈이 왔었고…… 추억 속 장면을 하나하나 떠올리면서 그는 즐거웠다. 그런 다음에는 인생에서 겪었던 힘든 순간들을 떠올려 보고 지금의 자신으로 되돌아왔다. 힘들었던 자기 자신, 그때의 남자를 바라보며 그는 고통스러웠고 자신이 왜 마음을 닫았는지를 알았다. 그리고 과거의 자신에게 진심으로 연민을 느꼈다. 그는 자신이 왜 스스로를 보호막 안에 가둘 수밖에 없었는지 이해했다. 그리고 앞으로는 더 이상은 마음을 닫은 채로 살지 않겠다고 결심했다. '내 인생에서 가장 잘못된 점이 무엇일까?' 하고 스스로에게 진지하게 질문을 던진 70대의 이 완고한 남자는 마침내 만나는 모든 사람에게 마음의 문을 열기로 결심했다. 암 투병 중인 아내에 대해 말하면서 그는 "다른 사람에게 자비를 베푸는 것은 어렵지 않습니다. 문제는 제 자신에 대해서는 그러기가 쉽지 않다는 것입니다." 스스로를 어린아이라고 생각해 보는 명상을 통해 그는 자기 자신에게 깊은 연민을 느낄 수 있었다. 그리고 한결 가볍고 자유로워진 자신을 발견했다.

이 명상의 목적은 자기 자신과 관계를 맺는 방식을 바꾸는 것이다. 자기 자신을 어떻게 생각하는지, 자기 자신에게 어떤 태도를 취하는지, 자신의 욕구와 고통을 어떻게 대하는지 알아차리고 변화를 이끌어 내려면 짧은 좌식 명상만으로는 부족하다. 자신을 보살피는 마음과 자애심을 기르는 동시에 삶을 변화시키는 명상 수련을 일상적으로 실천해야 한다. CCT에서 "일상적인 수련"이라고 부르는 이것은 수업을 통해 배운 명상법을 일상에서 발생하는 여러 상황에 적용하는 것이다. 자기 자비에 관해서는 세 가지 일상적인 수련법을 추천한다.

1. 자기 자신에 대해 부정적이고 자기비판적인 생각이나 말을 하지 않는지 관찰하려고 노력한다.
2. 이런 생각들은 객관적 사실이 아니라 주관적 해석일 뿐임을 기억한다.
3. 부정적인 자기 판단을 보다 자비로운 관점으로 재해석할 수 있는 방법을 모색한다.

살다 보면 후회할 일을 하고는 스스로를 전혀 쓸모없는 인간이라고 비난할 때도 있다.(이 멍청이!, 어떻게 또 그럴 수가 있어?, 넌 패배자야. 등등) 이때 가장 먼저 할 일은 자신이 부정적인 자기비판의 늪에 빠졌음을 알아차리는 것이다. 우리의 메타 인식이 도움이 될 것이다. 그 다음에는 자기 자신에게 붙인 이런 딱지가 좌절감과 실망에서 비롯된 지극히 주관적인 생각일 뿐이라는 점을 자각해야 한다. 마지막으로 이러한 생각들을 보다 건설적인 것으로 재구성하는 작업이 필요하다. '이런 멍청이!', '이러니 누가 널 사랑하겠어!' 하며 스스로를 괴롭히는 대신 '천천히 생각하자.', '너는 지금 아픈 거야.', '넌 자신감이 필요해.' 하며 자신을 다독인다. 자신에게 말하는 방식을 바꾸면 마음이 그것을 알아차린다. 자책의 언어를 자기 자비의 언어로 재구성하여 일상생활에서도 유지하는 것은 인식 전환을 이끌어 내는 큰 밑거름이 될 수 있다.

이러한 성찰과 연습을 통해 자기 자신을 더 많이 수용하고 용서하며 보살피는 방법을 배울 수 있다. 실패하거나 불운이 닥치더라도 스스로를 덜 비난하는 방법을 익힐 수 있다. 즉 스스로에게 보다 자비로워질 수 있다. 하지만 자신에게 진정으로 자비롭기 위해 한 인간으로서 자신의 합당한 욕구와 기본적인 열망도 수용할 수 있어야 한다. 사랑과 행복을 원하는 기본적인 열망을 마음 깊이 받아들여야 한다. 바로 이것이 자기 자비 수련 두 번째 부문의 핵심이다.

자신을 위한 자애심

앞 장에서 설명했던 자애 명상을 자신에게도 적용할 수 있다. 자애심은 누군가의 행복을 바라는 형태로 발현되는 보살핌의 한 측면이다. 자애심은 따뜻하고 온화하며 성공과 즐거움을 희망하는 마음이다. 또한 아무런 조건도 없고 옳고 그름을 판단하지도 않는 열린마음이다. 자신을 위한 자애심은 행복을 바라고 고통을 싫어하는 인간의 기본적인 성향을 표현하는 것으로 가장 자연스러운 본능이어야 한다.

하지만 많은 사람들이 자기 자신에게 집중하는 태도를 이기적이고 자아도취적이라고 생각한다. 하지만 실제로는 자기 자신에게 자애심을 가지면 다른 사람의 감정과 욕구를 더 기민하게 알아차리고 더 깊이 공감한다. 자기 자신을 따뜻하게 대하면 활기가 생기고 이를 통해 타인과 세상 전체를 보다 자애로운 태도로 대할 수 있다. 그리고 마음이 충만해지면 다른 사람을 훨씬 더 관대하게 대한다. 스스로를 자애롭게 대하면 세상을 바라보는 시야가 넓어지고 더 많은 것을 베풀 수 있다는 자신감이 생긴다.

출발점은 행복을 원하고 고통을 피하고 싶은 마음속 깊은 열망을 분명하게 인식하는 것이다. 하루 가운데 조용한 시간이 생기면 4장에서 실천 목표를 세울 때처럼 스스로에게 이렇게 물어본다. '내 삶에서 내가 진심으로 원하는 것이 무엇인가?' 이 질문을 계속 던지다 보면 자신이 소중히 여기는 가치가 바로 진정으로 바라는 목표임을 알 수 있다. 우리가 정말 원하는 것은 진정한 행복이다. 삶의 의미, 일체감, 내면의 평화, 성취감 모두 그 목표는 행복이다. 그리고 행복하고자 하는 열망은 인간의 가장 기본적인 면모이다. 행복을 원하는 자신의 열망을 존중하면 커다란 내면의 힘이 생긴다. 이러한 열망은 인간성의 본질에서 비롯되기 때문에 자신의 열망을 받아들이면 그 열망을 똑같이 가지고 있는 다른 사람도 수용할 수 있다.

자신을 위한 자애심을 기르는 또 다른 방법은 자기 삶에서 좋은 것에 집중해서 큰 기쁨을 얻는 것이다. 예를 들어, 잘한 행동이나 좋은 면을 생각하며 기쁨을 찾을 수 있다. 좋은 배우자나 가족을 만난 행운에 감사할 수도 있다. 자신이 가진 삶에 대한 열정 자체로 기쁨을 느낄 수도 있다. 만약 구체적인 무언가가 떠오르지 않는다면 그저 인간이기 때문에 가지고 있는 공감과 친절의 본능을 기쁘게 여길 수도 있다. 달라이 라마는 이렇게 말한 적이 있다. "인간이라면 누구나 이타심을 발휘할 수 있다. 그런 단순한 이유만으로도 나는 내가 인간이라는 사실에 감사한다." 자신이 가진 것에 감사하는 마음을 갖는 것이 건강에도 큰 도움이 된다는 것은 이미 입증된 사실이다. 자칫 자만심을 부추기는 자기만족에만 빠지지 않는다면 자신 삶에서 기쁨을 찾으려는 태도는 그 자체로 진정한 감사의 표현이다.

자비심의 샘물을 다시 채우기

이 년간 스탠퍼드 자비심 함양 프로그램CCT을 진행한 팔로 알토 PTSD(외상 후 스트레스 장애) 지역 치료 센터에 베트남전 참전 용사가 있었다.[11] 그는 자기 자비 수업에서 깊은 감명을 받고는 교실에서 진행되는 자기 자비 명상뿐 아니라 다른 그룹 활동(트라우마 그룹 포함)을 비롯해 다른 활동을 할 때도 이 명상을 실천하려고 노력했다. 그는 극심한 불면증을 겪고 있었기 때문에 밤에 잠을 제대로 자지 못했다. 그래서 늦은 밤 시간을 이용해 자기 자비 명상을 시작했다. 그리고 수십 년간 약물을 끊지 못했던 이유가 자기 자신을 온전하게 세우는 방법을 몰랐던 데에다 끔찍했던 전쟁의 경험을 자비로운 방식으로 받아들이지 못했기 때문이라는 것을 명상을 통해 깨달았다고 말했다.

CCT 워크숍에 참여했던 한 여성은 자기 자비 수업을 통해 자신이 오랫동안 스스로와 단절되어 있었음을 깨달았다고 말했다.[12] 자녀와 다른 가족들을 돌보는 데 몰두한 나머지 자기 자신의 감정과 욕구를 제대로 살피지 않았던 것이다. 그리고 역설적이지만 자기 자신의 감정을 무시하자 가족에 대한 감정적 공감도 약해졌음을 깨달았다. 자기 자비 수련을 통해 그녀는 자기 자신과 다시 연결되었고 자신이 깨달은 점을 자녀들과 나눌 수 있는 방법을 모색하고 있다.

자비심을 말하면서 자기 자비를 가장 먼저 강조하는 것은 비행기에서 나오는 안전 방송과 비슷하다. "만약 아이들과 함께 여행 중이라면 여러분의 마스크를 착용한 후 아이들을 도와주십시오." 다른 사람을 위한 의지의 힘, 마음의 용기, 지혜의 깊이는 모두 자기 자신에 대한 자비심이 얼마나 충만한가에 달려 있다.

8

"내가 그러하듯이":
자비의 원을 확장하기

우리는 서로를 바라보고, 상대의 눈을 통해 나를 본다.
그러면서 인간은 다른 점보다 같은 점이 더 많다는 사실을 깨닫는다.
마야 안젤루

고통이라면 나는 조금도 바라지 않습니다.
행복이라면 나는 아무리 많아도 좋습니다.
이 마음은 다른 사람도 나와 다르지 않습니다.
다른 사람의 행복도 내 일처럼 기뻐하겠습니다.
제1대 판첸 라마(1570~1662)

사회학자 크리스틴 렌위크 먼로Kristen Renwick Monroe는 『이타심의 본질The Heart of Altruism』에서 1940년대 초반 나치에 점령당했던 유럽 특히 네덜란드와 덴마크 지역에서 유대인들이 생존할 수 있도록 도운 사람들과 한 인터뷰 내용을 다루고 있다.[1] 먼로가 토니와 버트라고 표기한 두 네덜란드인의 용감한 행동이 특정한 사회 경제적 형태나 종교적 배경과 무관한 것이었음을 보여준다. 토니는 의사인 아버지와 교양 있는 어머니 사이에서 태어나 암스테르담에서 유복하게 자랐으며 시골에 있는 별장에서 종종 지내기도 했다. 반면 버트는 작은 마을에서 사는 대가족 사이에서 자랐으며 고흐의 그림에서 묘사된 전형적인 네덜란드 농부로 살고 있었다.[2] 토니가 제일 처음 구한 유대인은 친구 아버지였다. 우연찮게 자신의 별장에 와서 머물라고 제안하면서부터 토니의 위대한 구조 활동은 시작되었다. 버트가 제일 처음 숨겨 준 유대인은 부인 애니의 친구 부부였다. 그들은 유대인을 스페인으로 보내는 일을 하고 있었다. 버트와 애니는 큰 약국 건물을 소유하고 있었는데 건물 안에 비밀 장소를 만들고는 유대인들을 숨겨 주었다. 토니와 버트 모두 자신의 행동이 가족 모두를 위험에 빠트릴 수 있다는 사실을 알면서도 구조 활동을 멈추지 않았다. 실제로 버트는 지인의 배신으로 집 전체를 샅샅이 수색 당하기도 했다.

유대인을 구한 사람들과 인터뷰를 한 내용을 면밀히 분석한 후 먼로는 유대인을 구하려 나선 사람들을 하나로 묶은 것은 종교적 신념도 강한 도덕관념도 아닌 "보편적 인간성에 대한 자각"이었다고 결론을 내렸다. 먼로가 이야기하는 "보편적 인간성에 대한 자각"이란 개인과 세상 전체가 다른 사람과의 관계성을 통해 존재한다고 보는 새로운 시각이다. 이것은 달라이 라마가 종종 "단일한 인간성"이라고 표현하는 것으로 전 인류가 공통의 인간성을 통해 서로 연결되어 있다고 보는 시각이다. 먼로가 인터뷰한 많은 사람들이 바로 이러한 보편적 인간성에 대해 말했다. 도와준 유대인들에게 어떤 공통점이 있었느냐는 질문에 한 구조자는 이렇게 대답했다. "아니요. 그냥 사람들이었어요." 또 다른 구조자는 이렇게 말했다. "어떤 사람이 피를 흘리며 바닥에 쓰러져 있다면 어떻게 해야 합니까? 당연히 달려가서 뭐라도 해야지요!"[3] 버트는 이 점을 보다 분명하게 짚었다. "다른 사람을 돕는 이유는 우선 나와 같은 사람이고 그 사람이 도움을 필요로 하기 때문입니다. 사람으로 태어났다면 반드시해야 할 일이 있습니다. 나는 그것을 했을 뿐입니다."[4]

먼로가 제시한 "보편적 인간성에 대한 자각"은 불교의 중요한 통찰과 맞닿아 있다. "타인에게 공감하고 염려하는 마음은 우리 모두가 연결되어 있다는 생각 즉 동질감에서 나온다." 고통은 이러한 유대감을 이끌어 내는 강력한 동인이다. 피를 흘리며 쓰러져 있는 사람을 발견하면 우리는 그 상황을 머리로 파악하기에 앞서 본능적으로 그 사람에게 달려간다.

우리 모두가 같은 인간이라는 관점에서 타인을 대할 수 있다면 모르는 사람이나 심지어 싫어하던 사람에게까지 공감의 범위를 넓힐 수 있을 것이다. 불교의 자비 명상에서는 다음과 같은 표현을 쓴다. "내가 그러하듯이 다른 사람도 행복을 원하고 고통을 싫어한다." 마치 주문을 외듯이 반복적으로 "내가 그러하듯이, 내가 그러하듯이……" 하고 마음속으로 되뇐다. 보편적 인간성을 통해 타인과 연결될 때 우리는 '나'라는 좁은 틀을 벗어나 자비심과 행복에 한 발짝 다가갈 수 있다.

스탠퍼드 자비심 코스의 지도자 과정을 밟고 있던 한 여성은 매일 최소 30분씩 CCT 명상을 했다고 한다.[5] 그리고 강사로부터 "보편적인 인간성 감싸 안기" 명상을 할 때 자비심을 쉽게 일으키기 힘든 상대에게까지 자비심을 확대해 보라는 제안을 받았다. 그녀는 전남편과 전남편의 여자 친구를 선택했다. 매일 번갈아 가며 그 두 사람을 대상으로 자비심을 일으키려 노력했지만 그것은 정말 힘든 일이었다. 하지만 그 두 사람에 대한 명상은 어디까지나 연습일 뿐이고 결국에는 도움이 될 거라고 생각했기 때문에 그들에 대한 명상을 계속 했다. 매일 명상을 한 지 구 개월이 지났을 때 그녀는 다른 종류의 자비 명상에서 자신이 사랑하는 사람이 지금 눈앞에 있다고 생각해 보라는 지시를 받았다. 그 순간 그녀는 깜짝 놀랐다. 그녀 눈앞에 전남편과 전남편의 여자 친구가 나타났기 때문이다! 그녀는 자신의 눈을 믿을 수 없었지만 그들의 모습을 떠올린 자신에게 놀랐다. 어느새 그 두 사람은 그녀에게 '사랑하는 사람'이 되어 있었던 것이다. 이 놀라운 일은 두 사람에 대한 그녀의 태도를 변화시키는 계기가 되었다. 그녀는 이렇게 말했다. "내가 그러하듯이 그들 역시 고통을 피할 수 없으며 행복을 바라는 존재라는 사실을 깨달았어요. 지금도 그 두 사람과 관계가 좋기만 한 것은 아닙니다. 하지만 명상을 통해 그 두 사람을 품어 안을 수 있을 만큼 내적 평화를 얻은 것 같습니다. 두 사람에 대한 내 마음이 변하면서 우리 관계가 몰라보게 좋아졌고 그 덕에 가장 행복해진 것은 일곱 살 난 딸아이예요."

다른 사람에 대한 좋은 감정이 실제적인 효과로 이어지기 위해서는 여러 가지 요소가 충족되어야 한다. 가끔 다른 사람의 도움을 받아들일 준비가 되어 있지 않은 사람도 있기 때문이다. 하지만 한 가지 분명한 사실은 다른 사람을 따뜻하게 바라보는 태도가 자기 자신에게 이롭다는 점이다. 가장 먼저 외로움에서 벗어날 수 있고 타인을 적대감의 대상이 아니라 자신에게 즐거움과 이로움을 주는 원천으로 여길 수 있다.

동질감이 주는 힘

미국인 심리학자인 피에르카를로 발데솔로Piercarlo Valdesolo와 데이비드 데스테노David DeSteno는 타인에게서 느끼는 동질감이 그 사람에 대한 관심과 자비심에 어떤 영향을 미치는지 알아보는 기발한 실험을 진행했다. 이 실험에서는 두 명씩 짝을 지었는데, 두 명 가운데 한 명은 진짜 참가자였고 나머지 한 명은 연구 팀이 몰래 투입한 가짜 참가자였다. 첫 번째 실험에서는 짝을 이룬 두 사람이 서로 마주 앉게 하고 착용한 헤드셋에서 나오는 음악에 맞추어 앞에 놓인 센서를 손으로 두드리도록 했다. 참가자들을 무작위로 두 그룹으로 나누었다. 한 그룹은 짝은 이룬 두 사람이 동시에 센서를 두드리도록 했고 다른 그룹의 경우 짝을 이룬 두 사람에게 각기 다른 음악을 들려주어 센서를 두드리는 박자가 일치하지 않도록 했다. 그런 다음 가짜 참가자들에게 부당하게 심한 벌칙을 주고 진짜 참가자들에게는 원할 경우 자신의 파트너를 도울 수 있도록 했다.

실험 결과, 연구진은 3분가량의 짧은 시간 동안 동시에 센서를 누르는 단순한 동작이 서로에 대한 감정에 큰 영향을 미쳤다는 사실을 발견했다.[6] 센서를 동시에 누른 팀은 서로에게 더 큰 동질감을 느꼈으며 짝을 이뤘던 파트너가 부당한 벌칙을 받는 사실에 더 깊은 연민을 느끼는 것으로 나타났다. 센서를 동시에 누른 팀의 참가자들은 그렇지 않은 팀에 비해 31퍼센트 더 많은 참가자들이 파트너가 받는 벌칙 수행을 자발적으로 도왔으며 도와준 시간도 일곱 배 더 길었다. 데스티노는 "센서를 동시에 누르는 행위 그 자체는 큰 의미가 없다. 사람들 간의 공통성을 나타내는 예시일 뿐이다."라고 설명하면서 우리에게 다음과 같은 선택지를 제시한다. 옆집에 사는 사람을 낯선 외국인 가운데 한 명으로 볼 것인가 아니면 자신과 같은 식당을 자주 찾는 이웃으로 볼 것인가? 후자가 우리의 자비심을 확장시킨다는 사실은 말할 것도 없다.[7] 이 연구 결과를 통해 자비심의 정수는 다른 사람에 대해 느끼는 동질감이라는 불교의 통찰에 나는 더 큰 확신을 갖게 되었다.

다른 사람에게서 느끼는 동질감과 우리의 자비심이 가장 밀접하게 맞닥뜨리는 순간은 누군가를 구하는 행위를 할 때이다. "인식 가능한 희생자 효과Identifiable victim effect"는 우리가 익명의 희생자보다는 누구인지 아는 희생자에게 더 큰 관심을 보이는 경향을 나타낸다. 즉 희생자에게 동질감을 느끼면 그 사람에 대한 자비심이 커진다. 사실 이 현상은 자비의 심리학이라는 더 큰 관점에서 설명된다. 우리는 추상적인 인간애보다는 실제 인물에게 더 쉽게 연민을 느낀다. 그리고 집단보다는 한 개인에게, 익명의 대상보다는 누구인지 아는 사람에게, 언젠가 고통을 겪을지도 모르는 사람보다는 지금 실제로 고통 받는 사람에게 더 큰 연민을 느낀다. 도움을 필요로 하는 수천 명의 사람을 나타내는 통계 자료보다 한 사람의 사진에 감정적으로 훨씬 큰 반응을 보이는 것은 이 때문이다.

스탠퍼드 대학의 심리학자 브라이언 넛슨Brian Knutson의 연구 팀은 이 "인식 가능한 희생자 효과"의 신경학적 근거를 밝혀냈다.[8] 연구 팀은 스탠퍼드 학부 학생을 대상으로 여러 종류의 사진을 이용한 실험을 진행했다. 그들이 사용한 사진은 1) 한 아이의 얼굴과 이름이 있는 사진, 2) 이름은 없고 얼굴만 있는 사진, 3) 인물의 윤곽과 이름이 있는 사진, 4) 윤곽만 있고 이름은 없는 사진이었다. 그리고 별도로 이름과 얼굴이 있는 사진, 이름과 윤곽만 있는 사진을 이용한 실험도 진행했다. 참가자들에게는 시간당 15달러를 주기로 하고 실험을 시작하기 전에 미리 지급을 했다. 참가자들이 실제로 현금을 갖고 있도록 했다. 그리고 연구 팀이 수단 다르푸르 지역의 한 난민 고아원과 결연을 맺었다고 공지하면서 참가자들이 앞서 받은 15달러를 원하는 대상에게 기부할 것을 요청했다. 참가자들은 화면에 차례로 나타나는 사진을 보면서 각 사진에 대해 '예' 또는 '아니요'를 선택했다. 당초 예상대로 참가자들은 식별성이 더 높은 대상자에게 더 많은 기부를 했다. 즉 윤곽만 있는 사진보다는 실제 얼굴이 있는 사진에 더 큰 반응을 보였다. 그리고 이름과 윤곽이 있는 사진보다 이름이 없는 얼굴 사진에 더 크게 반응한 것으로 보아 이미지가 이름보다 크게 작용한다는 것을 알 수 있다. 자비심의 문제에 있어서 우리 감정은 대상에 대한 인식에 큰 영향을 받는다.

　동질감은 우리가 타고난 공감 능력을 이끌어낸다. 하지만 타인과 자신 사이의 유사성을 인정하지 않으면 우리가 타고난 공감의 본성에 완전히 위배되는 상황이 발생한다. 단순한 무관심부터 극단적으로 비인간적인 행위에 이르기까지 우리가 서로 간의 동질성을 인식하지 못한 결과가 어떠했는지 인류의 역사가 증명하고 있다. 노예제부터 유대인 학살까지, 발칸 반도의 인종 청소부터 르완다 학살까지, 모든 잔혹 행위의 뿌리는 우리 모두가 같은 인간이라는 동질성을 무시한 데 있다. '우리'와 '그들'을 차별하는 것에서 시작하여 고정 관념을 바탕으로 한 대상화와 일반화, 인간성 말살, 심지어 악마화로 인한 비극이 수많은 사람들을 고통에 빠트린 것이다.

보편적 인간성을 포용하기

스탠퍼드 자비심 함양 프로그램에 "보편적 인간성을 포용하기"라는 단계가 있는 이유는 우리 자신이 그러하듯이 다른 사람도 행복을 원하고 고통을 피하고 싶어 한다는 기본적인 진실 때문이다. 자신이 그러하듯이 타인도 이 기본적인 욕망을 추구할 권리가 있는 것이다. 이 수련의 목적은 지성적인 이해가 아니라 이 기본적인 인간 실상을 마음 깊이 느끼고 받아들이는 방법을 배우는 것이다.

CCT 내에서 보편적인 인간성을 기르는 이 단계는 자비의 원을 확장해 가는 세 단계 가운데 첫 번째 단계이다. 우리는 자비의 원을 사랑하는 사람(6장)부터 시작하여 자기 자신(7장) 그리고 이번 장에서는 낯선 사람, 싫어하는 사람, 마지막으로 모든 인류로 확대해 간다. 첫 단계로 우리는 행복을 바라고 고통을 피하고자 하는 인간 본연의 욕망에 대한 깊은 인식을 통해 나와 남이 기본적으로 동일하다는 이해를 기르는 것에서 시작한다. 두 번째 단계에서는 우리의 삶과 행복이 다른 사람과 얼마나 밀접하게 연결되어 있는지 이해하면서 타인에 대한 공감을 기른다. 세 번째 단계에서는 우리가 만든 자비의 원을 실제로 넓히는 연습을 한다. 이 단계에서 어려운 점은 나와 자주 마주치기는 하지만 그다지 친하지 않은 사람을 머릿속에 떠올리는 것이다.

이 수련의 초점은 자신이 그러하듯이 다른 모든 사람도 행복을 원하고 추구한다는 사실을 받아들이는 것이다. 이 수련에서는 명상과 시각화 기법을 주로 사용한다.

연습: 보편적인 인간성을 포용하기

자신이 소중하게 생각하고 기꺼이 사랑을 주고 싶은 누군가를 떠올린다. 어린 자녀나 부모님 아니면 가까운 친구도 그 대상이 될 수 있다. 원한다면 아끼는 애완동물도 좋다. 그 대상을 단지 추상적으로 생각하는 것이 아니라 마치 지금 자신 앞에 있는 것처럼 생생하게 떠올린다. 그리고 사랑하는 대상을 떠올리면 올라오는 즐거운 기분을 바라본다.

이제 다른 사람을 떠올려 본다. 안면은 있지만 크게 친하지 않은 사람 가운데 한 명을 떠올려 보자. 자주 보지만 특별히 친하지는 않은 사람, 직장이나 학교 동료도 좋고 자주 타는 버스를 운전하는 기사나 근처 카페 직원도 좋다.

그 사람을 떠올릴 때 어떤 감정이 드는지 주의 깊게 바라보고, 지금의 감정이 아까 사랑하는 사람을 떠올릴 때와 얼마나 다른지 본다. 자주 만나지만 별로 친하지 않은 사람을 대할 때 우리는 보통 그 사람이 지금 행복한지 아닌지 신경 쓰지 않는다. 심지어 그 사람과 얼굴을 맞대고 대화를 나눌 때도 그 사람의 상황에 대해 별로 생각하지 않는다. 그저 자신에게 필요한 목적을 달성하고 다음 일로 넘어가 버린다. 하지만 지금 이 순간에는 자신이 그 사람이 되었다고 상상해 보자. 그 사람의 삶이 어떨지, 꿈이 무엇이고 두려워하는 것은 무엇일지 …… 우리 삶이 그러하듯 수많은 생각과 감정들로 겹겹이 쌓여 있을 그 사람의 인생을 상상해 본다.

같은 인간이라는 측면에서 자신과 그 사람이 얼마나 비슷한지 인식하고 다음 문구를 곱씹어 본다. "내가 그러하듯이 그 사람도 행복을 원하고 고통은 조금도 원하지 않는 존재이다."

그 다음에는 자신이 싫어하는 사람을 떠올려 본다. 생각하는 것만으로도 불쾌해지거나 자신에게 피해를 끼친 적이 있는 사람, 자신의 불행을 즐기는 것처럼 보였던 사람 말이다. 그 사람이 지금 자신 앞에 있다고 상상해 보자. 만약 불쾌한 감정이 든다면 그 감정을 있는 그대로 바라본다. 그 사람과 안 좋았던 기억이 떠올라 기분이

나빠지더라도 그 감정을 억누르지 말고 반대로 너무 세세하게 떠올리려고 노력하지도 않는다. 이제 잠시 동안 그 사람의 입장이 되어 보자. 그 사람 역시 나와 마찬가지로 행복을 바란다. 그 점에서 나와 조금도 다르지 않다는 사실을 생각해 본다. 마지막으로 앞서 떠올린 세 명이 모두 내 앞에 있다고 상상하면서 행복을 원하고 고통을 피하려는 기본적인 차원에서 그들이 서로 조금도 다르지 않음을 생각한다. 그들은 모두 같은 열망을 지닌 같은 인간이다. 그리고 모든 사람이 지니고 있는 그 열망 안에서 우리는 서로 연결되어 있다. 우리 모두가 같은 열망을 지닌 존재임을 깊이 자각하면서 다음 구절을 천천히 읊조린다. "내가 그러하듯이 다른 사람도 행복을 원하고 고통을 피하고 싶어 한다."

이 수련은 다른 사람과의 관계를 보다 건설적으로 만들 수 있는 길을 제시한다. 사람들이 영화 「E.T」를 좋아하는 데는 이유가 있다. E.T는 외계인이지만 그가 겪는 고통은 우리 인간과 크게 다르지 않다. 낯선 곳에 혼자 남겨져 앞으로 어떤 일이 생길지 몰라 두려워하고 간절히 집으로 돌아가고 싶어 하는 그가 한 외로운 소년과 우정을 쌓아 가는 모습을 보며 사람들은 보편적인 연민과 공감을 느끼는 것이다. 두 딸이 아동용 만화를 보다 영화를 보아도 무방한 나이가 되었을 때 맨 처음 보여 준 영화가 바로 「E.T」였다.

"내가 그러하듯이" 수련은 가끔 전혀 예상치 못한 형태로 그 효과가 나타나기도 한다. 팔로 알토 PTSD(외상 후 스트레스 장애) 지역 치료 센터에서 수차례 CCT 수업을 진행했던 레아 웨이스가 나에게 어떤 참가자 이야기를 들려주었다.[9] 40대 중반의 참전 용사였던 한 참가자는 자신이 자비심 수련 코스에서 들은 내용 중에 가장 인상적인 것이 행복을 바라는 모든 인간의 보편적 열망에 대한 성찰이었다고 했다. 그는 분노 조절 장애를 이겨 내기 위해 긴 시간 동안 온갖 치료 요법과 약물을 써 보았지만 큰 효과를 보지 못했다. 그는 공정하지 못한 타인의 행동을 특히 참지 못했는데 슈퍼마켓 계산대 앞에서 새치기를 하거나 주차 공간을 가로채는 사람을 보면 분노를 참지 못하고 고함을 지르거나 폭력을 행사해 문제를 일으키곤 했다. 하지만 명상을 시작하면서 그는 누군가에게 화가 날 때마다 "내가 그러하듯이 저 사람도 행복을 원하고 고통을 피하고 싶어하는 존재다."라고 계속 되뇌었다. 그러다 보면 마음이 진정되었다. 그는 지금도 누군가에게 화가 나려고 하면 주문처럼 스스로에게 되뇐다고 한다. "내가 그러하듯이……" "내가 그러하듯이……"

중학교 특수 교사이자 CCT 강사로 일하고 있는 한 사람은 직장에서 자신을 괴롭히던 사람에 대한 이야기를 했다.

CCT 수업에 참여했던 시기에 저는 직장에서 아주 힘들고 기운 빠지는 상황을 겪고 있었어요. 지난 사 년간 명상을 통해 개인적으로도 내 학생들에게도 큰 효과가 있었고 그 사실에 만족하고 있었습니다. 하지만 제 실적을 평가하는 교장의 적대적이고 공격적인 평가 방식으로 인한 스트레스와 분노는 매일 하는 짧은 명상으로 다스려지지가 않았어요. 만약 그 시기에 CCT 수업을 듣지 않았더라면 전 아마 학교를 옮기거나 직업 자체를 바꾸었을 겁니다. 교장은 일주일에 한 번씩 제 수업을 참관했는데 언제나 제 수업 방식을 신랄하게 비판했습니다. 그의 태도는 부당했어요. 공교롭게도 교장과 마주 앉아 날 선 비판을 들은 날은 항상 CCT 수업이 있었어요. 지금 생각해 보면 얼마나 다행이었는지 몰라요. CCT 수업을 같이 듣던 동료와 선생님들의 따뜻한 위로와 지지도 큰 힘이 되었지만 새로운 사실을 통찰하게 되었습니다. 저에 대한 교장의 부당한 태도가 실은 교장 자신에 대한 불만족을 비뚤어지게 표현했을 뿐이라는 걸 알아차릴 수 있었습니다. 그래서 비참한 희생자가 되는 대신 그 교장에게 자비심을 일으켰어요. 교장은 제가 자비심을 베풀기에는 벅찬 대상이었지만 그 역시 행복을 원하고 사랑 받고 싶어 하는 인간이라는 진실을 깨달으면서 교장에 대한 제 마음은 완전히 달라졌습니다. 교장의 비판 가운데 받아들일 것은 받아들이고 나머지는 무시할 수 있으면서 더 이상 그가 밉지 않았어요.[10]

유대감을 확장하기

인간의 보편적 열망에 대해 이해했다면 그 다음은 우리가 서로 얼마나 밀접하게 연결되어 있는지를 자각하는 것이다. 자신을 비롯한 수많은 사람들의 삶이 서로 뒤얽혀 있으며 그 관계망을 통해 우리가 행복과 평안을 얻고 유지할 수 있음을 알아야 한다. 현대 문화는 개인주의, 독립성, 자주성을 강조하는 경향이 있지만 실제 삶에서 우리는 상호 의존적이고 사회적인 존재로서 서로에게 기대어 살고 있다.

예를 들어, 우리의 삶과 건강을 유지하는 데 반드시 필요한 요소들을 생각해 보자. 가장 기본적인 의식주부터 여가 시간에 읽는 책, 영감을 주는 아이디어, 일상 생활의 편의를 더해 주는 각종 서비스까지 우리는 삶에 필요한 모든 것에 다른 사람의 도움을 받는다. 티베트 스승들이 말하듯이 명성을 즐기려면 자신에 대해 떠들어 줄

사람이라도 필요한 법이다.[11]

동네 가게에서 파는 티셔츠 한 장에 얼마나 많은 사람들의 땀이 들어 있는지 생각해 보자. 면화를 생산한 농부, 목화밭 가는 것을 도왔을 가축, 섬유 공장에서 일하는 노동자, 제품 유통을 관리한 사람, 마지막으로 티셔츠를 판매하는 가게 점원까지 수많은 사람들이 티셔츠 한 장을 위해 각자의 자리에서 제 몫을 다했다. 여기서 끝이 아니다. 면화를 생산한 농부가 먹은 점심에 사용된 작물을 기른 또 다른 농부들이 있고, 농기계를 가동하는 데 사용된 석유를 캔 사람들도 있고, 해외 생산지에서 소비지까지 티셔츠를 운반한 선박에서 일하는 사람들도 있었다. 선박에서 티셔츠를 내려 창고까지 운반한 사람들도 있고, 창고에서 가게까지 티셔츠를 배달한 사람도 있다. 가게를 밝히는 전기를 생산한 사람도 있고, 가게를 청소한 사람도 있고, 청소에 사용된 세제를 생산한 사람들도 있다. 끝도 없이 많은 사람들이 티셔츠 한 장을 매개로 서로 얽혀 있는 것이다.

식탁에 올라오는 한 그릇의 쌀밥에 얼마나 많은 사람들이 관련되어 있는지 생각해 보자. 십 대 초반에 남인도에 있는 농장에서 일을 해 본 경험이 있는 나는 다른 사람을 위해 작물을 길러 내는 농부들의 노고에 항상 감사하는 마음을 지니고 산다. 두 딸에게도 그렇게 가르치고 있다. 밭을 갈고, 씨를 뿌리고, 거친 날씨와 병충해를 이겨 내고 작물을 재배하는 일련의 과정에는 엄청난 인내와 노력이 필요하다.

하나의 제품이 환경에 미치는 영향을 분석하는 제품 주기 분석이라는 기법이 있다.[12] 이 분석에서는 원자재 생산에서 부품 제조 공정까지, 생산에 관련한 전 세계의 노동자부터 운송까지, 한 제품이 소비자 손에 닿을 때까지 모든 단계를 추적한다. 이를 통해 스마트폰에서 최신 유행하는 청바지까지, 우리가 일상적으로 사용하는 물건들의 상호 연관성을 더 분명하게 파악할 수 있을 것이다. 우리 삶을 둘러싼 모든 요소들이 서로 연결되어 있다는 진실을 자각한다면 자신의 존재, 행복, 심지어 자신이 누구인가 하는 정체성에 이르기까지 우리 삶을 구성하는 부분 가운데 다른 사람에게 의지하지 않고 독자적으로 이루어지는 것은 하나도 없다는 사실을 깨닫게 된다.

자신과 다른 사람의 상호 연관성은 우리의 정체성으로까지 확대된다. '나'라는 존재는 다른 사람들이 존재해야 성립된다. '너'와 '그들'이 있어야 '나'라는 개념이 성립되는 것이다. 흥미롭게도 아기들이 맨 처음 말을 배울 때 '나', '나를', '내 것'과 같은 일인칭 대명사를 익히는 데 오랜 시간이 걸린다. 보통 부모들이 아기에게 말을 할 때 '아빠한테 줄래.', '엄마가 해 줄게.', '엄마는 슬퍼.'와 같이 자신을 삼인칭으로 지칭하는 경우가 많은데 아이들도 똑같이 한다. 내 딸들도 말을 배울 때 자신을 삼인칭으로 표현하거나 아예 주어를 빼먹는 경우가 많았다. 발달 과학자들에 따르면 아기의 정체성은 엄마와 융합되어 있으며 시간이 흐르면서 천천히 개별적인 존재로서 정체성을 확립된다고 한다.

CCT 과정에는 다른 사람에게 감사하는 마음을 느끼는 데 초점을 맞춘 명상 프로그램이 있다.

연습: 타인에게 감사하기

우리는 셀 수 없이 많은 사람들의 도움을 받으며 살고 있다. 다른 사람들이 있기에 자신이 생존할 수 있고 다른 사람들이 있기에 자기 존재에 의미가 생기며 다른 사람들의 도움 덕분에 편안하게 살 수 있는 것이다. 이제 마음을 열고 자기 삶을 지탱하고 있는 모든 사람에게 감사하는 마음을 가져 보자. 긍정적인 생각과 감정이 일어난다면 그 에너지가 자신의 온 존재 안으로 스며들도록 기다린다.

이제 생각한다. '다른 사람이 내가 행복하기를 빌어 줄 때 내가 행복하듯이, 다른 사람이 내 슬픔과 고통에 마음 아파할 때 내가 위로를 받듯이, 다른 사람 역시 나와 같다. 그러니 나도 다른 사람의 행복에 기쁨을 느끼고 다른 사람의 슬픔과 고통에 공감하리라.'

내가 그러하듯이 다른 사람들도 행복을 원하고 고통을 싫어한다는 사실을 다시 한 번 자각하면서 다른 사람의 행복을 기뻐하고 그들의 고통에 공감하는 마음을 일으켜 본다.

자신과 다른 사람들이 얼마나 밀접하게 연결되어 있는지 자각하고 자신과 똑같은 존재인 타인에 대한 유대감이 마음속 깊이 스며들 때까지 기다린다.

자비의 원을 확장하기

이제 자신과 가족, 사랑하는 사람뿐 아니라 더 많은 사람에게로 자비의 원을 확대해 보자. 이를 위해서는 자기 존재가 다른 사람 및 우주와 동떨어져 존재한다는 생각 – 알버트 아인슈타인이 "광학적 착시 현상"이라고 부른 이 인식의 감옥에서 벗어나야 한다. 이제 '우리'와 '그들' 또는 내집단과 외집단을 구별하는 오랜 습관을 뛰어넘는 방법을 배워야 한다. 아인슈타인은 개인의 분리감을 "욕구에 사로잡히게 하고 가까운 몇몇 사람에게만 애정을 베풀도록 제한하는" 감옥에 비유했다. 그리고 우리의 과제는 "자비의 원을 넓힘으로써 이 인식의 감옥에서 벗어나 모든 생명체와 자연을 있는 그대로 포용하는 것"이라고 말했다.[13] 모든 생명체를 아우를 만큼 자비의 원을 확대하는 명상을 해 보자.

연습: 자비의 원을 확장하기

몸과 마음을 편안히 한 상태에서 자신의 호흡을 관찰하면서 지금 이 순간에 집중한다. 숨이 들어오고 나가는 모습을 바라보면서 마음을 고요히 한다. 지금 이 순간, 현재에만 집중한다.

이제 자신이 과거에 힘든 일을 겪었던 때를 떠올려 보자. 힘들었던 경험을 떠올리며 어떤 감정이 일어나는지 바라본다. 이제 자신을 따뜻하고 애정 어린 마음으로 감싸 안으며 다음 구절을 천천히 반복한다.

   내가 고통에서 벗어나기를 ……
   내가 평화와 기쁨으로 충만하기를 ……

이제 행복을 바라는 내 깊은 열망을 분명하게 인식하면서 다음 구절을 천천히 반복한다.

   내가 행복하기를 ……
   내가 고통에서 벗어나기를 ……
   내가 평화와 기쁨으로 충만하기를 ……

잠시 동안 온 마음을 다해 자신을 위해 기원한다.

이제 자신이 가장 사랑하고 아끼는 사람을 떠올려 보자. 그 사람을 떠올렸을 때 마음이 얼마나 따뜻하고 애정이 넘치는지 바라본다. 이제 그 사람이 과거에 힘든 일을 겪었던 때를 떠올려 보고 자신이 사랑하는 그 사람을 염려하는 마음을 바라본다. 그 사람의 고통에 가슴 아파하고 심지어 달려가 돕고 싶은 자기 마음을 가만히 바라본다. 그 사람을 걱정하는 자신의 마음을 바라보며 다음 구절을 천천히 읊조린다.

　　당신이 행복하기를 ……
　　당신이 고통에서 벗어나기를 ……
　　당신이 평화와 기쁨으로 충만하기를 ……

이 구절을 천천히 반복하면서 자신의 마음을 가만히 바라본다.

이제 싫어하지도 좋아하지도 않으며 자주 마주치지만 특별한 교류가 없는 사람을 떠올려 보자. 친하지 않은 직장 동료나 자주 가는 카페 직원도 좋다. 자신이 그러하듯이 그 사람도 누군가에게는 소중한 존재라는 사실을 생각한다. 자신이 그러하듯이 그 사람도 사랑과 행복을 갈망한다. 자신이 그러하듯이 그 사람에게도 꿈이 있고 희망이 있고 두려움이 있다. "내가 그러하듯이 그 사람도 행복을 원하고 고통을 피하고 싶어 한다."

이제 그 사람이 처해 있는 고통스러운 상황을 상상해 본다. 틀어진 가족 관계로 힘들어하는 모습, 알코올 중독에서 벗어나기 위해 몸부림치는 모습, 우울증으로 고통 받는 모습을 떠올린다. 그 사람을 염려하는 마음이 든다면 그 마음을 그대로 바라본다. 달려가 무엇이라도 도와주고 싶은 생각이 든다면 그 마음도 그대로 바라본다. 그를 걱정하는 자신의 마음을 바라보며 다음 구절을 읊조린다.

　　고통에서 벗어나기를 ……
　　평화와 기쁨으로 충만하기를 ……

고통에서 벗어나기를 ……

평화와 기쁨으로 충만하기를 ……

이제 가만히 생각한다. '나와 내 가족뿐만 아니라 이 세상 모든 사람은 행복을 원하고 고통을 피하고 싶어 하는 열망을 기본적으로 지니고 있다. 내가 그러하듯이 모든 사람들은 행복해지고 싶어 한다. 내가 그러하듯이 모든 사람은 고통, 두려움, 슬픔에서 벗어나고 싶어 한다.'

이제 모든 존재가 고통에서 벗어나기를 바라는 마음으로 다음 구절을 천천히 읊조린다.

모든 존재가 고통에서 벗어나기를 ……

모든 존재가 고통과 슬픔에서 벗어나기를 ……

모든 존재가 불안과 두려움에서 벗어나기를 ……

모든 존재가 평화와 기쁨으로 충만하기를 ……

평화와 행복을 열망하지만 고통, 슬픔, 두려움으로 괴로워하는 모든 존재를 생각하며 기원한다. '그들 모두가 고통과 두려움에서 벗어나기를!'

커다란 자비심이 마음을 가득 채우는 것을 느끼며 잠시 평화로운 침묵 속에 머문다.

위에 있는 명상 순서를 직접 녹음하여 매일 명상 수련을 하는 것도 좋다. 이른 아침이나 하루 가운데 한가한 때에 비교적 조용하고 집중할 수 있는 장소에서 명상 수련을 하기를 추천한다. 이 명상은 짧게는 10~15분, 길게는 30~45분 정도 소요된다.

적극적인 자비 명상

스탠퍼드 자비심 함양 코스의 마지막 과정은 "적극적인 자비 명상"이라고 불리는 것으로 통렌tonglen을 본 뜬 것이다. 통렌은 널리 알려져 있는 티베트 명상법이다. 통렌은 '주고받기'라는 뜻으로 다른 사람의 고통과 불행, 불안한 정신 상태로 인한 부정적인 에너지를 내가 마음으로 가져오고 자신이 가진 행복, 행운, 긍정적인 정신적 기운을 그 사람에게 주는 것이다. 다른 사람에 대한 자비로운 마음이 실제 행동으로 이어지도록 하는 것이 목적이기 때문에 CCT에서는 이 명상을 "적극적인 자비 명상"이라고 부른다. 일반적으로 통렌은 호흡과 함께 이루어진다. 숨을 들이쉴 때 검은 구름이나 연기로 시각화된 다른 사람의 고통과 슬픔 그리고 그 원인들이 자신의 몸 속으로 흡수되고, 흡수된 나쁜 에너지는 빛으로 녹아 사라진다고 상상한다. 그리고 숨을 내쉴 때에는 자신이 가진 행복과 행운이 호흡과 함께 상대방에게 전해진다고 상상하는 것이다.

통렌은 다른 사람뿐 아니라 자신의 상황에도 적용할 수 있다.[14] 아프거나 경제적인 문제 등으로 어려움을 겪을 때는 자신에 대한 통렌을 할 수 있다. 이때 기도문은 이렇다. "지금 내가 겪는 고통이 비슷한 처지에 있는 다른 사람의 고통을 덜어 주기를" 그리고는 바로 지금 자신과 같은 질병이나 불행으로 힘들어 하는 사람들의 고통을 모두 받아들인다고 상상한다. 이렇게 하면 지금 자신이 겪는 고통이 다른 사람과 유대감을 느끼는 또 다른 계기가 될 수 있다. 티베트 피리 연주자 나왕 케촉Ngawang Khechok은 동인도 오리사주에 살고 있는 아버지를 만나러 가는 길에 끔찍한 교통사고를 당한 적이 있다. 그날은 티베트 설날 전날이었기 때문에 나왕 케촉의 아들과 조카딸도 동행하고 있었다. 차가 트럭과 충돌하면서 운전사는 그 자리에서 사망하고 나왕의 조카딸은 병원으로 옮겼으나 결국 숨을 거두었다. 아들은 다행히도 가벼운 부상을 입었으나 나왕 케촉은 크게 다치는 바람에 병원에 몇 달간 입원하여 수차례 수술을 받아야 했다. 극심한 통증과 죽을지도 모른다는 두려움으로 고통스러웠던 처음 몇 주 동안 자신을 버티게 한 것이 바로 통렌 명상이었다고 그는 말했다. 병원 침상에 하루 종일 누워 있으면서 그는 자신과 같은 신체적 부상, 정서적 상처, 두려움 등으로 고통 받는 수많은 사람들에 대해 생각했다. 그들의 고통을 모두 들이쉬고, 그들의 행복을 바라는 자비롭고 따뜻한 마음은 내쉬기를 반복했다.(몇 달 후 나왕 케촉은 완전히 회복되어 다시 피리 연주자로 활동할 수 있게 되었다.)

사랑하는 사람이 고통을 겪을 때에도 통렌을 적용할 수 있다. 그 사람의 상황이 나아지기를 바라는 마음으로 그의 질병이나 불운을 가져오고 자신이 가진 사랑과 자비심을 그에게 보낸다. 임종을 앞둔 가족이 있다면 곁에 앉아 그를 괴롭히는 고통을 가져오고 그 대신 애정과 따뜻한 마음을 보내 평화롭게 죽음을 맞을 수 있도록 할 수 있다. 임종을 앞둔 사람에 대한 통렌을 통해 사랑하는 이의 죽음이 자신에게 남길 상처를 두려워하는 대신 그 사람의 존재 자체를 있는 그대로 느끼고 그를 위해 무엇을 하는 것이 최선인가에 초점을 맞출 수 있다. 통렌은 우리가 고통과 당당히 마주할 수 있도록 돕는 강력한 도구이다.

CCT에 참여했던 64세의 한 목사는 통렌에 관한 한 가지 이야기를 들려주었다.[15]

어느 날 응급실에서 원목을 요청하는 호출이 왔습니다. 두 살짜리 아이가 익사 사고로 실려 왔다고 했어요. 이런 경우, 상황이 어떻게 되는지 알기 때문에 저는 마음이 착잡했습니다. 어린아이가 잘못 되는 모습을 지켜보는 건 몹시 힘든 일이거든요.

저에게 힘을 달라고 기도하면서 응급실로 달려갔습니다. 형제인 두 아이가 누워 있었고 의사가 아이들에게 심폐 소생술을 하고 있었지만 상황이 별로 좋지 않아 보였습니다. 응급실 밖에서 몸을 제대로 가누지도 못하고 흐느껴 우는 젊은 엄마의 모습을 보는 순간, 저는 온몸이 죄어드는 것처럼 고통스러웠습니다.

아이들을 살려 내지 못한 의료진부터 젊은 부모, 뒤이어 도착한 다른 가족들까지 모두가 각자의 입장에서 고통을 겪고 있었습니다. 응급실 전체가 비통함에 휩싸여 아무도 말이 없었습니다.

무거운 분위기에 압도된 저는 어찌할 바를 모르겠더군요. 내가 무엇을 할 수 있을까? 도무지 무엇을 해야 할지 몰라 막막한 상태였는데, 그때 CCT 수업에서 배웠던 "주고받기" 명상(통렌)이 떠올랐습니다. 그곳이 너무 번잡해서 명상을 하기에는 적합하지 않다는 생각이 들었지만 그 순간 내게 통렌 명상이 정말 필요했습니다. 나는 숨을 들이쉬면서 고통의 먹구름을 내 몸 안으로 흡수하고, 내쉬는 숨에 황금색 빛덩어리를 내보내 응급실 안에 있는 사람들에게 보냈습니다. 그러자 완전히 다른 차원의 무언가가 일어났습니다. 제 안으로 고통을 받아들이는 순간, 저는 마음속에서 저를 지탱해 줄 소중한 무언가를 발견했습니다. 숨을 쉴 때마다 내가 받아들인 고통이 내 온몸을 씻어 내렸고, 나는 자유를 느꼈습니다. 고통을 경험하면서도 마음은 그 고통에 속박되지 않았으며, 고통을 적극적으로 받아들이면서 제 자신이 자유로워진다는 것을 알았습니다. 그날의 경험은 저에게 크나큰 선물이었습니다.

비록 상상이지만 다른 사람의 고통을 자신이 가져온다는 발상이 부담스럽게 느껴질 수도 있다. 뛰어난 불교 수행자인 산티데바도 같은 질문을 던졌다. "자비심이 내 고통을 가중한다면 왜 굳이 자비심을 가져야 하는가?"[16] 이 질문에 대해 산티데바는 자기 자신의 고통과 자비심으로 다른 사람의 고통을 받아들이는 것 사이에는 심리적으로 차이가 있다고 설명한다. 자기 자신의 고통과 달리 타인에 대한 자비심 때문에 일어나는 마음의 고통은 자발적인 것이다. 누가 시켜서가 아니라 자기 스스로가 다른 사람의 아픔을 외면하지 않기로 마음먹은 것이다. 산티데바는 이것을 질병에 비유한다. 병세가 더 심각해지는 것을 막기 위해 기꺼이 치료의 고통을 참아 낸다. 스스로 의사를 찾아가기도 하고 수술을 받기도 한다. 다른 사람의 상황을 염려하는 자비로운 마음 자체가 고양된 마음 상태이며 그 마음은 다른 사람을 돕고자 하는 의지를 북돋아 준다. 앞에서도 말했듯이 다른 사람의 아픔에 공감하는 순간 우리는 자기 자신이라는 좁은 틀에서 벗어날 수 있다. 그리고 그 자체로 내 아픔과 슬픔이 가벼워진다.

심지어 티베트 사람들도 아무런 준비 없이 통렌 수행을 시작하는 것은 어려운 일이라고 말한다. 그래서 단계적으로 접근할 필요가 있다. 미래의 자신을 위한 통렌으로 시작하는 것이 수월할 수 있다. 예를 들어 내일의 나, 다음 달의 나, 내년의 나, 혹은 10년 후의 나를 상상하며 통렌을 하는 것이다. 미래의 자신을 대상으로 하는 명상이 익숙해지면 그 다음에는 자신이 아끼는 누군가로 대상을 전환한다. 그 후에는 가족, 친구 등으로 대상의 범위를 점점 넓혀 간다.

다음은 다른 사람을 대상으로 한 통렌의 예시이다. 이것을 자기 자신에 대한 통렌으로 응용할 수도 있다.

연습: 통렌 명상

먼저 복식 호흡을 3~5회 실시하여 마음을 가라앉힌다. 숨을 마실 때는 아랫배까지 깊숙이 들이쉬고 천천히 내쉰다. 이제 통렌 명상의 대상으로 삼을 사람을 선택한다. 힘든 시간을 보내고 있는 가족도 좋고, 전쟁과 같은 극한 상황에서 살아남기 위해 발버둥치고 있는 사람들을 대상으로 할 수도 있다.

이제 다음 구절을 생각한다. '내가 그러하듯이 그들도 고통에서 벗어나고 싶어 한다.' 그들 역시 자신처럼 고통을 싫어하는 같은 인간이라는 인식 위에서 그들의 안위를 염려하는 마음과 그들이 고통과 두려움에서 벗어나기를 바라는 마음을 일으킨다. 그리고 그들을 괴롭히는 고통, 두려움, 슬픔이 검은 구름의 형태로 그들의 몸에서 빠져나와 내 몸 안으로 들어온다고 상상한다. 들이쉬는 숨과 함께 자신이 빨아들인 검은 구름이 심장을 둘러싼 환한 빛 속으로 흡수되어 완전히 사라진다고 상상한다. 그리고 자신이 그들의 고통을 모두 거둔 덕분에 그들이 고통, 두려움, 슬픔에서 벗어나 평화로워졌다고 상상한다.

이제 다음 구절을 생각한다. '내가 그러하듯이 그들도 행복을 원한다.' 그들 역시 자신처럼 행복을 바라는 같은 인간이라는 인식 위에서 그들이 평화와 기쁨으로 충만하기를 바라는 마음을 일으킨다. 그리고 그들을 염려하고 아끼는 마음이 내쉬는 숨을 타고 하얀 구름의 형태로 자신의 몸에서 빠져나가 그들을 감싼다고 상상한다. 내가 가진 모든 자비심, 기쁨, 행운을 비롯한 모든 좋은 것이 하얀 구름에 실려 그들에게로 전해진다고 생각한다. 이제 그들이 평화와 행복을 얻고 힘을 되찾았다고 상상한다.

고통, 두려움, 슬픔은 모두 빨아들이고 평화, 기쁨, 평안함은 모두 내보내는 과정을 몇 차례 반복한다.

이제 빨아들이는 나쁜 것과 내보내는 좋은 것의 크기를 더 키워 본다. 만약 지금 힘든 시간을 보내고 있는 가족을 대상으로 통렌 명상을 했다면 이제 가족과 비슷한 상황을 겪고 있는 사람들로 대상을 확대한다. 나쁜 것은 받아들이고 좋은 것은 내보낸다.

만약 가능하다면 자신을 싫어하거나 자신이 싫어하는 사람까지로 그 대상을 넓혀 본다. 자신이 그러하듯이 그들 역시 고통을 싫어하고 행복과 평화를 원하는 존재라는 사실을 깊이 인식한다.

마지막으로 통렌의 대상을 세상 모든 존재로 확대한다. 모든 존재의 고통, 두려움, 슬픔을 다 자신이 흡수하고 그 대신 자신이 가진 자애와 자비의 마음을 모두 내보낸다고 상상한다. 그리고 평화로운 침묵 속에 잠시 머문다.

통렌은 아름다운 영적 수행 가운데 하나이다. 개인적으로는 티베트 불교 전통이 전 인류에게 전하는 귀한 보물 가운데 하나가 통렌 명상이라고 생각한다. 불교 이외의 다른 종교를 믿거나 종교가 없는 사람도 통렌 명상을 하는 데 아무런 문제가 없을 것이다. 통렌 명상은 언제 어디에서나 할 수 있으며 아무런 준비가 필요 없다. 단 한 가지 필요한 것은 이 순간에 깨어 있는 것이다. 숨을 마실 때 고통을 흡수하고 숨을 내쉴 때 사랑과 자비의 에너지를 내보내는 그 모든 순간에 집중해야 한다. 숨을 마시고, 숨을 내쉬고, 그것이 전부다.

다음 장에서는 우리의 자비로운 본성에 대한 자각 위에서 인류의 새로운 존재 양식을 모색하고자 한다.

III

새로운 삶의 방식

9

더 나은 삶을 위하여:
자비심이 어떻게 우리를 건강하고 강하게
만드는가?

사람이 천성적으로 친절한 존재라고 여긴다면……
도덕성은 잠재력을 일깨우는 데
매우 당연하고도 이성적인 수단이다.
달라이 라마

살아 있는 모든 존재에게 자비롭지 못하면
진정한 평화를 얻을 수 없다.
알버트 슈바이처(1875~1965)

이 책에서 소개하는 자비심 수련이 최근 제기되고 있는 '웰빙 wellbeing'과 어떤 관련이 있을까? 자비심 수련을 통해 오늘날 학자들이 인간 심리 기능의 핵심으로 여기는 부분을 발달시킬 수 있을까?

미국 심리학자 캐롤 리프Carole Ryff는 여러 편의 논문을 통해 웰빙의 새로운 개념을 제안했다.[1] 기존에는 '웰빙'을 정의하는 데 있어 부정적인 감정과 긍정적인 감정의 차이를 파악하고 전반적인 삶의 만족도를 평가하는 데 초점을 맞추었다. 즉 "긍정적인 감정 + 삶에 대한 만족 = 행복"이라는 등식을 가정했던 것이다. 하지만 리프는 긍정적인 심리 기능의 여섯 가지 필수 요소를 바탕으로 한 새로운 통합 모델을 개발했다. 리프가 제시하는 여섯 가지 요소는 자기 수용, 긍정적인 인간관계, 자율성, 환경 통제력, 삶의 목적, 개인적인 성장 등이다. 리프는 각각의 요소를 수량적으로 측정할 수 있는 종합 척도를 만들었다. 현재 리프의 척도는 보편적으로 사용되고 있다.

　'자기 수용Self-acceptance'은 스스로에게 긍정적인 태도를 갖는 것을 의미하며 정신 건강을 위해 중요한 요소 가운데 하나로 여겨지고 있다. 자기 수용 점수가 높은 사람은 좋든 나쁘든 자신의 다양한 면을 자연스럽게 받아들이고 자신의 과거에 대해 대체로 좋은 감정을 느낀다. '긍정적인 인간관계Positive relation with others'는 타인과 따뜻하고 신뢰감 있는 관계를 맺는 것을 말한다. 자기 수용의 점수가 높은 사람은 애정과 친밀감을 바탕으로 한 깊은 공감을 타인과 나눌 수 있다. '자율성Autonomy'은 자기 결정, 독립성 등의 가치를 아우르는 개념으로 외부의 제약이 아니라 스스로의 판단을 바탕으로 행동하는 것이다. 자율성 점수가 높은 사람은 사회에서 정한 특정한 방식으로 생각하고 행동하기를 거부하며 다른 사람의 잣대가 아니라 자신의 기준으로 스스로를 평가한다. '환경 통제력Environmental mastery'은 자신을 둘러싼 복합적인 상황을 적절히 통제하고 주어진 기회를 효과적으로 이용하는 능력으로 이 점수가 높은 사람은 자신의 욕구와 필요에 부합하는 선택을 한다.[2] '삶의 목적Purpose in life'은 삶은 의미 있는 것이라고 믿으면서 일정한 방향성을 가진 목표를 세우는 것을 말한다. 마지막으로 '개인적인 성장Personal growth'은 심리적, 감정적 성장의 측면에서 자기 자신을 평가하는 것이다. 이 점수가 높은 사람은 새로운 경험을 마다하지 않으며 자기 자신의 잠재력을 믿고 계속 성장하기 위해 노력한다.

건강한 정신을 위한 자비심 수련

7장에서 살펴보았듯이 자기 자신을 받아들이지 못하면 자신에게 자비로울 수 없으며 그 반대도 마찬가지이다. 스탠퍼드 자비심 함양 프로그램CCT에서는 자기 자비의 측면에서 자신에게 친절하기와 더불어 자신을 받아들이는 방법(자기 수용)도 다루고 있다. 자비심 수련을 통해 우리는 자신을 있는 그대로 받아들이는 방법을 배운다. 자신의 강하고 좋은 측면뿐만 아니라 나약하고 어두운 면까지 따뜻한 태도로 인정하고 자신이 저지른 실수나 실패도 용서한다. CCT에 참가한 많은 사람들은 수련 과정을 통해 자기 자신과 자신의 삶을 훨씬 더 많이 인정하게 되었다고 한다. 스스로에 대해 편안하고 꾸밈없는 태도를 취하면서 습관적인 자기혐오와 자학적 태도에서 벗어나는 것이다. 수업 중에 갑자기 눈물을 흘리는 사람을 심심찮게 볼 수 있는 것도 이 때문일 것이라고 생각한다. 자신을 대하는 것이 편할수록 다른 사람과의 관계가 나아지는 것은 당연한 일이다.

자비심 수련 과정에서 사랑하는 사람들이 행복하고 고통에서 벗어나기를 기원하는 연습을 하면서 가까운 사람들에게 감사하는 마음이 커지고 이를 통해 '긍정적인 인간관계'가 만들어진다. PTSD(외상 후 스트레스 장애) 치료의 일환으로 6주간 자비심 수련 과정에 참여했던 참전 용사들 가족들은 특히 이 부분의 효과를 강조했다. 자비심 수련을 통해 남편들 태도가 많이 나아졌다고 참전 용사

아내들은 말한다. 이전에 비해 아내의 말과 감정에 더 많이 관심을 기울이고 대화도 많이 하려고 한다는 것이다. 그리고 자비의 원을 확대한다면(8장) 더 많은 사람과 더 긍정적인 관계를 만들 수 있다.

자비심 코스에 참여했던 중년 의사가 있었다. 그는 당시 자신이 하는 일에 더 이상 보람을 느끼지 못하고 지쳐 있던 참이었다. 하지만 CCT 과정을 통해 그는 환자의 말을 듣고 그들과 소통하는 방식을 바꾸기 위해 노력한다고 말했다. 어느 날, 평소처럼 진료를 보러 온 한 중년 여성이 그에게 혹시 사랑에 빠졌느냐고 물었다고 한다. 의사의 태도가 아주 많이 달라지고 아주 행복해 보였기 때문이다. CCT 과정을 통해 그 의사는 환자들과 관계도 돈독해지고 자신이 하는 일에 다시 보람을 느끼게 되었다고 한다.[3]

자비심 수련이 정신 건강의 세 번째 요소인 '자율성'에 미치는 영향은 직접적이지는 않다. 자비심을 의식적인 목표로 삼고 기본적인 동기의 일부가 되도록 하는 것은 타인의 시선과 사회적인 통념에 휘둘리는 대신 자신의 생각과 감정, 행동을 주체적으로 결정할 수 있도록 하는 마음의 나침반을 갖는 것이다.

'환경 통제력'은 자기 삶에 대한 통제력sense of control과 관련된다. 하지만 통제력에 너무 집착하면 오히려 삶이 피폐할 수 있다. 사실 우리 삶의 많은 부분은 자신이 어찌할 수 없는 요소로 채워져 있기 때문이다. 그럼에도 불구하고 자기 삶에 대한 적당한 통제력을 가지는 것이 정신 건강에 중요하다는 것이 전문가들의 의견이다. 예를 들어, 양로원에 거주하는 노인들을 대상으로 한 간단한 실험에서 삶에 대한 통제력과 수명 간에 밀접한 상관관계가 있는 것으로 나타났다. 연구진은 양로원에 거주하는 노인들에게 화분을 하나씩 나누어 주었다. 한 그룹은 노인 스스로가 화분을 돌보게 하고, 다른 그룹에게는 직원을 시켜 화분을 돌보게 하겠다고 말했다. 6개월 후, 화분을 직접 관리하지 않는 그룹의 노인들과 화분을 직접 관리한 그룹의 사망률은 각각 30퍼센트와 15퍼센트로, 화분을 직접 돌보지 않은 그룹의 사망률이 두 배 높은 것으로 확인되었다.[4] 이 실험에서 화분을 관리하는 일을 자비심 수련에 빗대어 생각해 보면 우리가 자기 자신과 타인, 더 나아가 세상 전체를 세심하게 보살피면 우리 삶의 질과 수명에도 긍정적인 영향을 미친다는 것을 알 수 있다.

1장에서 말했듯이 자비심은 우리 삶을 보다 의미 있게 만든다. '삶의 목적'이 뚜렷하면 신체적으로 건강하고 수명이 길어진다는 연구 결과도 있다. 자비심 수련 과정에 참여하는 것 자체가 이미 의미 있는 일이다. 자비심 수련을 해 나가면서 타인과의 유대감이 깊어질수록 다른 사람에게 도움을 주는 기쁨을 알 것이다. 자신이 살아 있는 이유와 의미를 알 것이며 더 의미 있고 나은 삶을 살기 위해 노력할 것이다.

마지막으로 정신 건강의 여섯 번째 요소인 '개인적인 성장'이다. 삶에 대한 관점을 바꾸고 자기 자신을 비롯하여 다른 사람과 관계 맺는 방식을 변화시키려는 의식적인 노력 즉 끊임없이 성장하기 위한 노력을 통해 자기 자신에 대해 더 많은 것을 알게 될 것이다.

리프가 제시한 여섯 가지 요소는 우리 정신 건강을 유지하는 데 필요한 필수 요소들이며 자비심 수련은 이들을 강화할 수 있는 가장 효과적인 방법이다.

자비로운 마음은 회복력이 뛰어나다

아마도 자비심이 정신 건강에 미치는 가장 큰 영향은 바로 정신적인 회복력을 높여 준다는 점이다. 아동 발달 분야뿐만 아니라 배우자를 잃은 사람들에 대한 여러 연구에서 두 가지 핵심적인 측면이 확인되었다. 하나는 자아 탄력성ego-resiliency이라고 불리는 것으로 부정적인 상황을 극복하고 원래 상태로 돌아오는 능력을 말한다. 다른 하나는 자신이 맞닥뜨린 어려움을 위협이라기 보다는 도전으로 여기는 심리적 강인함hardiness이다. 심리적으로 강한 사람은 힘든 상황을 회피하기 보다는 적극적으로 맞서 개선하려고 한다.[5]

아동을 대상으로 한 종단적 연구에서 자아 탄력성 점수가 높은 아이들은 자신감과 통찰력이 있으며 다른 사람과 따뜻하고 열린 관계를 맺는 능력이 있는 것으로 나타났다. 이와 반대로 자아 탄력성이 낮은 아이들은 문제 행동이나 우울 증상을 보이고 청소년기에 약물에 손을 대는 경우가 많았다. 또한 자아 탄력성이 높은 아이들은 성인 된 후에 심혈관 계통에 문제가 발생하더라도 회복이 빨랐다. 뉴욕에서 발생했던 9.11 테러 목격자들 중에도 자아 탄력성이 높은 사람들은 우울증을 겪는 비율이 낮았다.[6]

달라이 라마가 종종 들려주는 한 승려의 이야기가 있다. 티베트에 있는 달라이 라마 사원의 일원이었던 로폰 라Lopon la는 1959년 달라이 라마가 티베트를 탈출할 때 함께 인도로 넘어가지 않고 라싸에 남았다. 문화혁명의 광풍이 불어닥치면서 중국군에게 끌려간 그는 강제 노동수용소와 감옥에서 십팔 년을 보냈다. 중국의 티베트 정책이 완화되기 시작한 1980년대 초반에 로폰 스님은 인도로 와서

남걀 사원에서 지내게 되었다. 남걀 사원의 원로인 그는 종종 달라이 라마와 함께 시간을 보내곤 했다. 어느 날, 한담을 나누던 중에 로폰 스님은 달라이 라마에게 자신이 감옥에 있을 때 한두 번 정말 위험한 순간이 있었다고 말했다. 목숨이 위태로운 순간이 있었을 것이라고 짐작한 달라이 라마는 로폰 스님에게 어떤 일이 있었는지 물었다. 그러자 그 나이 든 승려가 대답했다. "하마터면 중국인에 대한 자비심을 잃을 뻔한 적이 있었습니다."

감옥에 있는 동안 로폰 스님은 물리적으로는 자신의 상황을 바꿀 수 없다는 사실을 알았다. 아무런 자유가 없는 상태에서 매일매일 다른 사람의 통제에 따라 생활할 수밖에 없었다. 하지만 그는 자신의 마음만은 스스로 조절할 수 있다는 것을 알았다. 감옥에서 지내는 생활은 고되고 고통스러웠지만 로폰 스님은 영적 수행을 게을리하지 않았고, 자신을 괴롭히는 중국 군인들을 포함한 모든 존재에게 자비심을 가지려고 노력했다. 무지와 외적인 상황으로 인해 결국은 자신에게게마저 해가 되는 행동을 하고 있는 중국인들에게 연민을 가지려고 한 것이다. 일반적인 관점에서 보면 중국인에 대한 자비심을 잃을까 염려했던 로폰 스님의 태도는 바보 같고 자조적인 모습으로 느껴질 수도 있다. 하지만 자비심을 잃지 않으려는 노력 덕분에 그는 절망감이나 패배감에 빠지지 않고 온전한 분별력을 유지할 수 있었다. 나는 로폰 스님을 몇 번 만난 적이 있는데 키가 크고 마른 그는 언제나 온화한 미소를 짓고 있었다. 감옥에 있을 때 일을 너무 많이 한 탓에 등이 약간 굽은 것 말고는 그토록 심한 고초를 겪은 사람이라는 것이 믿기지 않을 만큼 그는 평온해 보였다.

내 경우에는 몸과 마음이 힘들 때 산티데바의 다음 시구가 도움이 된다.

　해결할 수 있는 문제라면
　걱정할 필요가 있는가.
　해결할 수 없는 문제라면
　걱정한들 무슨 소용인가.[7]

　나는 이 구절을 '무소용론'이라고 부른다. 우리가 삶에서 맞닥뜨리는 많은 문제는 너무 복합적이어서 해결할 수 '있다', '없다'로 명확하게 구분하기 어렵다. 그리고 자신의 문제를 해결하기 위해 다른 사람의 도움이나 선의가 필요한 경우가 많다. 그럼에도 불구하고 남에게 도움을 구하기 전에 스스로 노력해 보아야 하는 부분이 많다. 나는 어떤 경우에든 할 수 있는 한 최선을 다하고 그 다음으로 넘어간다. 어떤 문제에 대해 계속 걱정하고 마음에 담아 두면 스트레스를 받고 그 문제에 짓눌리게 된다. 만약 내가 할 수 있는 일이 아무것도 없다는 것이 확실하다면 그 상황을 그냥 받아들이는 지혜도 필요하다. 기독교의 기도문 중에도 이러한 지혜를 담고 있는 구절이 있다.

　주여,
　우리가 바꿀 수 없는 것은 평온하게 받아들이는 은혜와
　바꿀 수 있는 것은 바꾸는 용기를
　그리고 이 둘을 분별하는 지혜를 우리에게 허락하소서.

나는 산티데바의 글을 아주 좋아하는데 어렸을 때『입보리행론』을 외울 기회가 있었다.『입보리행론』은 살아 있는 모든 존재의 안녕을 위해 헌신하는 이타적인 삶에 대해 설명한 책이다. 내가 이 책을 좋아하는 이유 가운데 하나는 책 내용을 외울 당시에 대한 추억 때문이다. 1973년, 내가 있던 작은 사원은 남인도 훈수르Hunsur 근처에 있는 티베트 정착지로 옮겨 갔는데 공동 경작을 위한 실험 단계로 밭에 수수를 심었다. 여름이 끝날 무렵이면 수수가 익기 시작한다. 새들이 수수를 쪼아 먹지 못하도록 쫓는 일은 어린 승려들 몫이었다. 새를 쫓기 위해 큰 소리를 내며 수수밭을 돌아다니는 동안 나는 산티데바의 글을 외우곤 했다. 지금도 산티데바의 글을 마주하면 평화로웠던 그 순간이 떠올라 마음이 평온해진다. 그럴 때면 특히 내가 좋아하던 몇 구절을 되뇌곤 한다.

우리는 자비심 수련을 통해 정신적 회복력을 높일 수 있다. 자비심 수련은 자기 자신을 따로 떨어진 존재가 아니라 다른 사람들과의 관계망 속에서 바라보게 한다. 자기를 우선적으로 생각하는 이기적인 태도를 취하면 자기 자신만 생각하는 협소한 틀에 갇혀 버린다. 과도하게 자기중심적인 태도를 가지면 마음의 탄력성이 떨어져 아주 조그만 자극도 위협으로 느끼며 과민한 반응을 보인다. 티베트 스승들은 지나친 자기중심성을 커다란 표적을 짊어지고 다니는 것에 비유했다. 표적이 클수록 화살을 쉽게 맞는다. 자기중심성이 클수록 작은 충격에 쉽게 상처 받는다.

이와 달리 자비로운 마음은 대체로 평온하고 거리낌 없으며 자기중심적이지 않다. 다른 사람과의 유대를 통해 자유를 얻을 수 있다는 말은 결코 과장이 아니다. 내면의 회복력이 좋으면 자신을 보호하기 위해 방어막을 칠 필요도, 그 뒤에 숨을 필요도 없다. 가끔 아주 친절한 사람들이 상처를 받은 후에 쉽게 회복하지 못하는 경우도 있다. 아마도 그들은 다른 사람의 고통에 너무 민감해서 다른 사람의 안위에 지나치게 마음을 쓰기 때문일 것이다. 이쯤에서 앞서 말한 공감과 자비심의 차이점을 다시 한 번 떠올려 보자. 공감은 우리의 자비심을 이끌어 내는 데 필요한 핵심적인 요소이다. 하지만 만약 우리가 감정적 공명으로 형성되는 공감의 틀에만 갇혀 있으면 자칫 무기력감에 빠지거나 지쳐 버릴 수 있다. 이와 달리 자비심은 누군가가 고통에서 벗어나기를 바라고 그를 위해 무언가를 하고 싶다는 보다 적극적인 마음 상태이다. 평범한 인간일 뿐인 우리에게 필요한 것은 나 자신을 살피는 마음과 타인을 살피는 마음 간에 적절한 균형을 맞추는 것이다. 그러한 균형을 통해 과도한 자기중심성과 강박적인 보살핌이라는 두 가지 극단에 빠지지 않을 수 있다. 자비심 수련에서 우리가 초점을 맞추는 것은 바로 이런 식의 균형이다.

자비심 수련과 감정 조절

스탠퍼드 자비심 함양 프로그램CCT의 효과에 대한 무작위 대조 연구에서 CCT가 감정 조절에 상당히 효과적인 것으로 나타났다.[8] 감정 조절은 최근 활발한 연구가 이루어지고 있는 분야 가운데 하나로 우리 정신 및 신체적 건강, 사회 기능, 인간관계, 업무 성과 등에 큰 영향을 미친다. 감정 조절이 제대로 되지 않으면 불행한 느낌, 과도한 걱정, 스트레스 같은 문제가 발생한다.

사실 감정 조절은 따로 배우지 않아도 자연스럽게 할 수 있는 것이어야 한다. 긍정적인 감정과 부정적인 감정은 우리 삶에서 늘 일어나기 때문에 그 감정을 적절히 조절하는 법을 익히는 것은 당연한 것이어야 한다. 이 분야의 선구자인 스탠퍼드 대학 심리학자 제임스 그로스James Gross는 감정 조절을 "어떤 감정을 가질 것인가, 언제 그런 감정을 느낄 것인가, 어떻게 그 감정을 받아들이고 표현할 것인가에 영향을 미치는 심리적 과정"이라고 정의한다.[9] 전형적인 감정 조절의 양상은 포커페이스와 마찬가지로 상처를 받아도 아닌 체하는 방식으로 감정의 '표현을 억누르기', 감정을 일으키게 한 상황을 보다 긍정적으로 '재해석하기', 긍정적이거나 중립적인 감정 상태로 상황을 '회피하기', 자신의 감정을 외면하는 방식으로 감정을 억누르는 '무심하기' 같은 형태로 나타난다. 이것은 현실 부정, 의도적 감정 억제 같은 형태이며 깨어 있는 메타 인식 상태에서 자신을 둘러싼 상황을 있는 그대로 받아들이는 태도와는 완전히 다르다. 감정을 표현하지 않고 억누르다 보면 우울, 불안, 부정적인 생각 등으로 인한 스트레스가 높아지며 삶의 만족도가 낮아진다. 물론 모든 감정을 표현하는 것도 건강한 태도는 아니다.[10] 8장에서 언급했던 참전 용사의 사례를 다시 떠올려 보자. 그는 다른 사람에게 거친 말을 하거나 심지어 물리적 폭력을 가하는 방식으로 화를 표출했다. 감정을 억누르거나 무분별하게 폭발시키는 것은 답이 아니다. 중요한 것은 '조절'이다.

스탠퍼드 대학의 연구진은 자비심 수련이 감정 조절에 미치는 영향을 평가하기 위해 감정 조절에 관한 표준 질문지[11]를 이용하였다. 이 질문지는 사람들이 습관적으로 사용하는 두 가지 대표적인 감정 조절 전략인 인지적 재해석과 표현 억제를 평가하기 위해 고안된 것이다. 연구 결과, 감정적인 억제가 줄어들면 참가자들에게 매일 숙제로 내 준 자비심 수련을 하는 시간이 유의미하게 늘어나는 것으로 나타났다. 감정을 억누르는 대신 자신의 고통을 있는 그대로 바라보고, 자신을 보살피며 따뜻한 마음을 키우도록 하는 것이 CCT의 목표임을 감안하면 이러한 연구 결과는 놀랄 일이 아니다.

사회적 동물로서 우리는 자신의 감정을 조절하기 위해 자연스럽게 다른 사람의 도움을 구한다. 힘든 상황에 처하면 우리는 본능적으로 다른 사람, 특히 사랑하는 사람들로부터 위안을 얻고 싶어한다. 마음을 진정시키는 데 가장 좋은 약은 사랑하는 사람의 따뜻한 포옹과 미소, 그리고 가만히 자신의 말을 들어주는 누군가의 열린 마음이다. 자비심 수련을 통해 가까운 사람들과 관계가 돈독해지고 안정적인 애착 관계가 형성되면 그 다음에는 자신이 습관적으로 하던 감정 조절 방식을 변화시킬 수 있는 여지가 생긴다.

원래 승려였던 티베트 남성인 내가 프랑스계 캐나다 여성과 결혼을 한 후 쉽게 적응이 되지 않았던 것 가운데 하나가 바로 포옹이다. 티베트의 경우, 어린 시절에는 부모와 신체적으로 접촉을 많이 하는 편이다. 아이들은 대개 부모와 함께 자고, 엄마 등에 업혀 지내는 편이다. 하지만 어느 정도 나이가 되면 - 대개 십 대 초반 - 일반적으로 서로 껴안는 일은 많지 않다. 누군가 슬픔에 빠졌거나 먼 곳으로 떠날 때, 오랫동안 헤어져 있다가 다시 만날 때 같이 특별한 경우에만 포옹을 한다. 승려였던 나에게는 신체적 접촉이 특히 제한적이었기 때문에 누군가와 포옹을 해야 하는 상황이 오면 나도 모르게 머뭇거리곤 했다. 결혼을 하기 전, 영국 캠브리지에서 살 때는 이것이 전혀 문제가 되지 않았다. 내가 보기에 영국인들도 포옹을 꽤나 어색해 하는 것 같았다. 하지만 아내 소피를 만나면서부터 상황이 달라졌다. 내가 포옹을 어색해 하는 것을 안 소피가 어느 날 욕실에『포옹을 위한 작은 책The Little Book of Hugs』을 갖다 두었다. 소피의 예상대로 그 책은 나에게 꽤 도움이 되었다.

도덕성을 견고하게

자비심을 기본 동기로 삼을 때 우리는 가치관과 도덕성의 견고한 토대를 구축하게 된다. 인간 행동을 연구하는 과학자들은 인간이 싫든 좋든 어쩔 수 없이 도덕적인 존재라는 데 동의한다. 이성과 감정을 가진 존재로서 인간이 도덕적이라는 사실은 부인할 여지가 없다. 우리는 각자 가치관과 태도, 목표를 바탕으로 자신을 둘러싼 세상을 끊임없이 평가하고 어떻게 반응할지 결정한다. 세상과의 관계에서 가치를 평가하고 이해하는 방식이 바로 여기서 말하는 윤리의 의미이다.

사회적 동물로서 내 행복은 다른 사람의 행복과 동떨어져 있지 않다. 다른 사람이 없다면 행복을 원하고 고통을 피하려는 내 기본적인 열망을 충분히 채울 수가 없다. 윤리의 역할은 나 자신의 행복을 추구하는 마음과 다른 사람의 행복에 대한 내 책임감 사이에서 균형을 잡도록 하는 것이다. 다른 사람들 역시 나처럼 행복을 원하고 고통을 피하고 싶어하며, 그것을 추구할 권리가 있기 때문이다. 윤리는 이러한 보편적 도덕관을 유지하는 데 도움이 된다. 종교와 문화가 달라도 거의 모든 도덕 체계의 핵심이 "남에게 대접 받고 싶은 대로 남을 대접하라."라는 황금률의 형태를 띠는 것은 어쩌면 당연한 일이다. 불교에서는 윤리적 행동을 "다른 사람에게 실제로 해를 입히거나 해를 입히는 원인이 되지 않는 것"으로 정의한다. 피해를 입힌 정도에 따라 그 비윤리적 행동의 심각성이 결정되는데 다른 생명체의 목숨을 빼앗는 것을 가장 나쁜 행위로 본다. 그리고 단순히 해를 입히지 않는 것보다 적극적으로 선행을 베푸는 것을 더 윤리적인 행위로 평가한다. 그 가운데에서도 이타적인 행동을 가장 가치 있는 것으로 여긴다. 따라서 불교에서는 자제의 윤리, 덕의 윤리, 이타심의 윤리를 강조한다.

도덕성 진화에 관한 최근의 여러 연구에 따르면 대부분의 문화, 언어, 민족을 관통하는 보편적인 도덕적 정서가 있는 것으로 보인다. 그리고 이러한 보편적 도덕 정서를 영장류 사회에서도 발견할 수 있다는 주장이 있다. 다윈도 마찬가지 견해를 가졌던 것 같다. 인간의 도덕성이 타고난 본성이라고 주장하는 사람들은 언어에 문법이 있듯이 모든 사람이 정서적으로 공유하는 일종의 내적 도덕률 moral grammar이 존재한다고 말한다.[12] 특정 언어를 말하는 집단에서 특정한 방식으로 문법 체계가 작용하듯이 인간의 내적 도덕률 역시 각자가 속한 사회문화적 조건의 영향을 받아 밖으로 표출된다. 그래서 각각의 사람들은 자신이 나고 자란 사회의 문화와 정서를 기반으로 가치와 세계관, 태도를 확립한다. 개인의 윤리 의식은 이렇게 형성된다.

과거에는 대부분의 사회가 오늘날에 비해 인종, 종교, 언어 측면에서 동질성을 가지고 있었다. 따라서 한 사회 내에서 함께 사는 사람들은 대부분 동일한 가치관을 공유했다. 근대화 이후, 세속화와 더불어 사람들이 두 가지 이상의 가치 체계에 노출되면서 사회의 법률을 넘어서는 공통의 가치관이 힘을 잃게 되었다. 도덕에 관한 문제가 제기되면 사람들은 괜한 분란을 일으키지 않으려고 애써 무시한다. 지금 시대의 질문은 바로 이것이다. 우리는 어떤 윤리를 따르며 살아야 하는가?

예를 들어, 나와 아내는 모두 불자이므로 불교라는 윤리적 틀 안에서 아이들을 기르기로 했다. 이 문제에 관한 시작은 단순했다. 아이들은 자신을 둘러싼 모든 것을 흡수한다. 부모, 학교, 친구, 사회, 미디어 등이 드러내는 모든 종류의 가치관과 사회적 태도를 곧바로 습득한다. 따라서 복잡한 현대 사회에서 부모가 아이들에게 귀중한 정신적, 윤리적 가치를 제대로 전하려면 세심한 주의가 필요하다. 특히 부모를 자기 세계의 전부로 생각하는 유아기에는 더 주의해야 한다.

건축에 비유하자면 자비심은 도덕이라는 집의 토대이자 건축 원리이며 도덕의 청사진이다. 자비심은 여러 가치가 충돌하는 상황에서 무엇이 더 중요한지 판단할 수 있는 기준이 된다. 자비심을 우리의 기본적인 가치로 삼는다면 다른 사람의 행복을 바라고, 다른 사람을 돕고, 다른 사람의 행복에서 기쁨을 얻는 태도가 자연스럽게 몸에 밴다.

자비심은 인간으로서 우리가 타고난 기본적인 성향이다. 자비로운 마음을 키우려고 노력한다면 자비심이 도덕적인 존재로서 나 자신을 규정하는 윤리적 기준이 될 것이다.

달라이 라마는 자비심이 보편적인 윤리의 기초가 될 수 있다는 메시지를 전하는 데 많은 노력을 기울여 왔다. 『새로운 천 년을 위한 윤리학Ethics for the New Millennium』과 속편 『종교를 넘어Beyond Religion』

에서 보편적 윤리에 관한 이 같은 전망을 설명하고 있다.[13] 달라이 라마는 자비심, 사랑, 친절, 용서, 책임감과 같은 가치들이 종교에 의해 고취될 수도 있지만 이러한 가치는 종교와 무관하게 출발한 다고 설명한다. 이 가치들은 다른 사람들과 유대를 맺고 행복을 원하며 고통을 피하려는 기본적인 인간 조건에 기초한 보편적인 것이 다. 즉 이 가치들은 우리가 기본적으로 가지고 태어난 공감의 본성이 표현된 것이다. 다른 사람의 안위를 염려하는 마음으로 축약할 수 있는 자비심은 특정한 종교나 형이상학적 신념에 의지하지 않고도 우리 모두가 공유할 수 있는 보편적 윤리의 기틀을 제공한다. 따라서 자비심을 기르는 것은 단순히 개인 문제가 아니라 사회와 세계 전체에 영향을 미칠 수 있다. 모든 사람이 자비심을 삶의 기본적인 원리로 삼는다면 세상이 어떻게 변할지 한번 상상해 보자.

10

더 담대하게 더 여유롭게 더 자유롭게:
자비심을 삶의 기본 원리로

도덕적 훌륭함은 습관에서 나온다. 정당한 행동을 하면 정당해지고,
신중한 행동을 하면 신중해지고, 용감한 행동을 하면 용감해진다.
아리스토텔레스(니코마코스 윤리학 2권)

긍정적인 태도를 잃지 말라. 당신의 태도가 당신의 습관이 된다.
긍정적인 습관을 잃지 말라. 당신의 습관이 당신의 가치가 된다.
긍정적인 가치를 잃지 말라. 당신의 가치가 당신의 운명이 된다.
간디(1869~1948)

삶의 태도에 관한 구체적인 목표를 세우고 연습하는 과정을 부지런
히 반복하다 보면 자비심과 이타심을 습관으로 만들 수 있을까? 마
음을 열심히 갈고 닦으면 자비심이 잠재의식에 저장되어 자비로운
생각과 행동이 본능적으로 나오게 될까? 자비심이 그저 한순간의
감정에 그치는 것이 아니라 세상을 바라보는 기준과 살아가는 원칙
이 되는 것이 과연 가능할까?

　노벨상을 수상한 경제학자이자 심리학자인 대니얼 카너먼Daniel
Kahneman은 그의 저서 『생각에 관한 생각Thinking, Fast and Slow』에서 우리

뇌의 두 가지 사고 유형에 대해 설명했다.[1] 그가 "빠르게 생각하기"라고 부르는 사고 유형은 일차적으로 감정과 연관되며 자동화된 직관적 사고로서 의식의 표면 아래에서 작동한다. "느리게 생각하기"는 노력이 필요한 의식적이고 논리적인 사고방식이다. 우리는 일상생활에서 어떤 결정을 내릴 때 "빠르게 생각하기" 유형에 더 많이 의지하는 경향이 있다. 진화론적 관점에서 보면 이 같은 경향이 타당하다. 사고활동이 자동화될수록 정보를 처리하는 속도가 빨라지고 이를 바탕으로 주어진 상황에 가장 효율적으로 대처할 수 있기 때문이다. 이 체계에서는 새로운 상황을 맞닥뜨렸을 때 새로운 대응 방식을 만들기 보다는 기존의 생각, 감정 및 행동 패턴과 새로운 정보를 결합시켜 빠른 사고를 하는 것이 가능해진다. 다시 말해 과거의 경험을 통해 효율적인 것으로 입증된 행동 패턴을 재사용하는 것이다. 이런 체계에서는 새로운 무언가를 생각하느라 시간을 낭비할 필요가 없다. 이 이론을 바탕으로 카너먼은 인간이 판단과 결정을 내리는 방식에 대한 이해를 획기적으로 진전시켰으며 그 과정에서 인간의 편견을 설명할 수 있는 강력한 논거를 제시했다.

『뉴욕타임스』 기자 찰스 두히그Charles Duhigg는 그의 저서『습관의 힘The Power of Habit』을 통해 습관이 어떻게 형성되고 인간의 행동에 어떤 영향을 미치는지에 대한 중요한 과학적 발견에 사람들의 관심을 집중시켰다. 두히그는 소위 말하는 '빠른 사고'가 어떻게 작동하는지 설명했다. 과학자들은 우리 뇌가 일련의 행동을 습관으로 전환시키는 과정을 의미 덩이 짓기chunking라고 부른다. 이 의미 덩이 짓기 과정이 습관의 뿌리인 것으로 보인다. 의미 덩이 짓기의 신경 생리학적 현상은 끊임없이 에너지를 절약할 수 있는 방법을 모색하는 우리 뇌의 진화적 기능 가운데 하나이다. 습관적인 행동을 할 때 우리 뇌는 그 행동에 관한 작업을 최소화하여 에너지를 절약하고, 그 에너지를 더 필요한 곳에 사용하려고 한다. 두히그는 자신의 핵심적인 주장을 다음과 같이 요약했다. "얼마나 많이 먹을지, 무엇에 집중할지, 몇 시에 출근을 할지, 얼마나 자주 술을 마시고 몇 시에 조깅을 할지 일단 한 번 결정하고 나면 그 이후에는 더 이상 고민을 하지 않고 그 행동은 자동적으로 나온다. 이것은 자연스러운 신경 생리학적 결과이다. 그리고 어떤 행위가 습관이 되는 이 과정을 이해하고 나면 이미 선택한 패턴을 원하는 방식으로 재정립할 수 있을 것이다."[2]

오늘날 심리학과 신경 과학에서 밝혀낸 사실들을 감안하면 이 장을 시작하면서 던진 질문들에 대한 답은 모두 '그렇다'이다. 사실 불교 전통에서는 오랫동안 자비심 함양에 목적을 둔 마음 수련이 개인적 전환을 일으킬 수 있다고 생각해 왔다. 현대 신경 과학을 통해 밝혀진 사실은 새로운 경험을 할 때 우리 뇌의 반응 방식이 신속하게 변화한다는 점이다. 시냅스 연결 형태가 바뀔 뿐만 아니라 새로운 뉴런이 생성되기도 한다. 새로운 신경이 생성되는 것을 신경 생성neurogenesis이라고 부르며 살면서 주어지는 자극에 따라 우리 뇌가 변화하는 능력을 신경 가소성neuro-plasticity이라고 한다.[3] 경험으로 인해 후생적 변화−환경적 영향으로 인해 일어나는 유전적 변화− 가 일어나며 이렇게 변화된 결과가 일생 동안 지속되며 심지어 자식에게까지 전해진다는 연구 결과도 있다.

일상에서 실천하기

꾸준한 수련과 실천을 통해 자비심을 습관화하면 우리는 더욱 담대한 마음으로 큰 내적 갈등 없이 자유롭게 살 수 있다. 그리고 자연스럽게 자신과 다른 사람들이 서로 연결되어 있다는 인식을 바탕으로 자기 자신과 자신을 둘러싼 세상을 바라보게 될 것이다. 타인은 더 이상 적대감이나 위협의 대상이 아니라 자신과 같은 존재, 자신처럼 행복을 원하고 고통을 싫어하는 인간이 된다. 자비심이라는 새로운 습관은 자책, 자기 보호, 자기 자신에 대한 지나친 걱정과 같은 오래된 습관을 대체하며 자신을 얽매던 틀에서 벗어나게 한다. 우연히 마주친 낯선 사람부터 가장 가까운 가족과 친구들까지, 자신을 둘러싼 사람들과 관계 역시 열린 마음과 친절을 바탕으로 깊고 원만해진다. 모든 사람의 고통과 필요에 대해 편견 없이 자비로운 마음을 가질 것이며 심지어 자신에게 해를 입힌 사람과 마주칠 때에도 내가 그러하듯이 그 역시 행복을 원하고 고통을 피하고 싶어 한다는 기본적인 사실을 유념할 것이다. 자비심을 바탕으로 한 사고방식이 자동적인 직관으로 자리 잡고, 어떤 행동을 할 때에도 그 행동이 다른 사람에게 미치는 영향을 먼저 생각할 것이다. 다른 사람에게 친절을 베풀었을 때 상대방이 행복해하는 모습을 보면 더 많은 친절을 베풀고 싶어진다. 그러한 선순환이 반복되면서 친절은 습관이 된다. 다른 사람을 도우려는 태도가 기본적인 자세로 자리 잡는 것이다. 자비심을 그저 언젠가 추구해야 할 이상으로만 여기는 것이 아니라 삶 속으로 끌어들이면 자신의 생각과 감정, 행동을 통해 실제로 실천하며 살 수 있다. 자비심을 습관화하면 삶 자체를 변화시킬 수 있다.

자비로워진다는 것이 소극적이 되거나 불의를 무조건 참는 것을 의미하지는 않는다. 사회적인 불의에 맞서는 데 있어 진정한 자비심은 건설적인 방향으로 승화된 도덕적 분노의 형태로 표출된다. 마하트마 간디가 영국 지배에 항거해 독립을 쟁취하기 위해 인도 국민들을 이끈 힘은 바로 이 도덕적 분노였다. 에이브러햄 링컨이 노예제를 폐지하기 위해 노력한 것도, 넬슨 만델라가 일생을 바쳐 인종차별 정책apartheid에 맞선 것도, 어느 추운 겨울 날 알라바마주 몽고메리의 한 퇴근길 버스 안에서 백인 남성에게 자리를 양보하라는 기사의 지시를 거부했던 로사 파크Rosa Parks 부인의 용기도, 모두 이 도덕적 분노에서 비롯된 것이었다. 그들의 도덕적 분노와 용기 덕분에 오늘날 세상은 이전보다 조금 더 나아졌다. 여아에 대한 교육을 금지한 탈레반에 맞서 반대 목소리를 낸 파키스탄의 십 대 소녀 말랄라 유사프자이Yousufzai Malala의 용기를 보라. 도덕적 분노를 바탕으로 불의에 맞선 이들의 위대한 용기는 다른 사람들, 특히 힘없고 억압받는 사람들에 대한 깊은 자비에서 비롯된 것이었다.

내적 변화의 원리

전통적으로 불교 철학에서는 삶에 대한 태도를 바꾸는 데 있어 습관의 형성이 중요한 역할을 한다고 본다. 불교의 자비심 수련은 이러한 이해를 바탕으로 하고 있다. 명상을 뜻하는 산스크리트어 bhavana는 '함양'의 의미를 함축하고 있다. 똑같이 명상을 의미하는 티베트어 gom 역시 '익숙하다'는 뜻을 가지고 있다. 지속적인 반복을 통해 세상을 바라보고, 느끼고, 대하는 올바른 방식을 내면화하여 자신의 것으로 만드는 것이다. 처음에는 인내심을 가지고 의식적으로 노력해야 하는 일도 시간이 지나면 자연스럽게 몸에 배어 일부러 애쓰지 않아도 하게 된다. 한 분야의 전문가가 되는 과정도 이와 같은데 사람들은 경험을 통해 이것을 알고 있다.

자전거를 처음 배우던 때를 떠올려 보자. 처음에는 중심을 잡는 것도 페달을 밟는 것도 쉽지 않지만 계속 연습하다 보면 어느 순간 자연스럽게 자전거를 타고 있다. 내 경우에는 운전을 배우는 것이 너무 힘들었다. 나는 서른 살이 넘어서야 처음 운전을 배웠다. 친구가 임대료 없이 빌려 준 집이 캠브리지 외곽에 있어서 학교에 가려면 반드시 차가 있어야 했다. 인도에서 승려로 살았던 나는 자전거 말고는 모터가 달린 오토바이나 자동차 같은 것을 몰아본 적이 없었다. 그래서 자동차 시동을 켜면 모터가 작동하면서 발생하는 진동이 너무 무서웠다. 나는 수동 기어 자동차로 운전을 배웠는데 강사는 "백미러-신호-운전"을 마치 주문처럼 반복해서 주입시켰다. 백미러를 확인하고, 신호도 확인하고, 정확한 순간에 클러치를 눌러 기어를 바꾸는 일은 끊임없는 노력이 필요했다. 나는 결국 첫 운전 시험에서 떨어지고 말았다. 자동차 운전이 절실했던 때라 나는 약간 충격을 받았다. 지금 생각해 보면 도대체 왜 그렇게 운전하는 것을 어려워했는지 이해가 안 된다.

현대 인지 심리학자들은 선언적 지식declarative knowledge과 절차적 지식procedural knowledge을 구분한다. 선언적 지식은 내용을 아는 것이며 절차적 지식은 과정과 절차를 아는 것이다. 선언적 지식이 인지적인 사실을 말하는 데 비해 절차적 지식은 체화된 지식이다. 즉 운전하는 방법을 아는 것은 절차적 지식이고, 터보 엔진의 가속력이 더 높다는 사실을 아는 것은 선언적 지식에 해당한다. 자비심 수련에서 우리가 목표로 하는 것은 단순히 자비심이 무엇인지 아는 것이 아니라 자비심과 이타심을 자신의 일부로 체화하는 것이다.

불교 철학에서는 이해를 세 가지 단계로 규정한다. 첫 번째는 다른 사람에게 들어서 아는 것이다. 이 단계의 이해는 그저 말일 뿐이며 대부분이 가정이다. 이 수준에서 앎이란 정보에 입각한 추정일 뿐이다. 하지만 이 단계에서 얻은 지식을 오랫동안 숙고하고 비판적으로 성찰하다 보면 두 번째 단계인 비판적 성찰을 통한 이해에 다다른다. 이 수준에서 지식은 지적으로 빈틈이 없으며 논리적이고, 더 이상 가정이 아니라 확신을 바탕으로 한다. 마지막 단계는 명상적 경험을 통한 이해로서, 오랜 시간에 걸쳐 이해한 바를 내면화하여 그것이 마음의 기본적인 요소가 되게 하는 것이다. 우리의 지식이 경험적이고 통합적이며 일부러 애쓰지 않아도 저절로 나오는 단계가 바로 이 세 번째 단계이다. 처음에는 인내심을 가지고 의식적으로 이해해야 했던 것이 자연스럽게 자신의 일부가 되는 것이다.

불교의 핵심 개념인 상호 의존성을 예로 들어보자. 세상에 존재하는 모든 것은 다양한 원인과 조건의 결과로 나타난 것이고, 모든 행위와 사건이 시간과 공간을 초월하여 영향을 미친다는 것이 불교의 상호 의존성이다. 우리가 처음 이 개념을 배울 때는 책을 읽거나 다른 사람의 설명을 통해 알게 된다. 이때의 앎은 다분히 피상적이며 그저 말일 뿐이다. 하지만 상호 의존성이라는 개념에 대해 오랫동안 성찰하고 실제 경험에서 그 개념을 적용하고 분석하다 보면 상호 의존성에 대한 확신을 갖는다. 자의적인 판단이나 단정을 피하기 위해 새로 얻은 지식을 일상생활에 적용하고, 이전보다 깊어진 이해와 인내심을 가지고 상호 의존성이라는 개념을 구체적인 상황에 대입하려는 노력을 한다. 상호 의존성이라는 개념이 우리의 정신과 행동에 결정적인 영향을 주기 위해서는 이 개념이 기본적인 사고방식의 일부로 통합되어야 한다. 이 세 번째 이해 단계는 장기간의 반복적인 내적 성찰 즉 명상을 통한 내면화로 달성할 수 있다.

같은 모델을 자비심에도 적용할 수 있다. 초기 불교 경전에서는 처음 자비심을 배우는 단계를 사탕수수 껍질을 맛보는 것에 비유하고 자비심이 내면화되고 체득이 되는 것을 달콤한 사탕수수 알맹이를 먹는 것에 비유했다. 처음부터 모든 존재에 대해 자비심을 갖는 것은 쉽지 않다. 의식적으로 노력해야 한다. 자비심이라는 개념 역시 아직 손에 잡히지 않는 추상적인 말일 뿐이다. 하지만 부단한 성찰과 노력이 있다면 언젠가 자비심을 '나'라는 사람의 일부로 내면화할 수 있다. 언젠가는 도움이 필요한 누군가에게 자신도 모르게 손을 내미는 사람이 될 수 있다.

보고 느끼고 행동하라

앞에서 살펴보았듯이 인식, 경험, 행동의 관계는 복합적이고 연쇄적이며 상호적이다. 즉 감정은 행동과 생각에 영향을 미치고, 행동은 감정적 흐름을 바꾸고 인식과 태도에 영향을 준다. 이와 같은 역학 관계는 특히 욕망, 집착, 강박 행동의 심리학에서 두드러지게 나타난다. 불교적 세계관에서 이러한 연관 관계는 한 대상과 접촉에서 시작된다. 최초 접촉을 통해 경험이 형성되고 그러한 경험은 기쁘거나 기쁘지 않다는 감정을 불러일으킨다. 이러한 감정적 반응이 그 대상에 대한 기억을 결정하고 다음번에 그 대상을 떠올리면 실제로 경험을 하기도 전에 감정적 반응이 먼저 일어난다. 이때 일어나는 감정은 실제로 경험했던 것보다 더 과장되는 편이다. 어떤 대상과 이러한 감정적 상호 작용에 의해 지금 나에게 없는 것을 가지고 싶거나 그것을 가지면 더 행복할 것이라고 생각하는 집착이 생긴다. 집착은 우리가 원하는 대상에 대한 무의식적이고 습관적인 반응을 불러일으키는 원인이 되고 그것이 반복되면서 집착은 더 커진다.

　개인의 인식, 생각, 태도, 가치관 등은 가족과 성장 배경을 비롯한 환경에 의해 결정된다. 인지 과학에서도 인간의 기본적인 인식 틀은 성장 환경에 의해 결정된다고 본다. 사회적 관념이 인간 의식에 얼마나 큰 영향을 미치는지는 인류 역사에서 그 예들을 어렵지 않게 찾을 수 있다. 근대 이전 서양에서는 독실한 기독교도마저도 노예 제도가 문제가 있는 제도라고 여기지 않았다.

　사회적 관념이 만드는 의식의 틀은 견고하다. 그 틀 바깥에서 보지 않으면 그 틀의 존재 자체를 인식하기도 어렵다. 인도의 일부 힌두교도들은 지금도 여전히 달리트dalits(불가촉천민)를 태생적으로 열등한 존재로 여긴다. 서로 닿는 것조차 피하며 차별을 하고 있다. 많은 이슬람 근본주의자들은 비무슬림을 카피르kafir라고 부른다. 무슬림이 아닌 사람은 태생적으로 더럽기 때문에 존중할 필요가 없다고 생각한다. 티베트 문화에도 이런 사회적 차별은 있다. 티베트 중부 지역에서는 세습적인 백정과 야장에 대한 차별이 아직도 존재한다. 나는 어렸을 때 그러한 차별을 직접 목격한 적이 있다. 십 대 시절에 내가 있었던 작은 사원은 남인도 마이소르에서 50킬로미터

정도 떨어진 티베트 정착촌 내에 있었다. 추수가 끝나면 정착촌 사람들이 다 같이 잔치를 여는데 마을 한가운데에 커다란 텐트가 세워졌다. 텐트 안에 있는 탁자 위에는 냄비 두 개가 있었는데 하나는 크고 다른 하나는 작았다. 냄비 안에는 티베트 전통 술인 '창'이 있었다. 나중에 알고 보니 큰 냄비는 일반인을 위한 것이고 작은 냄비는 도살과 대장일을 하는 '하층민'을 위한 것이었다.

다행인 것은 사회적으로 습득된 이러한 편견이 아무리 뿌리 깊다고 해도 우리가 바꿀 수 있다는 사실이다. 달라이 라마는 종종 지금은 고인이 된 독일인 친구 칼 폰 바이체커Carl von Weizsäcker를 언급하곤 한다. 유명한 양자 물리학자였는데 그가 어렸을 때 독일과 프랑스는 앙숙 관계였다고 한다. 하지만 20세기 말, 독일과 프랑스가 유럽 연합 내에서 가장 끈끈한 동맹국이 되면서 두 나라 관계는 완전히 달라졌다. 현대 과학에서도 새로운 세계관이 기존 세계관을 대체할 수 있으며 새로운 습관이 오래된 습관을 대신할 수 있다고 말한다. 교육이 중요한 이유도 바로 이 점 때문이다. 자비심 수련이 필요한 이유도 마찬가지이다. 새로운 방식으로 보고, 느끼고, 살아가는 방법을 배우면 우리의 좋은 본성을 더 많이 발휘할 수 있다. 변화의 과정에서 중요한 부분은 자신과 타인의 행복에 결코 도움이 되지 않는 습관과 고정된 틀을 없애는 것이다. 이러한 고정 관념 중 일부는 성장기에 형성된 뿌리 깊은 것이므로 바꾸기가 쉽지 않다. 이 경우에도 지속적인 자비심 수련으로 틀을 깰 수 있을 것이라고 생각한다.

69세인 수잔은 평생 우울증을 앓았다.[4] 수잔이 태어났을 때 어머니는 우울증 진단을 받은 상태였으며 딸을 제대로 보살필 수 없었다. 수잔은 어린 시절을 온통 어머니의 우울증에 짓눌린 채 보냈다. 성인이 된 후에 어머니로 인한 유년 시절의 트라우마를 가슴 속에 묻어둔 채 살아왔다. 수잔에게 변화가 일어난 것은 8주 과정의 자비심 함양 프로그램에 참여하면서부터였다. 과정이 절반쯤 지났을 때 수잔은 살면서 지금처럼 행복한 적은 없었다고 말했다. 친구들 역시 그녀가 완전히 다른 사람이 되었다며 감탄했다. 힘을 얻은 수잔은 자신이 겪었던 고통과 어머니의 고통을 정면으로 마주했고 자신의 고통이 다른 사람들이 겪고 있는 고통과 별로 다르지 않다는 것을 깨달았다. 수잔은 음악을 사랑하지만 자신이 음악을 즐길 자격이 없다고 생각했다. 하지만 자비심 함양 프로그램에 참여하면서 용기가 생겨 음악 학교에 지원서를 냈고 당당히 합격했다. 합격 소식에 깜짝 놀란 수잔은 자비심 함양 프로그램 강사에게 소식을 전하고 함께 기쁨을 나누었다. 아무리 깊은 상처라도 생각하고 행동하는 방식을 바꾸면 치유할 수 있다. 수잔의 경우처럼 아주 작은 변화가 삶 전체를 바꾼 사례가 많다.

인식을 바꾸면 감정도 변한다

전통적인 불교 심리학과 현대 인지 과학이 공유하는 핵심적인 통찰은 인간의 인식과 감정이 밀접하게 연결되어 있다는 점이다.[5] 불교적 관점에서 보면 모든 인지적 사건에는 감정이 관련된다. 단어 퍼즐을 맞추는 행위와 같이 아무런 감정이 개입되지 않을 것 같은 상황에서도 우리는 어떤 감정을 느낀다. 현대 인지 과학에서도 인간이 자기 자신과 주변을 바라보는 방식을 변화시키면 경험의 내용도 달라진다고 주장한다. 이와 같이 만약 자기 자신과 타인, 자신을 둘러싼 세상에 대한 감정이 바뀐다면 그들에 대한 인식 역시 달라질 것이다.

종종 인식의 변화가 감정에 미치는 영향이 즉각적으로 나타나는 경우가 있다. 나는 십 대 중반에 이것을 경험했다. 여덟 살부터 열한 살 때까지 심라에 있는 난민 학교에서 지낼 때 아이들을 돌보는 일을 했던 보모는 무엇 때문인지 유독 나에게 불친절했다. 그녀는 남편과 함께 서른 명의 아이들을 돌보고 있었다. 나는 그 가운데 비교적 조숙하고 혼자 있기를 좋아하는 조용한 아이였는데 왜 나를 그렇게 홀대하는지 이해할 수가 없었다. 매주 일요일에 공동 목욕탕에서 샤워를 할 때면 그녀는 몇몇 아이들한테 먼저 비누칠을 하고 코코넛 잎으로 박박 문지른 다음 나머지 아이들한테 비누칠을 할 동안 그대로 기다리게 했다. 우리들끼리 못 헹구게 했기 때문에 비눗물 때문에 눈이 따가워도 참고 기다려야 했다. 어느 해인가, 나는 집에 가지 못하고 학교에서 겨울을 보낸 적이 있다. 어머니는 돌아가셨고 아버지는 아프셨기 때문에, 고아이거나 부모님이 너무 가난해서 여비를 보내지 못한 아이들 몇몇과 함께, 학교에 남았다. 그해 겨울에 나는 슬리퍼를 신은 채로 눈보라가 치는 심라의 겨울을 견뎌야 했다. 나에게 할당된 신발을 내가 이미 사용해 버렸다며 보모가 겨울용 신발을 주지 않았기 때문이다. 발이 시리면 체온을 유지하기가 힘들다는 사실을 그때 알았다.

열한 살 때 승려가 되기 위해 학교를 떠난 후로 가끔 그 보모와 다시 마주친다면 어떤 기분일까 생각해 보곤 했는데 실제로 그런 일이 일어났다. 열다섯 살 무렵이었다. 인도로 망명 온 부모 세대가 얼마나 많은 고생을 했는지 익히 아는 나이였다. 남인도에서 다시 만난 보모는 장작을 짊어진 채로 숨이 턱턱 막히는 인도의 맹렬

한 더위 속을 걸어가고 있었다. 가족과 함께 우리 사원이 있는 정착지로 이주한 모양이었다. 땀으로 범벅이 된 얼굴에는 그간의 고생을 짐작하게 하는 굵은 주름이 가득했다. 자그마한 체구에 그을린 얼굴을 한 보모를 보는 순간 미움 대신 측은한 마음이 올라왔다. 그녀 때문에 내가 힘들었던 것은 사실이지만 낯선 인도에서 난민으로 살아가면서 그녀가 겪었을 고통에 비하면 내 고통은 아무것도 아니었다. 집과 가족, 익숙했던 모든 것을 잃고 인도로 망명한 그녀 세대가 겪은 힘든 시간 덕분에 어린 시절 나는 비교적 편안한 생활을 할 수 있었던 것이다. 보모는 자기 아이도 아닌 아이들을 서른 명이나 돌봐야 했다. 그토록 힘든 상황에서 제멋대로 까부는 아이들을 거칠게 대한 것은 어쩌면 사람이기에 당연한지도 모르겠다. 그녀가 나한테 심하게 한 것은 개인적인 감정 때문은 아니었을 것이다. 불행하게도 내가 그녀의 불친절한 측면을 자극하는 촉매 역할을 했을 뿐이다. 그로부터 한 달이 지난 다음, 다시 마주쳤을 때 다가가 나를 알아보겠느냐고 물었다. 처음에는 갸우뚱 하더니 곧 나를 알아보았다. "그래, 너로구나! 학교에서 우리 딸이랑 친하게 지냈던 그 아이구나!" 같은 인간으로서 그녀가 겪었던 고통에 공감했을 뿐인데 나에게 그 사람은 완전히 다른 의미로 다가왔다.

자비심을 수련하는 목표는 단순하다. 인간이기 때문에 갖는 한계와 욕망을 이해하고 자신과 타인을 열린 마음으로 대하는 것이다.

이 세상을 사는 법

불교에는 보살菩薩이라는 개념이 있다. 보살이란 세상의 모든 존재에 대해 차별 없는 자비심을 실천하며 살기로 결정한 사람을 말한다. 이 보살이라는 개념은 언제나 나에게 영감을 준다. 과연 보살의 삶이란 어떤 모습일까? 보살이 삶의 기조로 삼아야 하는 여섯 가지 실천 덕목을 육바라밀六波羅蜜이라고 하는데 보시布施 · 지계持戒 · 인욕忍辱 · 정진精進 · 선정禪定 · 지혜智慧가 여기에 포함된다. 육바라밀 자체는 불교적 수행 덕목이지만 자비심을 바탕으로 한 삶을 살고자 하는 사람에게 육바라밀은 유용한 참고 지침이 될 것이라고 생각한다.

불교 전통에서 보시를 자비심의 첫 번째 덕목으로 삼은 것은 당연한 일이다. 불교 이외의 다른 종교 전통에서도 보시나 자선(기독교), 자카트zakat(이슬람교)는 신에게 영광을 돌리는 가장 좋은 방법이자 높은 가치를 부여하는 행위이다. 인간 행동을 연구하는 연구자들은 '베푸는 행위'를 이타심을 측정하는 지표 가운데 하나로 사용하고 있다. 하지만 보시는 단순히 물질적으로 베푸는 것만을 의미하지 않는다. 다른 사람의 행복을 위해 관심과 시간, 재능 등을 내놓는 것도 보시이다. 누군가의 정신적인 고뇌를 들어 주고, 심리적으로 편안하게 해 주고, 안도감을 느낄 수 있도록 하는 것 역시 보시이다. 물질적으로 넉넉한 사람은 자신이 가진 재물을 나누는 것으로 자기 안의 자비심을 표현할 수 있다. 중요한 것은 베푸는 행위 그 자체가 아니라 상대가 행복하고 평안하기를 바라는 마음이다. 불교 경전에서는 베푸는 행위를 세 가지-물질을 베푸는 것, 두렵지 않게 해 주는 것, 정신적인 평안을 주는 것-로 구분한다. 현대적인 언어로 설명하자면 첫 번째는 일반적인 자선 기부를 말하며, 두 번째는 간호사나 의사, 소방관, 경찰 등 다른 사람을 돌보는 직업과 관련된다. 마지막으로 세 번째는 남을 가르치거나 조언을 주는 행위에 해당한다.

육바라밀의 두 번째 덕목인 지계는 다음 경구로 간략히 설명할 수 있다. "할 수 있다면 다른 사람을 돕고, 그럴 수 없다면 적어도 해는 끼치지 말라." 계율을 지키는 윤리적 태도는 나쁜 행동을 자제하는 것뿐만 아니라 다른 사람을 위한 이타적인 행동에 적극적으로 참여하는 덕의 윤리도 포함한다. 이 덕목의 범위를 조금 더 확대하면 자신의 행위가 다른 사람에게 미치는 영향뿐만 아니라 자연 환경에 미치는 영향에 대해서도 생각할 필요가 있다.

세 번째 덕목인 인욕은 누군가가 자신을 부당하게 대했을 때 그것을 잘 참고 받아들이는 것을 말한다. 다른 사람이 자신에게 고통을 줄 때 적대감이나 분노로 대항하는 대신 이해와 인내를 바탕으로 대응하는 것이다. 불교 경전에서는 인욕을 세 가지로 설명하고 있다. 나에게 해를 끼치는 사람을 미워하지 않고 평정심을 유지하는 것, 보다 높은 가치를 추구하기 위해 고통을 기꺼이 받아들이는 것, 실재의 깊은 속성을 이해하는 데서 비롯되는 인욕이 그것이다.[6] 누군가에 대한 마음이 깊어질수록 그 사람에 대한 참을성이 커진다는 것은 모두가 경험으로 알고 있다. 인내, 이해, 용서 등 인욕에 관련된 정신적 가치들은 모두 친절과 자비심의 표현이다.

네 번째 덕목은 정진이다. 이타적인 삶의 방식을 추구하는 데 있어 처음에 가졌던 열정과 즐거움을 유지하면서 끊임없이 노력하는 것이다. 이 덕목에서는 처음에 세운 목표를 흔들림 없이 추구하는 확고한 태도를 중시한다. 이를 위해서는 먼저 자신이 추구하는 가치가 고결하다는 확신이 있어야 한다. 그리고 그 가치를 추구하는 과정에서 겪을 수 있는 시련을 예상하고 대비해야 한다. 불교 경전에서는 정진의 태도를 갖는 것을 갑옷을 입는 것에 비유한다. 정진은 처음에 세운 목표가 방해물에 의해 약해지지 않도록 보호하는 것과 같기 때문이다. 경전에서는 정진에 도움을 주는 네 가지 요소로 목표에 대한 깊은 확신, 변함없는 태도, 열정과 즐거움, 적절한 휴식을 꼽는다.

다섯 번째 덕목인 선정은 산란한 마음을 멈추고 한곳에 집중하는 것이다. 자비심과 이타심에 집중할수록 자기중심적 사고 같은 장애물로 인한 실수는 줄어든다. 선정을 통해 우리는 마음을 다스려 진정으로 가치 있는 목표를 추구할 수 있다.

마지막 덕목은 지혜이다. 지혜를 통해 자비심은 더욱 깊어지고, 깊어진 자비심은 현명한 행동으로 발현될 수 있다. 지혜는 육바라밀 중에서도 가장 핵심적인 덕목이다. 다섯 가지 덕목이 세상을 보도록 눈의 역할을 하는 것이 바로 지혜이기 때문이다. 실제로 지혜와 자비심을 완전히 갖추는 것은 붓다의 진정한 각성으로 묘사된다. 육바라밀은 불교적 개념이기는 하나 자비심을 삶의 기본적인 자세로 삼고자 하는 사람에게는 실천 덕목으로 참고할 만하다. 개인적으로 지금과 같이 경쟁을 바탕으로 빠르게 돌아가는 세상에서 자비심이라는 이상을 실천하며 살고자 노력하는 나에게는 육바라밀의 덕목이 큰 도움이 되고 있다.

감정에서 삶의 원리로

이 장에서 반복적으로 말하고 있는 내용은 인간은 기본적으로 공감 능력을 지닌 존재이며 다른 사람과 함께하는 법을 알고 있다는 것이다. 누군가의 필요와 고통을 마주하면 우리는 본능적으로 친절과 이해를 바탕으로 그 상황을 대한다. 이것을 배우기 위해 종교를 가지거나 학교에 갈 필요는 없다. 우리 모두는 본능적으로 다른 사람과 교감하고 싶어 한다. 다른 사람의 애정과 지지를 갈망하며, 살아 있는 존재로서의 숙명인 행복과 고통의 경험마저도 다른 사람들과 관계 속에서 결정된다. 바로 이것이 인간을 조건 짓는 기본적인 요건이다.

공감과 자비심을 삶의 원리로 삼을 것인가, 삼지 않을 것인가는 다분히 선택의 문제이다. 자비심을 삶의 원칙으로 삼으면 자신과 세상을 바라보는 방식, 세상을 대하는 태도, 추구하는 가치, 행동 방식 등 모든 것이 달라진다. 자비심 수련을 통해 우리는 자신의 친절한 본성을 발견할 수 있다. 하지만 자비심이 습관이 되려면 많은 노력과 시간이 필요하다.

자비심 수련의 목표는 거대하고 급진적이다. 자비심 수련은 삶의 양식을 바꾸고, 세상을 대하는 방식을 바꾸고자 한다. 이것이 진정한 영적 변화이다.

11

하나의 힘:
더 자비로운 세상으로

모든 사람은 태어날 때부터 자유롭고 존엄하며 평등하다.
모든 사람은 이성과 양심을 가지고 있으므로
서로를 형제애 정신으로 대해야 한다.
세계 인권 선언 제1조

이 세상이 존재하는 한
중생이 존재하는 한
나 또한 여기에 머물러
이 세상 모든 고통을 없애리라!
산티데바(8세기)

지금까지 우리는 주로 개인 관점에서 자비심에 대해 살펴보았다. 하지만 "그 누구도 섬이 아니다.no man is an island"[1] 그리고 개개인의 운명은 나머지 모든 사람의 운명과 서로 뒤얽혀 있다. 사회를 구성하는 모든 사회적, 정치적, 경제적 시스템이 우리의 안녕과 매일의 일상에 영향을 미친다.

세계적으로 큰 문제가 되는 이슈들 앞에서 우리 대부분은 무력감을 느낀다. 전쟁, 테러리즘, 기후 변화, 환경 파괴, 빈곤, 빈부 격차 등 현재 우리가 마주한 문제들은 너무 크고 복잡해서 정확한 원인과 과정을 이해하기도 어렵고 해결책을 모색하기도 쉽지 않다. 막연하게나마 이 문제들을 해결하는 데 자비심이 도움이 될 것이라는 생각이 든다 해도 정확히 어떤 방식으로 접근해야 하는지 알 수 없다. 예를 들어, 가족을 자비심으로 대하는 것은 마음만 먹으면 할 수 있는 일이지만 보다 자비로운 기업을 만들기 위한 방안은 쉽게 떠오르지 않는다. 마지막 장에서는 병원, 학교, 기업 등 우리가 속하거나 자주 접하는 공간을 보다 자비로운 곳으로 만들기 위해 우리가 할 수 있는 일이 무엇인지 살펴보려고 한다. 현대 사회가 아무리 복잡하고 정신없게 느껴지더라도 반드시 기억해야 할 것은 결국 사회를 구성하는 주체는 사람이라는 사실이다. 따라서 지금 우리에게 필요한 질문은 바로 이것이다. 자신뿐만 아니라 사회 전체를 위해 자비심을 갖는 것이 어떤 도움이 되는가?

자비심과 의료 시스템

여러 직업들 가운데 특히 자비심을 필요로 하는 곳이 바로 의료 분야이다. 환자나 가족을 대하는 태도부터 진료에 임하는 자세까지 의료진을 위한 교육에 자비심 과정을 포함시킨다면 병원 문화 자체가 달라질 수도 있다.

　의료진들은 자비심 수련을 통해 환자의 급작스러운 사망과 같이 일상적으로 경험하는 충격적인 상황에서 자신의 감정을 다스리고 보호하는 요령을 습득할 수 있다. 사실 대부분의 의사나 간호사들은 감정적으로 힘든 상황에 맞닥뜨렸을 때 자신의 감정을 억누르는 방식을 택한다. 하지만 9장에서 말했듯이 감정을 억누르기만 하는 것은 장기적으로 보면 나쁜 영향을 미친다. 감정을 억제하는 대신 언제나 따뜻하고 열린 마음으로 다른 사람을 대한다면 크게 스트레스를 받거나 지치지 않을 수 있다. 정신력이 아무리 강해도 사람이 감당할 수 있는 것에는 한계가 있다. 의료진의 불안정한 감정 상태는 환자 입장에서도 불편할 수 있다. 환자와 보호자들은 의료진의 침착하고 긍정적인 태도에서 위안을 얻는다. 의사의 우울한 얼굴을 보고 싶어 하는 환자나 보호자는 없다. 우리는 의사가 인간적이기를 원한다.

전문가로서 지녀야 하는 냉철함과 인간적인 따뜻함이 공존할 수는 없을까? 자비심 수련에서는 그것이 가능하다고 본다. 의료인들은 자비심 수련을 통해 환자의 고통에 충분히 공감하면서도 감정적으로 탈진하지 않는 요령을 익힐 수 있다. 상대방이 고통에서 벗어나기를 바라는 마음에서 공감이 일어나고, 상대방을 위해 자신이 무언가를 하고 싶다는 충동이 구체적인 행동으로 이어지는 것이 바로 자비심이 발현되는 과정이다. 앞에서도 말했듯이 자비심은 단순한 공감을 넘어선 보다 고양된 마음 상태이다.

런던 대학의 타니아 싱어Tania Singer는 공감 및 자비심에 관여하는 뇌 영역을 식별하기 위해 프랑스 출신의 승려이자 작가인 마티유 리카르Matthieu Ricard의 뇌 영상을 촬영했다. 마티유 스님은 누군가가 고통 받는 영상을 보면서 자비심의 단계로 넘어가지 말고 단순히 그에게 공감하는 마음 상태를 유지하라는 지시를 받았다. 한동안 그 상태를 유지한 후에는 영상 속의 대상이 고통에서 벗어나기를 바라는 자비심의 단계로 넘어가도록 했다. 마티유 스님은 자비심의 단계로 넘어갈 때 마음이 편안해지고 기쁜 감정이 들었다고 말했다.

하지만 단순히 공감하는 상태에 있을 때는 지치는 기분이 들었다고 했다.[2] 이 실험에 참여한 이후, 마티유 스님은 소위 "자비심 피로증compassion fatigue"이라고 불리는 현상이 정확히는 과도한 공감으로 공감 반응이 무뎌지는 "공감 피로증empathy fatigue"이라고 설명했다.

의료진을 대상으로 한 교육 프로그램의 일환으로 이미 자비심 과정을 도입한 병원들이 있다. 한 예로 약 2,000명의 직원을 둔 민영 병원인 샌디에이고의 샤프 의료 그룹Sharp Healthcare Group은 2011년부터 직원들에게 스탠퍼드 자비심 함양 프로그램CCT을 제공하고 있다. 지금까지 나타난 결과를 보면 자비심 프로그램에 참여했던 직원들은 직업 만족도, 대인 관계, 자기 자비 측면에서 상당히 긍정적인 효과를 얻은 것으로 보인다.[3] 최근에는 스탠퍼드 의대에서도 CCT를 도입하여 원하는 학생은 누구나 프로그램에 참여할 수 있다. 저명한 선 스승인 로시 조안 할리팍스Roshi Joan Halifax는 의사들을 대상으로 한 자비심 과정을 개발하였다. G.R.A.C.E – Gratitude(감사), Respect(존경), Attention(집중), Compassion(자비), Embodiment(체화) – 라는 이름의 이 과정은 특히 임종을 앞둔 환자를 돌보는 의사에게 도움이 된다.

자비심 수련은 우울증 재발 방지부터 약물 남용, 외상 후 스트레스 장애, 사회 공포증 및 과도한 스트레스까지 수많은 질병 치료에도 적용되고 있다. 지나친 수치심과 병적인 자기비판으로 고통받는 환자들을 위해 고안된 폴 길버트Paul Gilbert의 "자비 중심 치료Compassion Focused Therapy"는 수많은 사례 가운데 하나일 뿐이다. 스티븐 헤이즈Steven Hayes가 개발한 "수용 전념 치료Acceptance and Commitment Therapy"는 자기 자신에 대한 무조건적인 수용과 친절한 태도 등 자기 자비의 측면을 강조한다. 머지않아 인지 치료 분야에서도 새로운 통합 기법이 개발될 것으로 보인다. 대인 관계 및 가족 치료, 부모 교육, 직장 내 상담 등 타인과 건강한 관계를 회복하고 유지하는 데 중점을 둔 분야에서도 자비심 수련이 큰 효과를 보일 수 있다.

의료 시스템의 궁극적인 목표는 환자를 잘 보살피는 것이다. 그러기 위해서는 환자가 도움을 필요로 하는 순간에 충분한 치료와 보살핌을 제공할 수 있어야 한다. 이러한 측면에서 의료인을 대상으로 한 자비심 함양 프로그램은 장기적으로 보면 병원 수익에 도움이 된다. 환자와 의료진 간의 관계가 좋아지면 병원에 대한 환자들의 신뢰감이 더 높아질 것이며 이는 병원의 대외 이미지에도 긍정적인 영향을 줄 것이다. 적어도 의료 분야에서 자비심은 모두에게 이익이 된다.

자비심과 교육

교육 분야에서도 자비심에 더욱 집중할 필요가 있다. 사람들 간의 상호 연관성이 그 어느 때보다도 중요한 이 시대에 우리 아이들은 다른 사람과 올바른 관계를 맺는 방법을 우선적으로 배워야 한다. 스트레스가 만연한 복잡한 현대 사회에서 우리 아이들이 심신의 건강을 유지하고 행복하게 자라려면 반드시 인지 조절과 감정 조절 능력을 기르도록 해야 한다. 늘 편안한 마음을 유지하면서도 서로를 따뜻하게 대하는 방법을 가르쳐야 한다. 이것이 자비심 수련의 역할이다. 미국 작가 다니엘 골먼Daniel Goleman의 유명한 저서 『감성지능Emotional Intelligence』을 통해 감성 지능에 대한 인식이 높아지면서 북미와 유럽 지역의 많은 학교가 사회 정서 학습social and emotional learning을 교과 과정에 포함시키고 있다.[4] 여러 연구에 따르면 아이들의 감정 조절 능력이 향상되면 학습 능력도 더불어 좋아진다.

지금 내가 살고 있는 몬트리올에는 에콜 뷔소뉘에르EcoleBuissonierre라는 사립 프랑스 학교가 있는데 두 딸이 그곳에서 유치원과 초등학교 과정을 마쳤다. 2008년에 그 학교는 대담한 실험 한 가지를 시작했다. 심각한 학교 문제로 떠오르고 있는 집단 따돌림 문제에 대처하는 방식인데 사건이 발생한 후에 처리하는 것이 아니라 아이들에게 자기 조절, 공감 및 평화적인 문제 해결 요령을 가르치는 것이다. 과연 예방적 접근이 학교 문화를 실제로 개선할 수 있는지 알아보는 것이 이 실험의 목표였다. 「내 교실은 안전한 곳Ma classe, zone de paix」으로 불리는 이 프로그램은 내 아내 소피가 고안했다. 소피는 비폭력 대화NVC의 원칙을 기반으로 프로그램을 만들었다.[5]

이 학교에서는 다섯 살짜리 아이들에게 특별한 온도계로 "감정의 온도"를 재게 했다. 특별한 온도계는 작은 그림판이다. 그림 맨 위에는 화산이 폭발하고 있고 가운데에는 부드러운 녹색의 "평화로운 경계 지대"가 있고 맨 아래에는 꽁꽁 얼어붙은 "차가운 땅"이 있다. 예를 들어, 여섯 살 난 토마스가 너무 화가 나고 마음이 불안하면 폭발하는 화산 그림을 지목하고, 우울하거나 혼자 있고 싶을 때에는 차가운 땅을 가리키는 식이다. 토마스가 이 두 마음 상태에 있을 때는 다른 아이들과 잘 어울려 놀기 힘들 것이다. 이럴 때는 토마스와 친구들에게 마음을 차분하게 가라앉히는 연습을 시킨다. 깊은 복식 호흡을 하거나 무릎을 가볍게 두드리면서 폭발할 것 같은 감정을 누그러뜨리는 것이다. 재미있는 방법 가운데 하나로 "비밀의 정원"이라는 것이 있다. 아이들이 마음속으로 자기만의 정원을 상상하는 것인데 그 정원에서 아이들은 안전하고 편안함을 느낄 수 있다. 토마스와 친구들은 눈을 감고 몇 차례 깊은 숨을 내쉬면서 마음속으로 이 정원을 떠올리는 연습을 한다. 몇 년이 지난 후, 십 대가 된 딸 친구가 마음이 불안하고 힘들 때면 아직도 비밀의 정원을 떠올리곤 한다는 이야기를 듣고 감동을 받았다.

대여섯 살쯤 되면 아이들은 표정을 나타내는 그림판을 이용해 자신의 감정을 나타낼 수 있다. 1학년이 된 토마스는 그 전보다 더 다양한 감정－행복, 슬픔, 분노, 걱정, 안도감 등－을 표현한다. 2학년에 올라가면서 토마스의 감정 능력은 더 발달하여 즐거움, 호기심, 두려움, 분노, 외로움, 실망감, 만족감, 걱정, 조심스러움, 흥미, 혼란, 명랑함, 놀람, 안도감, 고마움 같은 감정도 구별하여 표현하게 된다.

「내 교실은 안전한 곳」이라는 프로그램의 가장 큰 장점은 개인의 감정을 그 감정 밑에 깔려 있는 보편적인 욕구와 연결시킨다는 점이다. 만약 토마스가 화가 나서 친구와 운동장에서 싸웠다면 그것은 집단으로부터 따돌림을 당한다는 느낌 때문이었을 수도 있다. 모든 아이는 안전하다는 느낌, 존중 받는다는 느낌, 우정, 선택할 수 있는 권리, 나만의 공간, 휴식, 놀이를 필요로 하며, 특히 소속감을 중요하게 여긴다. 이렇게 자신이 필요로 하는 것을 충분히 제공받지 못하면 아이들은 위기감을 느끼고, 그 위기감은 분노·불만·두려움·슬픔 같은 감정으로 표출된다. 비폭력 대화 기법을 창안한 마샬 로젠버그Marshal Rosenberg가 말했듯이 "다른 사람에 대한 비판, 비난, 진단, 해석은 모두 자기 자신의 욕망을 달리 표현한 것이다."[6] 토마스와 친구들은 자기 자신의 욕망과 다른 사람의 욕망을 동시에 파악하는 방법을 배운다. 아이들이 이 방법을 얼마나 빨리 습득하는지 알면 깜짝 놀랄 것이다. 아이들은 돌아가면서 "나는 ○○가 필요해."라고 말한다. 그리고 자신이 선택한 물품에 대해 "모든 어린이에게 ○○가 필요할까?"라고 스스로 물어본다. 만약 그 대답이 "아니요."라면 그것은 정말로 필요한 것이 아니다. 이런 과정을 거치면 아이들이 막연히 갖고 싶어 안달하는 아이패드iPad 같은 물건들은 목록에서 쉽게 삭제된다. 분노, 슬픔, 걱정과 같은 감정이 언제 일어나는지 알고 이런 부정적인 감정 밑에 깔린 보편적인 욕구와 필요를 이해하면 토마스와 친구들은 이것을 다른 사람들에게로 확대할 수 있다. 자기 자신의 감정과 욕구에 빗대어 다른 사람의 감정과 욕구를 이해하는 과정을 통해 어린 토마스는 자기 안에 들어 있는 공감 능력을 보다 건설적인 방식으로 발휘할 수 있다.

학교 입장에서 보면 이 프로그램이 지니고 있는 큰 효과 가운데 하나는 아이들 간의 갈등을 해결하는 데 효율적인 시스템을 제공한다는 점이다. 갈등을 일으킨 아이들 자신이 문제를 해결하는 주체가 되므로 어른들은 아이들 간의 의사소통이 원활하게 이루어지도록 돕기만 하면 된다. 이런 과정에 익숙해지면 아이들 간의 갈등이 몇 분 이내에 해결되기도 한다.

학교에서 이 프로그램을 도입한 지 5년째 되던 해에 나는 교장 선생님을 만나 아내가 프로그램을 시험할 수 있도록 기회를 준 것에 감사의 뜻을 전했다. 교장 선생님은 이렇게 대답했다. "오히려 우리가 소피에게 고마워해야 합니다. 소피가 제안한 프로그램이 실제로 상당한 효과를 보이고 있으니까요. 일례로 올해 들어 학생 징계 문제로 내 사무실을 찾아오는 건수가 작년에 비해 50퍼센트나 줄

었답니다." 프로그램을 도입한 지 6년째 되는 올해(2015년)에는 교사들 역시 다른 교사와는 물론 아이들과도 관계가 좋아지고 소속감이 강해졌다고 보고되었다. 교사들이 동료 교사나 학생, 학교 관계자 및 학부모와 어떤 관계를 형성하는가는 학교의 전반적인 분위기에 영향을 미치고 그러한 영향은 고스란히 아이들에게 돌아간다.

달라이 라마는 30년 넘게 우리 교육 제도를 근본적으로 다시 생각해야 한다고 주장하고 있다. 사실 근대 교육 제도는 종교 기관이 도덕성 발달을 일차적으로 책임졌던 중세 유럽에 그 뿌리를 두고 있다. 교육에 대한 교회의 역할이 거의 사라진 지금, 교육 기관들은 자신의 역할을 다시 생각해 볼 필요가 있다. 학교 교육은 학업 발달만을 목표로 해야 하는가? 학교 교육을 통해 아이들 지능과 인성을 고르게 발달시킬 수 있는 방법은 없을까? 경제의 세계화와 정보 기술의 발달 덕분에 사람들과 문화, 종교 간의 거리가 점점 좁아지고 있는 이 새로운 시대를 슬기롭게 헤쳐 갈 수 있는 방법을 아이들에게 가르쳐야 하지 않을까? 이에 대해 달라이 라마는 모든 종교 및 윤리 전통의 핵심이자 우리를 인간일 수 있도록 하는 보편적 세속 윤리 즉 기본적인 인간 가치를 정식 교육 과정의 일환으로 가르쳐야 한다고 주장한다.[7]

달라이 라마가 설립에 참여한 마음과 생명 연구소Mind and Life Institute는 2013년에 신경 과학 및 심리학 분야의 전문가와 교육 전문가를 함께 모아 바람직한 윤리 교육에 대한 토론을 진행했다. 각 분야 전문가들이 함께 고민하여 얻은 잠정적인 결론은 우리 도덕적 정서의 근간에는 타인을 보살피고자 하는 본성이 있으며 세 가지의 보살핌—다른 사람으로부터 보살핌을 받는 것, 다른 사람을 보살피는 것, 자기 자신을 보살피는 것 - 을 통해 사회적, 윤리적 발달이 이루어진다는 것이었다. 마음과 생명 연구소가 설립된 1987년부터 지속적으로 긴밀한 관계를 유지하고 있는 나는 윤리 교육에 대한 이 비전이 어떻게 현실화되는지 지켜보고 싶다.

다음 세대가 지금의 복잡한 세상을 성공적으로 헤쳐 가는 데 필요한 요소 가운데 가장 중요한 것이 바로 교육이다. 우리 아이들이 건강한 동료 의식과 세상에 대한 책임감을 바탕으로 이 세상의 미래를 책임질 수 있는 따뜻한 마음을 가진 사람으로 성장하려면 우리 어른들이 제대로 된 길잡이 역할을 해야할 것이다.

보살피는 일터, 공정한 경제

어른에게 일터는 아이들에게 학교와 여러모로 비슷하다. 일터의 분위기와 일터에서 대우 받는 방식은 개인의 행복에 상당한 영향을 미친다. 어떻게 하면 자비심을 조직의 문화에 녹여 낼 것인가를 고민한다면 가장 기본적으로는 자비심을 조직의 인사 철학으로 삼아야할 것이다. 직원들의 불만과 갈등을 귀찮아하는 대신 공감, 이해, 배려에 바탕을 둔 태도로 대한다면 회사에 대한 직원들의 충성도와 소속감은 훨씬 더 높아질 것이다. 자비심을 기업 문화의 한 부분으로 삼는 것은 직원들의 행복도를 높일 뿐만 아니라 궁극적으로는 경영에 도움이 될 수 있다.

미시건 대학교는 지난 10년간 조직 관리 측면에서 자비심의 효과를 탐구한 컴패션랩CompassionLab이라는 명칭의 연구를 진행해 왔다.[8] 이 공동 연구는 회사를 "고통과 치유가 매일 일어나는 공간"으로 전제하고 회사 내에서 자비심이 어떻게 일반화될 수 있는지 설명하는 이론적 틀을 개발하는 데 목표를 두고 있다. 조직 내에서 자비심을 증폭시키거나 억제하는 요소는 무엇인가? 컴패션랩 연구진은 조직 내에서 자비로운 태도를 보편화하는 데 도움이 되는 세 가지 요소로 서로의 고충을 공유할 만큼 충분히 친한 사람들로 이루어진 네트워크, 사람들 간의 직접적인 접촉을 유도하는 업무 구조 및 프로그램, 보편적 인간성을 꼽았다. 이 연구에서는 특히 조직을 이끄는 리더의 역할을 강조한다. 조직의 문화를 바꾸기 위해서는 리더가 앞장서서 모범을 보여야 한다. 용기와 확신을 바탕으로 성실하고 자비로운 태도로 남을 대하고 다른 사람 말에 귀를 기울이면서도 리더로서 책임감을 잊지 않는 것이 진정한 리더의 모습이다.

그렇다면 자비심이 경제 구조에도 영향을 줄 수 있을까? 자비심은 우리 경제 활동과 무관하거나 혹은 양립할 수 없는 가치일까? 이것은 쉬운 질문이 아니다. 인간 본성의 자비로운 측면이 모든 인간 행동에 있어 강력한 동기 부여 역할을 한다는 사실을 확인한 심리학의 새로운 바람이 기존 경제 모델의 여러 가정에 도전할 수 있으리라고 나는 생각한다. 우리는 눈앞에 있는 자기 이익에만 급급한 이기적인 존재가 아니다. 공격적인 경쟁심과 무분별한 자원 낭비, 무한 성장만을 추구하는 태도를 정당화하는 것이 바로 인간은 원래 이기적인 존재라는 생각이다.

기업뿐 아니라 개인에게도 돈을 많이 버는 것이 성공의 유일한 척도가 되어서는 안 된다. 금전적인 측면에서만 성공을 규정한다면 돈을 얼마나 많이 버느냐에 따라 각 개인의 자존감과 자기 존엄성이 결정되고 만다. 전 세계적으로 수백만 명을 고통으로 몰아넣었던 2008년의 세계 경제 위기를 겪으면서 사람들은 월스트리트의 탐욕스러운 문화에 분노를 느꼈다. 그렇다. 가장 큰 문제는 탐욕이다. 하지만 우리가 목격한 탐욕은 그보다 깊은 곳에 자리한 구조적 문제인 물질 만능주의가 겉으로 드러난 것에 불과하다.

미디어에서 부도덕한 인수 및 합병을 미화하기 시작한 1980년대에 들어서면서 본격화된 오늘날의 공격적인 기업 문화는 명백히 지속 불가능하다. 직장인들의 평균 임금은 물가 상승 속도를 가까스로 따라잡고 있는데 고위 경영자들의 임금은 그보다 훨씬 가파른 속도로 올라가고 있다. 최고 경영자가 받는 임금이 평균 임금의 300배에 달하는 기업도 있다. 조사에 따르면 1978년부터 2013년 사이에 미국 내 최고 경영자 임금은 937퍼센트 증가한 것에 비해 일반 근로자 임금은 고작 10퍼센트 늘었다.[9] 이러한 추세는 가히 위험할 정도이다. 이대로 가다가는 상위 1퍼센트가 국부의 대부분을 장악하고 있던 19세기의 극심한 소득 불평등 상황이 다시 재현될 것이라고 경고하는 경제학자들도 있다.[10] 이 정도로 불공평한 세상은 그 누구에게도 도움이 되지 않는다. 심지어 상위 1퍼센트에게도 도움이 되지 않는다. 고전 경제학 모형의 근본적인 결함을 주장하는 사람들도 있는데 자본 시장 이론에서 천연자원이 유한하고 재생 불가하다는 점을 간과하고 있을 뿐만 아니라 미래 세대에 의존할 수도, 그들의 이익을 적절하게 챙길 수도 없기 때문이라는 것이다. 지금 세대가 자원을 관리하는 데 있어 다음 세대를 위한 대안을 마련하지도 않고 있다.

내 생각에 이것은 이해 당사자 및 세대 간 공정성의 문제이다. 경제 체계의 공정성을 제고하기 위해서는 현명한 경제 전문가들이 단기 수익 극대화만을 좇는 지금의 시장주의에 문제를 제기해야 한다. 국가 지도자들과 관료들이 올바른 경제 정책을 수립하고 더불어 현실의 불공정성을 뒷받침하고 있는 여러 가치에 우리 모두가 반대 의사를 표해야 한다. 다행히도 계속적인 여론의 압력 덕분에 기업들은 성과 보고서에 '사회적 책임' 항목을 포함시키기 시작했다. 최근에는 이윤 창출과 사회적 책임 모두를 적극적으로 추구하는 사회적 기업B-corps이 전 세계적으로 영향력을 넓혀 가고 있다. 사회적 기업은 의사결정 과정에서 사회 및 환경에 도움이 되는 사회적 목표를 중요한 요소로 삼고 있다.

　사회적 기준이 변화하면서 경제 행위의 표준도 함께 달라진다. 오늘날에는 UN 인권 선언을 비롯하여 근로자의 권리를 보장하는 각종 국제 표준 덕분에 초기 산업화 시대에 만연했던 착취적인 관행들이 더 이상 용납되지 않는다. 물론 아직도 세계 곳곳에서 제품의 원가 절감과 이윤 극대화를 위해 위험한 환경에서 노동력을 착취당하는 사람들이 있다. 하지만 그런 지역에서조차 현지 법률과 국민 정서는 그러한 착취적인 관행을 불합리한 것으로 여기고 있다.(하지만 정치적 의지와 법적 규제의 부족으로 이 같은 관행은 계속되고 있다.)

　마이크로 블로깅이나 소셜 미디어와 같은 민주적인 온라인 플랫폼이 활성화되면서 기업은 자신의 신뢰성을 증명하기 위해 분투하고 있다. 기업이 사람의 가치를 귀하게 여기고 실제 경영에서도 이 같은 인도주의적 태도를 유지한다면 고객들의 신뢰를 얻을 뿐 아니라 임직원들도 회사를 위해 보다 적극적으로 헌신할 것이다. 자비심은 기업의 진실성을 유지시키는 가장 큰 힘이 될 수 있다.

"완전히 다른 회사"

자비심을 바탕으로 한 비전이 기업의 차원에도 적용될 수 있다는 점을 보여 주는 놀라운 이야기가 있다. 카멜리아 그룹Camellia Group을 설립한 고든 폭스Gordon Fox는 존경할 만한 사업가로 점잖은 말투에 엄격하면서도 세심한 배려를 잃지 않는 사람이다. 선禪 수행과 일본식 다도를 오랫동안 배운 그는 1956년에 인도를 처음 방문했다. 히말라야에 위치한 다질링Darjeeling 지역의 아름다운 경치에 반하고 말았다. 다질링 인근의 바담탐Badamtam 차 재배지에서 바라보이는 눈 덮인 칸첸중가 모습이 그에게 깊은 인상을 남겼다. 바담탐 차 재배지의 노동자들은 대를 이어 찻잎 따는 일을 하고 있다. 농장주는 고용인의 건강, 교육, 가족 간 화합, 고용 보장 같은 안정적인 생활을 꾸려 가는 데 필요한 모든 부분을 보살피고 있었다. 고든이 바담탐을 방문했던 당시는 인도 독립 이후 혼란이 계속되면서 많은 영국인 농장주들이 사업을 접고 영국으로 돌아가려고 할 때였다.

수년간의 노력 끝에 고든은 다질링 지역에 위치한 여러 차 재배지(바담탐, 투르포, 마가렛 호프, 캐슬톤)와 두아스Dooars 지역 및 방글라데시 국경 지역 차 재배지를 아우르는 홍차 회사를 설립하였다. 카멜리아 그룹 본사는 런던에 있었지만 차 재배지 관리는 현지인들에게 일임하였다. 카멜리아 그룹은 현재 세계적인 대규모 차 생산기업 가운데 하나로 꼽히며 인도와 방글라데시, 케냐, 말라위 등에 차 재배지를 가지고 있다.

카멜리아 그룹 차 재배지는 대단히 인상적이다. 바담탐 차 재배지는 다른 지역에서 찾아보기 힘든 사례이다. 차 재배지 내에 찻잎을 따는 노동자 자녀를 위한 학교와 병원이 있고, 구역별로 고유한 생활 문화를 간직한 마을에는 마을 회관과 사원까지 있다. 오늘날 카멜리아 그룹의 모든 차 재배지는 수천 명에 이르는 노동자와 그 가족들의 안정적인 삶을 보장하면서도 살아남는 정도가 아니라 크게 번성하고 있다.

수년 전, 고든이 쓴 인사말에는 그가 갖고 있는 경영 철학의 정수가 담겨 있다. "전문성을 가지면서도 도덕적으로 올바른 기업을 이끌어 가기 위해서는 무엇보다도 임직원들의 이익과 복지를 최우선으로 두어야 합니다. 이것이 비효율적이고 더 많은 비용이 드는 경우도 있겠지만 우리 기업의 자기 존중, 내적 강인함, 장기적인 성장을 위해서는 반드시 이러한 원칙을 고수해야 합니다." 같은 글에서 고든은 다음과 같이 덧붙였다. "40년 넘게 기업가로 살아오면서 비즈니스도 결국 사람을 위한 일이라는 내 신념이 흔들린 적은 없습니다. 주주들의 이익만큼이나 임직원들의 이익도 중요하며 더 나아가 사회와 환경에 이로운 일을 하는 것이 기업의 책무입니다."[11]

카멜리아 그룹은 주주들의 이익만을 위해 존재하는 것이 아니라 차 재배지에 기대어 살고 있는 사람들이 안정적으로 삶을 이어가도록 하기 위해 존재한다. 이를 위해 고든은 장기적인 이익을 추구하면서 소유주가 아니라 관리자의 태도로 기업을 경영했다. 최근 발간된 카멜리아 그룹에 관한 책에서 세계적인 경영 철학자 찰스 핸디 Charles Handy는 고든의 경영 철학에 대해 다음과 같이 말했다.

상업 기업으로서 카멜리아는 당연히 이윤을 중시하지만 그것을 궁극적인 목표로 삼지는 않는다. 여러 사례에서 볼 수 있듯이 카멜리아의 성공은 장기적인 보살핌의 계획 수립과 실행의 결과이다. 카멜리아가

꾸준하게 성장을 할 수 있었던 것은 회사 규모를 키워서 최고가 되겠다는 강박에서 비롯된 것이 아니라 건실한 경영 방식에서 비롯된 것이다. 이러한 접근 방식은 시간 개념과 기업 소유에 대한 카멜리아의 철학을 바탕으로 한다.[12]

현재 고든은 소유한 주식 대부분을 자선기금에 양도한 상태이다. 그리고 차 재배지에 대한 자선 활동을 지속적으로 지원하면서 카멜리아 문화와 경영 철학을 지키는 후원자 역할을 하고 있다. 내가 이 자선기금 이사회에 참여하게 된 것은 영광스러운 일 가운데 하나였다. 오늘날, 세계 곳곳에 있는 수천 명의 차 재배 노동자들이 집이나 생계, 미래에 대한 걱정 없이 편안하게 잠자리에 들 수 있는 것은 반세기 전에 용기 있는 한 사람이 자비심을 바탕으로 한 분명한 목표를 가지고 자신이 생각하는 가치를 현실로 만들기 위해 노력했기 때문이다. 2013년, 고든과 동행해 바담탐 차 재배지를 방문했던 나는 마을 사람들이 그에게 표하는 깊은 감사와 경의를 보며 큰 감명을 받았다. 현재 카멜리아는 전 세계에 73,000여 명의 임직원을 두고 있으며 세계 금융 위기가 정점에 있을 때에도 흔들림 없이 건실한 경영 성과를 보였다.

보다 공정하고 자비로운 사회를 향하여

사회 과학이 우리에게 일러 준 단 하나의 통찰이 있다면 사회 구조와 체계를 바꾸지 않는 이상 사회를 근본적으로 변화시킬 수 없다는 것이다. 인종, 종교, 성별, 성적 취향 등의 차별을 비롯해 수많은 고통과 불공평함이 사회 구조에 의해 발생한다. 우연찮게도 제2차 세계 대전 이후에 사회 전반의 구조적 변화를 경험한 나라들은 현재 개인의 자유와 인권, 존엄성 같은 측면에서 가장 높은 수준을 유지하고 있다. 전후 시대의 철학을 가장 잘 보여 주는 UN 인권 선언은 시민의 권리를 규정한 최초 국제 표준이다. UN 헌장이 마련된 직접적인 계기는 세계 대전을 경험했기 때문이기도 하지만 그 유래는 유럽 계몽주의 시대라고 생각한다. 민주주의 발달과 더불어 기본적인 인권을 바탕으로 형성된 사회 구조는 서양 사회가 인류를 위해 성취한 최고의 성과이다.

개인의 행복과 집단의 이익을 고루 성취하기 위한 최적의 균형점은 어디인가? UN 헌장은 이 질문에 대한 모범 답안을 제시한다. 인간이기 때문에 누릴 수 있는 개인의 기본권을 분명하게 밝힌 UN 헌장의 보편적 인권 개념은 거대 집단인 국가도 함부로 무시할 수 없는 명확한 기준을 제시하고 있다. 사회가 개인에 대하여 가져야 하는 기본적인 태도는 개개인의 존엄성을 인정하는 것이다. 오늘날, 국민의 인권을 보장하는 나라들은 인간으로서 기본적인 권리와 안전을 보장 받는 자유로운 국민들과 함께 날로 번창하고 있다. 지난날 소비에트나 중국 공산당을 통해 확인할 수 있듯이 기본적인 인권을 보장하지 않는 사회는 끊임없이 시민들을 두려워하고 의심하며 탄압한다. 이러한 사회는 본질적으로 불안정하며 시민의 모든 비판적 표현은 체제에 대한 위협으로 간주된다.

어떤 사람의 고통을 보면서 자연스럽게 자비심이 일어나는 것은 보편적 인간성이라는 추상적 관념 때문이 아니라 지금 내 눈앞에 존재하는 그 사람의 구체적인 고통 때문이다. 하지만 만약 우리가 자비심을 사회적 진보를 위한 목표 가운데 하나로 설정한다면 이때 중요한 것은 보편적 인간성과 사람들의 고통을 줄이는 구체적인 방법이다. 다시 말해 정서적 반응으로서 자비심은 감정적이고 개인적이고 특정한 사건이나 사람에 초점을 맞추는 반면, 가치관으로서 자비심은 감정에 좌우되지 않으며 개인의 범위를 넘어 보편적으로 적용된다. 정의가 실현되면 누구나 이익을 얻는 당사자가 될 수 있다. 인종, 종교, 빈부 같은 것은 상관없다. 중요한 것은 우리가 기본적인 인권과 존엄성을 가진 시민이라는 사실이다. 바로 이 지점에서 인간 윤리의 두 가지 기초인 정의와 자비심이 하나로 통합된다.

불교에서도 가장 발달된 형태의 자비심은 고통의 주체나 종류를 가리지 않는 보편적 보살핌이라고 말한다. 누구의 고통이든 상관없이 그것이 고통이기 때문에 자비심이 일어나는 것이다. 산티데바는 다음과 같이 말한다.

그것이 고통이기 때문에 막아야 한다.
여기에 왜 한계를 두는가?
여기에 무슨 논쟁이 필요하고 질문이 필요한가?
누구의 고통이든 상관없이 그것이 고통이기 때문에 막아야 한다.
고통을 없애려면 모든 고통을 없애야 한다.
그렇지 않으면 고통은 계속될 것이다.[13]

사회와 조직의 변화가 중요한 이유는 그것이 모두에게 영향을 미치기 때문이다. 자비심을 삶의 기본 원리로 삼겠다는 사람은 개인적 변화에 그칠 것이 아니라 사회적 변화에도 관심을 기울여야 한다.

사회 정의와 인권, 민주주의를 위해 불의에 맞서는 사람들은 자비심을 행동으로 실천하는 것이다. 지금 내가 살고 있는 서양을 포함하여 선진화된 나라들 역시 지금보다 공평하고 자비로운 사회를 만들기 위해서는 아직도 수많은 구조적 개선이 필요하다. 하지만 민주주의와 인권 보장, 독립적인 사법부와 언론 덕분에 이제 시민들이 마음만 먹는다면 지금보다 자비롭고 공정한 사회를 만들 수 있다.

언젠가 사회가 변하기를 마냥 기다릴 수는 없다. 변화를 이끌어내기 위해서는 행동해야 한다. 보다 자비로운 세상은 나와 너, 우리 개인으로부터 시작되어야 한다. 계속 말하듯 자비심은 특별한 소수 사람들만 추구하는 고고한 이상이 아니라 모든 인간이 타고난 본성이다. 조금만 관심을 기울이면 일상생활에서 자비롭고 친절한 본성을 발휘할 기회는 얼마든지 있다. 문제는 자신이 '자비로운 사람인가 아닌가?'가 아니라 '자비심을 나눌 준비가 되어 있는가?' 하는 것이다. 자비심을 가지고 살아가는 것과 자신과 타인, 자신을 둘러싼 세상을 자비롭게 대하는 것은 모두 스스로의 선택이다. 이것은 나에게 인간 존재에 관한 가장 중요한 영적 질문이기도 하다.

티베트에서는 생의 마지막 순간인 죽음을 맞이하는 태도로 한 개인의 영적 수준을 가늠한다. 죽음이야말로 영적 수준을 가늠하는 최고의 척도인 셈이다. 사람들은 죽음의 순간을 기꺼이 맞이하지는 못하더라도 적어도 지난 삶을 후회하지는 않기를 바란다. 언젠가는 죽을 수밖에 없는 인간의 운명을 자각한다면 우리는 후회 없는 삶을 살기 위해 노력해야 할 것이다. 언젠가 죽는다고 생각하면 자신의 삶에 솔직할 수밖에 없다. 쓸데없는 방어막을 지키려고 바둥거리는 것도, 실체도 분명하지 않은 '나'를 지키기 위해 그 많은 에너지를 쏟아 붓는 것도, 다 무의미해진다. 우리 모두 언젠가는 죽는다는 사실은 잔인하지만 삶에 좋은 약이 되는 진실이다.

마지막 순간이 오면 우리 모두는 혼자 떠날 수밖에 없다. 돈도, 명예도, 지식도 가져갈 수 없다. 우리가 가져갈 수 있는 것은 살면서 가졌던 생각과 감정뿐이다. 의미 있는 삶을 살았는가? 사랑 받은 적이 있는가? 다른 누군가를 사랑하고 아꼈는가? 다른 사람에게 진정으로 도움을 준 적이 있는가? 다른 사람을 도우며 기쁨을 느꼈는가? '나'라는 존재가 다른 사람에게 도움이 되었는가? 생의 마지막 순간에 우리는 아마도 이런 질문들을 할 것이다.

우리가 느끼는 행복과 고통은 모두 다른 사람들과 맺은 관계에 의해 결정된다. 그렇다면 왜 지금 당장 다른 사람들과 함께하는 삶을 시작하지 않는가? 무엇 때문에 망설이는가? 새로 시작하기에 지금보다 더 나은 순간은 없다. 시간은 기다려주지 않는다. 달라이 라마가 말하듯 그 누구도 시간을 멈출 수 없지만 자신에게 주어진 시간을 현명하게, 의미 있게 사용하는 것은 각자가 선택할 수 있다. 자신의 삶을 의미 있게 하는 것은 바로 자비심이다. 이 책을 통해 영감을 얻었다면, 따뜻하고 자비롭게 살기로 결심했다면, 이제 보라. 세상이 얼마나 달라졌는지를!

감사의 말

불교 철학에서는 단 하나의 현상에도 수많은 원인과 조건이 있고 그 모든 원인과 조건을 다 알 수는 없다고 말한다. 따라서 책상에 앉아 이 책을 만드는 데 도움을 준 사람들을 떠올리고 있는 지금, 결국 많은 사람들 이름을 빠트릴 것 같다는 생각이 불현듯 든다.

그 누구보다도 먼저 달라이 라마 성하께 고마움을 전하고 싶다. 전 세계에 자비심의 가치를 전하면서 자비심을 단지 사상이 아닌 삶으로 실천하고 있는 그분을 생각하면 절로 고개가 숙여진다. 출가 당시 내 마지막 스승이었던 캅제 제메 린포체는 나에게 깊이 있는 불교 철학과 심리학, 명상 전통을 전했다. 내 인생에 이 두 분 스승이 없었다면 이 책을 쓸 엄두도 내지 못 했을 것이다.

스탠퍼드 대학 자비심과 이타심 연구 교육 센터CCARE 역시 이 책을 쓰는 데 큰 도움을 주었다. 이 기회를 빌어 나를 CCARE 설립 멤버로 초청하고 자비심 함양 프로그램CCT을 개발할 수 있도록 한 CCARE의 책임자 제임스 R. 도티에게 고마움을 전한다. 심리학자이자 명상 지도자인 마가렛 컬렌, 에리카 로젠버그, 캘리 맥고니걸은 CCT의 첫 선임 지도자로서 프로그램을 발전시키는 데 많은 도움을 주었다. 모니카 한센과 레아 웨이스가 이후에 합류했다. 오미디야르 네트워크는 호프랩HopeLab을 통해 CCT 지도자 양성을 지원했다. 에드워드 하핀과 로버트 맥클루어는 샌디에이고에 있는 샤프 의료 그룹에서 CCT를 널리 알리고 있다. 스탠퍼드 대학의 진 L. 차이, 버짓 쿱맨, 필립 R. 골딘, 후리아 자자이에리는 CCT의 효과를 과학적으로 입증했다. 이 모든 사람의 노력이 없었다면 CCT를 만들지 못했을 것이다.

이 책의 가치를 믿고 나에게 끊임없이 용기를 북돋아 준 에이전트 스테파니 테이드에게 고마움을 전한다. 이 책을 위해 기꺼이 시간과 노력을 기울인 허드슨 스트리트 프레스의 편집자 캐롤라인 서톤도 고맙다. 그녀의 날카로운 조언 덕분에 책 내용이 더욱 명확해졌다. 레아 웨이스는 CCT 지도자들 이야기를 수집하는 데 도움을 주었고 이 책의 초안을 성실하게 검토했다. 최종본을 검토한 스테파니 힉스의 도움으로 책의 마지막 빈틈을 메울 수 있었다.

이 책의 초안을 읽고 귀중한 조언을 준 K.C. 브란스콤 켈리와 자스 엘스너도 고맙다. 일반인을 대상으로 한 책을 써 보라고 수년 간

나를 설득한 사람이 바로 K.C.였다. 카멜리아 그룹에 관한 이야기에 도움을 준 고든 폭스와 사이먼 터너, 책의 편집 일부를 맡아 준 자라 허쉬맨드, 감동적인 이야기를 들려준 CCT 참가자들에게도 감사를 전한다. 마음과 생명 연구소의 이사를 맡고 있는 리차드 데이비슨과 스탠퍼드 대학의 동료인 브라이언 넛슨은 최종 원고를 읽고 책에 언급된 과학적 연구에 대한 설명을 더욱 명료하게 하는 데 도움을 주었다. 이 책에 언급된 과학적 사실에 오류가 있다면 그것은 모두 내 책임이다.

이 책을 쓰는 동안 업무를 도와준 티베트 고전학 연구소Institute of Tibetan Classics의 니타 잉과 잉 재단에도 고마움을 전한다. 그리고 마지막으로 사랑하는 가족에게 고마운 마음을 전한다. 두 딸 칸도와 타라는 개인적인 삶 일부를 독자들과 공유할 수 있도록 용기를 주었다. 아내 소피는 이 책을 쓰는 동안 참을성 있게 찬찬히 내 이야기를 들어주고 요긴한 조언도 했다. 변함없는 사랑으로 내 곁을 지켜 주는 아내는 내 최고의 카르마이다.

이 책을 만드는 동안 우리는 진정한 자비심의 따뜻함과 용기를 경험했다. 참으로 즐거운 일이었다.

주

서문

1. 달라이 라마와 다양한 분야의 과학자들이 일 년에 두 차례 인도 다람살라에서 5일간 대담을 한다. 1987년부터 시작된 이 대담에서 다루어진 많은 내용은 책으로 만들어졌다. www.mindandlife.org 참조.

2. Frans de Waal, *Primates and Philosophers: How Morality Evolved* (Boston: Harvard University Press, 1998). p.10. 미국의 생물학자이자 철학자인 마이클 기셀린Michael Ghiselin이 한 말을 인용한 것이다.

3. Karen Armstrong, *Twelve Steps to a Compassionate Life* (New York: Alfred A Knopf, 2010). p.19.

4. 자비심에 관한 과학적 연구 결과가 궁금하다면 Jennifer L. Goertz, DacherKeltner, Emilia Simon-Thomas, Compassion: An Evolutionary Analysis and Empirical Review, *Psychological Bulletin*, 2010, Vol.136 no.3, 351~374 참조.

5. 저명한 종교 역사가이자 자비심의 가치를 널리 알리기 위해 노력한 카렌 암스트롱은 세계 주요 종교 신자들이 자비심을 종교의 핵심 가치로 삼을 것을 독려했다.

6. Paul Ekman, *Moving Toward a Global Compassion* (San Francisco: Paul Ekman Group, 2014) 참조.

7. 리처드 데이비슨이 오랫동안 명상 수행을 한 사람을 대상으로 한 뇌 촬영 연구 결과는 Antoine Lutz, Laurence L. Grelschar, Nancy B. Rawlings, Matthieu Ricard, Richard J Davidson, Long-meditators self-Induce high-amplitude gamma synchrony during mental practice, *PNAS*. November 16, 2004, Vol.101, No.46, 16369~16373; J.A. Brefczyski-Lewis, A. Lutz, H.S. Shaefer, D.B. Levison, and R. J. Davidson, Neural correlates of attentional expertise in long-term meditation practitioners, *PNAS*. July 3, 2007, Vol.104, No.27, 11483~11488; Antoine Lutz, July Brefczynski-Lewis, Tom Johnstone, Richard J. Davidson, Regulation of the neural circuitry of emotion by compassion meditation: Effects of meditative expertise, *PLoS One*, 2008, Vol.3, Issue 3, e 1897 참조.

8. "알아차림을 통한 스트레스 완화(Mindfulness-Based Stress Reduction) 프로그램에 관한 자세한 내용은 John Kabat-Zinn, *Wherever You Go, There You are: Mindfulness Meditation in Everyday Life* (New York: Hyperion, 1994) 참조.

9. 『사회와 고독』에 실린 전체 문장은 다음과 같다. "나는 내가 쓴 책과 번역된 좋은 책

들을 모두 열심히 읽는다. 책이 가지고 있는 가장 좋은 점은 인간의 보편적인 정서나 통찰 등을 다른 언어로 번역할 수 있다는 것이다."

10. 샌디에이고 샤프 의료 그룹(Sharp Healthcare Group)의 CCT 수석 지도자이자 심리 치료사인 로버트 맥클루어Robert Mcclure와 나눈 개인적인 대화.

1. 행복의 문을 여는 훌륭한 열쇠

1. Alfred Lord Tennyson, *In Memoriam A. H.H.*: 56 (Boston: Houghton Mifflin, 1895). p.62.

2. Thomas Huxley, *Evolution, Ethics and Other Essays* (London: Memillan & Co, 1899), pp.199~200. 서양적 관점에서 이기심을 자세하게 서술한 내용은 Franz De Waal, *Primates and Philosophers*, pp.3~21 참조.

3. 네이글은 이타심과 신중함을 비교하면서 신중함은 현재 상황이 전개된 결과로 발생할 미래의 상황에서 내가 어떨지를 고려하는 반면 이타심은 자기 자신을 많은 사람들 중 하나로 보고, 고유한 존재인 '나'와 보편적 인간으로서의 '나'를 균형감 있게 볼 수 있는 능력에서 나온다고 주장한다. Thomas Nagel, *The Possibility of Altruism.* (New Jersey: Princeton University Press, 1970). p.19.

4. 같은 주제로 출간된 뱃슨의 저서에는 *Prosocial motivation: Is it ever truly altruistic* 가 포함된다. *Advances in experimental social psychology.* 1987, 20, 65~122; *The altruism question: Toward a social psychological answer* (Lawrence Erlbaum, 1997), *Altruism in humans* (Oxford University Press, 2011).

5. 이 주제와 관련하여 참고할 만한 저서는 다음과 같다. Eliot Sober and David Sloan Wilson, *Unto Others: The Evolution and Psychology of Unselfish Behavior* (Boston: Harvard University Press, 1998), Franz De Waal, *Primates and Philosophers: How Morality* (Princeton University Press, 2006). *Age of Empathy: Nature's Lessons for a Kinder Society* (New York: Broadway Books, 2010).

6. Greater good. What is Compassion? http://greatergood.berkeley.edu/topic/compassion/definition.

7. *Udanavarga*
불교 경구집. 이 책에 실린 불교 경전과 티베트어 자료 가운데 별도로 번역자를 밝히지 않은 부분은 모두 저자인 내 번역본을 사용했다.

8. Adam Phillips와 Barbara Taylor, *On Kindness* (New York: Farrar, Straus and Giroux, 2009), p.34에도 인용되어 있다.

9. Adam Smith, *Theory of Moral Sentiments* (Now York: Dover Philosophical, 2006),

p.4.

10. Charles Darwin, Moral Sense, *The Descent of Man*, and Selection in Relation to sex, vol.1 (Pinceton Univesity Press, 1982[1871]), p.69.

11. 공감의 신경학적 기반과 공감에 관여하는 뇌 영역에 대한 연구가 활발하게 이루어지고 있다. 공감 능력과 뇌에 관한 최근 연구에 대해서는 다음 자료를 참조. Boris C Bernhardt and Tania Singer, The Neural Basis of Empathy, *The Annual Review of Neuroscience*, 2012, 35: 1~23.

12. 어린이와 영장류를 대상으로 한 이 공동 연구의 결과는 다음을 참조. Felix Warneken and Michael Tomasello, The Roots of Human Altruism, *British Journal of Psychology* 100, no. 3 (2009): 455~471.

13. 뉴헤븐 지역에서 생후 6개월 된 영아를 대상으로 진행된 초기 연구의 결과는 다음을 참조. J Kiley Hamlyn, Karen Winn, Paul Bloom, Social Evaluations by Preverbal Infants, *Nature*, vol.450 (2007): 557~560.

14. 리처드 데이비슨은 여러 강연에서 자비심을 언어 습득 능력에 비유하여 설명한다.

15. Brandon J Cosley 등 Is Compassion for others stress-buffering? Consequences of compassion and social support for physiological reactivity to stress, *Journal of Experimental Social Psychology*, 46 no.5 (2010): 816~823.

16. KrsitinLayaus, S. Katherine Nelson, Eva Oberly, Kimberly A Schonert-Reichl, and Sonja Lyubomirsky, Kindness Counts: Prompting Social Behavior in Preadolescents Boosts Peer Acceptance and Wellbeing, *PLoS One*, December 2012, Vol. 7, issues 12, e51350 참조.

17. 이 연구는 스탠퍼드 대학에 재직 중인 심리학자 브라이언 넛슨Brian Knutson이 2008년에 처음 실시했으며 이후 뇌 영상 촬영이 추가되었다. 연구 결과는 책으로 출간되었다.

18. 이 연구는 캘리포니아 대학의 뇌와 마음 연구 센터(Center for Brain and Mind)에서 신경 과학자 클리프 새론Cliffor Saron의 주도로 진행되었다. 자비심 수행이 텔로머라제에 미친 영향에 대해서는 다음을 참조. T.L. Jacobs 등, Intensive meditation training, immune cell telomerase activity, and psychological mediators, *Psychoneuroimmunology* 36 no. 5(2011): 664~681.

19. Jeremy P Jamieson, Wendy Berry Mendes, Matthew K Knock, Improving Acute Stress Response: The Power of Reappraisal, *Current Directions in Psychological Science*, 22. no. 1(2013) 51~62.

20. 이 연구에 관한 자세한 내용은 다음을 참조. http://news.uchicago.edu/artcile/2014/02/02/16/aaas-2014-loneliness-major-health-risk-older-adults. *Guardian*에 실린 기사 Loneliness twice unhealthy as obesity for older people, a

Study Finds. 참조 (2014년 2월 16일).

21. Miller McPherson and Lyn Smith-Loven, Social Isolation in America: Changes in Core Discussion Networks over Two Decades, *American Sociological Review* 71, no. 3 (2006): 353~375.

22. Christina R Victor and A Browling, A Longitudinal Analysis of Loneliness Among Older People in Great Britain, *The Journal of Psychology* 146, no. 3 (2012): 313~331.

23. Jonathan Haidt, Elevation and the Positive Psychology of Morality, in: *Flourishing Positive Psychology and the Life Well-Lived*, C.L.M Keyes and Jonathan Haidt (eds) (Washington D.C.: American Psychological Association, 2003): 275~289.

24. Simone Shnall, Jean Roper, Daniel M.T. Fessler, Elevation leads to altruistic behavior, *Psychological Science*, 21, no. 3 (2010): 315~320.

2. 자기 수용의 핵심

1. Jennifer Crocker and Laura E Park, The Costly Pursuit of Self-Esteem, *Psychological Bulletin*, vol.130, no. 3 (2004): 392~414.

2. 출처는 통증 심리학자 에드워드 하핀Edward Harpin과 나눈 개인적인 대화. 하핀은 샌디에이고 샤프 의료 그룹에서 일하는 CCT 수석 지도자이자 명상 지도자이다.

3. 불교와 심리학을 주제로 한 이 토론회의 내용은 *Worlds in Harmony: Dialogues on Compassionate Action* (Berkeley: Parallax Press, 1992)이라는 제목으로 출간되었다.

4. 자기 자비의 세 가지 주요 구성 요소에 대한 네프의 자세한 설명은 다음을 참조. Self-Compassion: An Alternative Conceptualization of a Healthy Attitude Toward Oneself, *Self and Identity* 2, (2003): 85~101. 자기 자비의 개념 및 자기 자비를 기를 수 있는 방법에 대한 네프의 의견은 다음을 참조. *Self-Compassion: Stop Beating Yourself Up and Leave Insecurity Behind.* (New York: HarperCollins, 2011).

5. Kristin Neff, KullayaPisitsunkagarn, Ya-ping Hsieh, Self-Compassion and Self-Construal in the United States, Thailand, and Taiwan, *Journal of Cross-Cultural Psychology*, 39. no 3 (2008): 267~285.

6. Amanda Ripley가 쓴 기사 Teacher, Leave those Kids Alone, *TIME*, 2011년 9월 25일 자.

7. Leary, Tate, Adams 등, Self-compassion and reactions to unpleasant self-relevant events: The implications of treating oneself kindly, *Journal of Personality and Social Psychology*, Vol. 92, no. 5 (2007): 887~904.

8. Barbara Oakley 등, *Pathological Altruism* (Oxford, UK: Oxford University Press,

2011).

9. Hazel Tose Markus and Alana Conner, *Clash! 8 Cultural Conflicts that Make Us Who We Are.* (New York: Hudson Street Press, 2013).

3. 두려움에서 용기로

1. Paul Gilbert, KrsitinMcEvan, Marcela Matos, Amanda Rivis, Fears of compassion: Development of three self-report measures, *Psychology and Psychotherapy* 84. no. 3(2011): 239~255.
2. Paul Gilbert, Self-Criticism and Self-Warmth: An Imagery Study Exploring their Relation to Depression, *Journal of Cognitive Psychotherapy* 20, no. 2 (2006): 183.
3. 자비심에 대한 두려움은 다음을 참조하였다. Paul Gilbert 등, Fears of compassion, *Psychology and Psychotherapy: Theory, Research and Practice* (2011).
4. 달라이 라마, *Beyond Religion: Ethics for a Whole World* (Now York: Haughton Mifflin Court, 2011), p.68.
5. 샤프 의료 그룹의 CCT 수석 지도자이자 심리 치료사인 로버트 맥클루어Robert Mcclure와 나눈 개인적인 대화.
6. Oxford World Classics 번역본에 나오는 샨티데바의 게송 구절은 다음과 같다. "온 세상을 다 덮을 수 있는 가죽을 어디에서 구할 것인가? 가죽으로 신을 만들어 신으면 온 세상을 다 덮는 것이다." 샨티데바, 『입보리행론(Bodhicaryavatara)』. Kate Crosby and Andrew Skilton 번역, (Oxford, Uk: Oxford University Press, 1995), p.35.
7. *The Dhammapa: The Sayings of the Buddha.* Thomas Byrom 번역, (Now York: Vintage, 2012).

4. 마음에서 행동으로

1. 스탠퍼드 자비심 함양 프로그램의 수석 강사인 레아 웨이스Leah Weiss와 개인적으로 나눈 대화.
2. 이 구절은 티베트본 불교 경구집인 *Udanavarga*에서 인용.
3. 통증 심리학자 에드워드 하핀Edward Harpin과 나눈 개인적인 대화. 하핀은 샌디에이고 샤프 의료 그룹의 CCT 수석 지도자이자 명상 지도자이다.
4. Daniel Goleman, *Focus: The Hidden Driver of Excellence* (Now York: Harper Collins, 2013), p.258.

5. 자아 체계(egosystem) 동기와 생태계(ecosystem) 동기의 차이점을 설명했다. Jennifer Crocker and Amy Canevello, Egosystem and Ecosystem: Motivational Perspectives on Caregiving, in: *Moving Beyond Self-Interest:Perspectives from Evolutionary Biology, Neuroscience and the Social Science.* Stephanie L Brown 등 편집 (New York: Oxford University Press, 2012): 211~223.

6. Egosystem and Ecosystem: Motivational Perspectives on Caregiving, p. 214.

7. 여기에서 내가 '불교 철학'이라고 칭하는 것은 아비달마abhidharma (최고의 가르침이라는 뜻)라고 불리는 고대 불교 가르침을 말한다. 아비달마에서는 행복과 고통을 경험하는 데 있어 여러 감정의 작용을 비롯하여 경험의 구조와 내용을 설명하고 있다. 불교 철학의 또 다른 범주인 프라마나pramana는 일종의 불교 인식론으로 현대 인지 과학에서 초점을 맞추는 질문들을 주로 다룬다.

5. 자비심을 기르는 방법

1. Matthew A Killingworth and Daniel T Gilbert, Wandering Mind is an Unhappy Mind, *Science* 330, no. 6006 (2010): 932.

2. Mind Is a Frequent, but Not Happy, Wanderer: People Spend Nearly Half Their Waking Hours Thinking About What Isn't Going On Around Them, *ScienceDaily*. November 12, 2010. http://www.sciencedaily.com/releases/2010/11/101111141759. htm.

3. Daniel B Levinson, Jonathan Smallwood, Richard J Davidson, The Persistence of Thought: Evidence for the Role of Working Memory in the Maintenance of Task-Unrelated Thinking, *Psychological Science*. 23, no. 4 (2012): 375~380.

4. Discovering the Virtues of a Wandering Mind, *New York Times* 기사 참조. (2010년 6월 28일 자)http://www.nytimes.com/2010/06/29/science/29tier.html.

5. 최근 발표된 논문에서 자아에 관한 연구를 진행한 연구 팀은 다음과 같이 썼다. "'나'라는 시선으로 사물과 사건을 바라보면 세상은 더 이상 객관적인 판단의 대상이 아니라 감정의 대상이 된다. 그리고 '나'라는 감각의 영향력은 더욱 커진다." George Northoff, Alexander Heinzel, Moritz de Greck, Felix Bermpohl, Henrik Dorbowolny, JakPanksepp, Self-referential processing in our brain–A meta-analysis of imaging studies on self, *Neuroimage*. 31, no. 1(2006): 441. 또 다른 참조 자료: Seth J Gillihan and Martha J Farah, Is self special? Acritical review from experimental psychology and cognitive neuroscience. *Psychological Bulletin* 131, no.1 (2005): 76~97.

6. Timothy D. Wilson 등, Social Psychology. Just think: The challenges of a disengaged mind, *Science*. 345, no. 6192(2014): 75~77. 이 연구에 대한 검토는 Kate Murphy, No Time to Think, *New York Times*. Sunday Review, 25 July, 2014 참조.

6. 마음 열기

1. 이 산스크리트어에 상응하는 티베트어는 jesutsewa로, 역시 '보살피다'는 뜻을 갖고 있다.
2. CCT 수석 지도자이자 심리 치료사인 로버트 맥클루어와 개인적으로 나눈 대화.
3. Amravati Sangha의 영어 번역본 인용, *Access to Insight (Legacy)*. November 2, 2013. http://www.accesstoinsight.org/tipitaka/kn/snp/snp.1.08.amar.html.
4. 프레드릭슨의 연구 팀이 진행한 자애심 명상에 대한 연구는 다음을 참조. Sharon Salzberg, *Loving-Kindness: The Revolutionary Art of Happiness*. (Boston: Shambhala, 2002).
5. Barbara L Fredrickson, Michael A Cohn, Kimberly A Ceffey, JolynPek, Sandra A Finkel, Open Hearts Build Lives: Positive Emotions Induced Through Loving-Kindness Meditation, Build Consequential Personal Resources, *Journal of Personality and Social Psychology* 95, no. 5 (2008): 1045~1062.
6. Barbara L Fredrickson 등, Open heart builds lives, p.1057.
7. Bethany E Kok 등, How positive emotions build physical health: Perceived positive social connections accounts for the upward spiral between positive emotions and vagal tone, *Psychological Science*, 24, no. 7(2013): 1123~1132.
8. Maria Szalaritz, The Biology of Kindness: How it makes us happier and healthier, *TIME*. 2013년 5월 9일 자.
9. Panchen Lobsang Chögyen, *Lama Chöpa*(저명한 스승), 유명한 티베트어 논서.
10. Emmons, R.A. Counting Blessings versus Burdens: An Experimental Investigation of Gratitude and Subjective Well-being in Daily Life, *Journal of Personality and Social Psychology* 84, no. 2 (2010): 377~389; R.A. Sansone, et al., Gratitude and Well-Being; The Benefits of Appreciation, *Psychiatry* 7, no.11 (2010) 18~22.
11. *Mind Training: The Great Collection*. (Boston: Wisdom Publications, 2006) 툽텐 진 파 번역, p.301.
12. 이 일본식 명상 수행에 대한 자세한 내용은 다음을 참조. *Naikan: Gratitude, Grace and the Japanese Art of Self-Reflection* (Berkeley,CA: Stonebridge Press, 2001), 저자 Gregg Krech는 미국 버몬트에 위치한 Naikan Education and Retreat Center의

ToDo Institute에서 일하고 있다.

13. 『입보리행론』 6장 21게송. Oxford World Classics 번역본에 나오는 구절은 다음과 같다. "고통은 더 없이 귀하다. 고통은 오만함을 없애니. 고통을 당하는 이에게 자비심을 일으키고 악한 것을 삼가고 선한 것을 행하네."

14. Desmond Tutu, *God Has a Dream: A Vision of Hope For Our Time* (New York: Doubleday, 2004), p.37.

7. "내가 행복하기를"

1. 애착 이론에 대한 자세한 내용은 다음을 참조. Mulkiner, M and Shaver, P.R., *Attachment in Adulthood: Structure, Dynamics, and Change* (New York: Guilford Press, 2007).

2. 이 연구에 대한 자세한 내용은 다음을 참조. Paul Gilbert, Compassionate Mind Training for People with High Shame and Self-Criticism: Overview and Pilot Study of a Group Therapy Approach, *Clinical Psychology and Psychotherapy* 13, no. 6 (2006): 353~379.

3. CCT 수석 지도자이자 심리 치료사인 로버트 맥클루어와 나눈 개인적인 대화.

4. '관찰'을 뜻하는 언어와 '판단' 뜻하는 언어를 구별하는 방법에 대해서는 다음을 참조. Marshal Rosenberg, *Non-Violent Communication: The Language of Life* (Encinitas, CA: PuddleDancer Press, 2004), 특히 3장.

5. Tom Kelley and David Kelley, *Creative Confidence: Unleashing the Creative Potential Within us All* (New York: Crown Press Business, 2014), 서론과 2장.

6. Marshal Rosenberg, *Non-Violent Communication*. p.134.

7. *Non-Violent Communication* p.133.
자책이나 자신을 가혹하게 대하는 것보다는 자기 용서가 책임감을 기르고 자신의 실수에서 벗어나는 데 어떻게 도움이 되는지에 대한 설득력 있는 해석. Kelly McGonigal, *The Willpower Instinct* (New York: Avery, 2012), 6장 참조.

8. Gilbert and Procter, Compassionate Mind Training, 363.

9. John Markansky, *Awakening Through Love: Unveiling Your Deepest Goodness* (Boston: Wisdom Publications, 2007), p.22. 기독교 신자라면 데스몬드 투투 주교가 쓴 *God Has a Dream: A Vision of Hope for Our Time* (New York: Doubleday, 2004)에서 특히 3장의 "God Loves You As You Are.(주님은 있는 그대로의 당신을 사랑합니다.)"라는 구절을 자기 자비 수련에 사용해도 좋을 것 같다.

10. 마가렛 컬렌과 개인적으로 나눈 대화.

11. CCT 수석 지도자이자 명상 지도자인 레아 웨이스.
12. CCT 수석 지도자이자 명상 지도자인 마가렛 컬렌.

8. "내가 그러하듯이"

1. Kristin Renwick Monroe, *The Heart of Altruism: Perceptions of a Common Humanity* (Princeton, NJ: Princeton University Press, 1996).
2. 위의 책. p.105.
3. 위의 책. p.206.
4. 위의 책.
5. 샤프 의료 그룹의 CCT 수석 지도자이자 심리 치료사인 로버트 맥클루어와 개인적으로 나눈 대화.
6. Piercarlo Valdesolo and David DeSteno, Synchrony and Social Tuning of Compassion, *Emotion* 11; no. 2 (2011): 262~266.
7. David DeSteno, Compassion Made Easy, *New York Times*. July 14, 2012.
8. Alexander Genevsky, Danial Väsftjäll, Paul Slovic, Brian Knutson, Neural Underpinnings of the Identifiable Victim Effect: Affect Shifts Preferences for Giving, *Journal of Neuroscience*. 33, no 43(2013): 17188 ~17196.
9. 레아 웨이스와 나눈 개인적인 대화.
10. CCT 수석 지도자이자 심리 치료사인 로버트 맥클루어와 나눈 개인적인 대화.
11. 티베트어로 '마음 수련'은 보다 이타적인 마음 자세를 지니기 위해 수행에 초점을 맞춘 종교적 글쓰기나 각종 수행법을 말한다. 이와 관련한 두 가지 책은 *Eight Verses on Mind Training*과 *Seven-Point Mind Training*이다. 마음 수련에 관한 주요 구문을 발췌한 번역본은 다음을 참조. *Essential Mind Training* (Boston: Wisdom Publications, 2011), 툽텐 진파 번역.
12. 제품 주기 분석 기법이 일상생활과 사회 및 환경에 미치는 영향에 대해 알고 싶다면 다음 웹사이트를 참조. http://practicalaction.org/product-lifecycle-analysis
13. 1950년에 쓴 편지의 내용은 *The New York Times*. (1972년 3월 29일 자) 참조. 같은 인용문의 다른 버전은 다음을 참조. Alice Calaprice, *The New Quotable Einstein* (Princeton, NJ: Princeton University Press, 2005), p.206.
14. 통렌 명상에 대한 서양인 불교 전문가의 설명을 듣고 싶다면 다음을 참조. Pema Chodron, *The Places That Scare You: A Guide to Fearlessness in Difficult Times* (Boston: Shambhala, 2001), p.70~78.
15. CCT 수석 지도자이자 심리 치료사인 로버트 맥클루어와 개인적으로 나눈 대화.

16. 『입보리행론』 8장 104~106 게송.

9. 더 나은 삶을 위하여

1. Carol D. Ryff, Happiness is Everything, or Is It? Explorations on the Meaning of Psychological Well-Being, *Journal of Personality and Social Psychology* 57, no. 6 (1989): 1069~1081, Carol D. Ryff and Burton Singer, The Contours of Positive Human Health, *Psychological Inquiry* 9, no. 1 (1998): 1~28.

2. Carol D. Ryff, "Happiness is Everything, or Is It?" p.1072.

3. 통증 심리학자 에드워드 하핀과 나눈 개인적인 대화.

4. 이 연구 결과는 다음 책에 언급되었다. Daniel Gilbert, *Stumbling on Happiness*. (New York: Alfred A. Knopf, 2006), 1장. 이 연구 결과가 정식으로 소개된 자료는 다음이다. E Langer and J. Rodin in, The Effect of Choice and Enhanced Personal Responsibility for the Aged: A Field Experiment in an Institutional Setting, *Journal of Personality and Social Psychology* 34, no.2 (1976): 191~198.

5. Anthony D. Ong, C.S. Bergeman, and Steven M. Boker, Resilience Comes of Age: Defining Features in Later Adulthood, *Journal of Personalityand Social Psychology* 76, no 6 (2009): p.1782.

6. Fredrickson B. L., Tugade, M.M., Waugh, C.E., and Larkin, G.R., What good are positive emotions in crisis? A prospective study of resilience and emotions following terrorist attacks on the United States on September 11th 2001, *Journal of Personality and Social Psychology* 84, no. 2 (2003): 365~376.

7. 『입보리행론』 6장 10게송.

8. HooriaJazaieri, Kelly McGonigal, Thupten Jinpa, James R. Doty, James J. Gross, Phillip R Goldin, A randomized controlled trail of compassion cultivation training: Effects on mindfulness, affect, and emotion regulation, *Motivation and Emotion* 38, no. 1 (2014): 23~35. 에모리 대학교 학생들을 6주 동안 자비심 수련 과정에 참여시킨 결과, 심리 사회적 스트레스에 대한 주관적이고 부정적인 심리 반응이 감소한 것으로 나타났다. Thadeus W.W. Pace, Lobsang Tenzin Negi, Charles L. Raison, Effect of compassion training on neuroendocrine, innate immune and behavioral responses to psychosocial stress, *Psychoneuroendocrinology* 34, no 1 (2009): 87~98.

9. James J Gross, The emerging field of emotion regulation: An integrative Review, *Review of General Psychology* 2, no. 3 (1998): 275.

10. Hooria Jazaieri 등, A randomized controlled trail of compassion cultivation

training, *Motivation and Emotion* p.25.

11. 위의 책.

12. 이 개념에 대한 설명은 다음을 참조. Marc Hauser, *Moral Minds: How Nature Designed our Sense of Right and Wrong* (New York: Ecco Press, 2006). 하우저가 실시한 실험의 신뢰성에 대한 논란은 많았지만 그의 전반적인 논지는 분명히 시사하는 바가 있다고 생각한다.

13. The Dalai Lama, *Ethics for the New Millennium* (New York: Riverhead Books, 1999), *Beyond Religion: Ethics for a Whole World* (Houghton Mifflin Hardcourt, 2011). 영광스럽게도 달라이 라마의 두 저서에 작은 기여나마 할 수 있었다.

10. 더 담대하게 더 여유롭게 더 자유롭게

1. Daniel Kahneman, *Thinking, Fast and Slow* (New York: Farrar, Straus and Giroux, 2011).

2. Charles H. Duhhig, *The Power of Habit: Why we Do What We Do in life and Business* (New York: Random House, 2012), p.12.

3. 신경 가소성의 개념과 신경 가소성이 치료 및 개인적인 변화에 어떻게 적용되는지에 대한 설명은 다음을 참조. Norman Doidge, *The Brain that Changes Itself: Stories of Personal Triump from the Frontiers of Brain Science* (New York: Penguin Books, 2007).

4. 마가렛 컬렌, CCT 수석 지도자.

5. 감정이 우리의 생각과 삶에 미치는 영향에 대한 과학적 연구 결과는 다음을 참조. Richard J Davidson and Sharon Begley, *Emotional Life of Your Brain: How Its Unique Patterns Affect How You Think, Feel, and Live–And How You Can Change Them* (New York: Hudson Street Press, 2012).

6. 샨티데바가 쓴 『입보리행론』 6장에서는 인욕의 개념 및 인욕을 기르는 방법을 설명하고 있다. 자세한 내용은 다음을 참조. The Dalai Lama, *Healing Anger: The Power of Patience from a Buddhist Perspective* (Ithaca, NY: Snow Lion, 1997), 툽덴 진파 번역.

11. 하나의 힘

1. 영국 시인 존 돈John Donne의 시 Devotions upon Emergent Occasions 중에서. 전체 문장은 "그 누구도 섬은 아니다. 아무도 완전히 혼자일 수는 없다.(No man is an

island, entire of itself.)"이다.

2. 마티유 리카르는 2012년에 이타심에 관한 책『이타심: 자신과 세상을 바꾸는 위대한 힘』(하루헌, 2019)을 출간했다.

3. 자니나 L. 스칼렛Janina L. Scarlet이 실시한 이 연구에서는 직업 만족도, 대인 관계, 자기 자비 등의 척도를 이용하여 자비심 수련의 효과를 연구하였다. 샤프 의료 그룹의 CCT 수석 지도자인 로버트 맥클루어와 에드워드 하핀이 수련을 지도하였다. 출처: 개인적인으로 나눈 대화.

4. 사회 정서 학습(SEL)의 개념 및 주요 내용에 관해서는 다음을 참조. http://www.casel.org/social-and-emotional-learning SEL 프로그램의 영향에 대한 최근 검토 결과는 다음을 참조. Durlak,J.A., Weissberg, R.P., Dymnicki, A. B., Taylor R.D., and Schellinger, K.B., The impact of enhancing students' social and emotional learning: A meta-analysis of school-based universal interventions, *Child Development* 82, no. 1(2011): 405~432.

5. L. Fook, S. B. Goldberg, L. Pinge, and R. J. Davidson, Promoting Prosocial Behavior and Self-Regulatory Skills in Preschool Children Through a Mindfulness-Based Kindness Curriculum, *Development Psychology*, November 10, 2014.

6. 이 프로그램에는 비폭력 대화(NVC)과 더불어 불교 전통에서 가져온 호흡 및 시각화 기법, 수라 하르트Sura Hart와 빅토리아 킨들 허드슨Victoria Kindle Hodson의 NVC 기반 학교 프로그램인 *The No-Fault Classroom: Tools to Resolve Conflict and Foster Relationship Intelligence* (Encinitas, CA: PuddleDancer Press, 2008) 등 여러 기법이 적용되었다.

7. Rosenberg, *Non-Violent Communication*, p.52.

8. 달라이 라마, *Beyond Religion*, 1장.

9. 기업 관련 자비심 연구 내용은 다음 웹사이트 참조. www.thecompassionlab.com

10. Lawrence Mishel and Allysa Davis, CEO Pay Continues to Rise as Typical Workers are Paid Less, Economic Policy Institute, Issue Brief # 380, June 14, 2014.

11. Thomas Piketty, *Capital in the 21st Century*, (Cambridge, Ma: Harvard University Press, 2014) 참조. 피케티의 핵심적인 주장을 평가한 노벨 경제학 수상자 폴 크루그만Paul Krugman의 견해를 알고 싶다면 The Piketty Panic, *New York Times*, 2014년 4월 25일 자; "Is Piketty all Wrong?" *New York Times*, 2014년 5월 24일 자 참조.

12. *Camellia: The Lawrie Inheritance*. (Kent, UK: Camellia plc, 2000).

13. Charles Handy, *Camellia: A Very Different Company*, Camellia Foundation 자체 출판, 2013.

14. 『입보리행론』 8장 102게송.

287

임혜정

1980년 생. 서울대학교 경제학부를 졸업하고 서울불교대학원대학교에서 상담심리와 명상을 공부했다. 몸과 마음의 흐름에 집중하고, 호흡을 주시하는 요가 수행자이다. 저서로는 2년 간 아시아 11개국을 여행한 기록을 담은 『일생에 한 번쯤은』이 있다.

두려움 없는 마음

초판 1쇄 발행 2019년 7월 31일
    2쇄 발행 2022년 1월 4일

지은이   툽텐 진파
옮긴이   임혜정
디자인   류지혜

발행처   하루헌
발행인   배정화
주소   서울시 서초구 방배로 43길 5 1-1208 (우편번호: 06556)
전화   02-591-0057
홈페이지   www.haruhunbooks.com
이메일   haruhunbooks@gmail.com

공급처   (주)북새통
주소   서울시 마포구 월드컵로 36길 18 삼라마이다스 902호 (우편번호: 03938)
전화   02-338-0117
팩스   02-338-7160
이메일   thothbook@naver.com

잘못된 책은 구입하신 곳에서 교환해 드립니다.
가격은 뒤표지에 있습니다.

ISBN 979-11-962611-3-9 03320

이 도서의 국립중앙도서관 출판예정도서목록(CIP)은 서지정보유통지원시스템 홈페이지 (http://seoji.nl.go.kr)와 국가자료종합목록 구축시스템(http://kolis-net.nl.go.kr)에서 이용하실 수 있습니다. (CIP제어번호 : CIP2019026832)